「ういろう」にみる小田原

早雲公とともに城下町をつくった老舗

深野彰 編著

JN180630

新評論

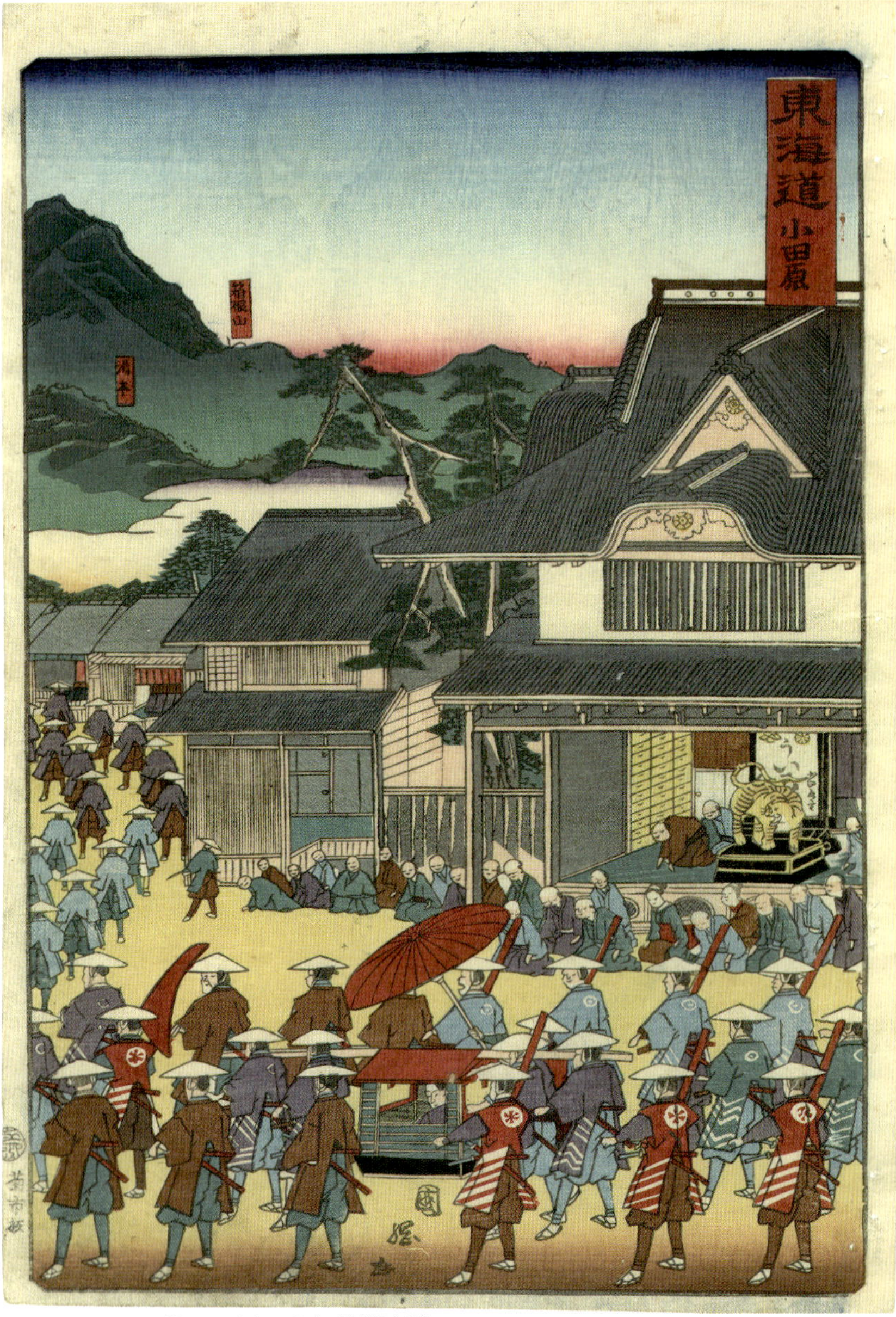

浮世絵に描かれた「ういろう」のお店（外郎家蔵）

「ういろう」の店頭にあった虎の置き物（外郎家蔵）

右：浮世絵に描かれた『外郎売』（外郎家蔵）
下：関東大震災前の「ういろう」の八棟造り
（外郎家蔵）

早雲寺の惣門

早雲寺内にある北条五代の墓

北条三代（氏康・早雲・氏綱）の肖像画（早雲寺蔵）

一夜城本丸跡に残る石垣

「御用米曲輪」の発掘現場

八幡山古郭・東曲輪から見た小田原城。海の向こうには大島が見える

山中城西の丸に残る畝堀

欄干橋町の石柱

玉傳寺境内の外郎家墓所

西海子通りの桜並木

祇園祭の「蟷螂山」巡行に参加した外郎武氏と社員（2014 年 7 月 17 日）

「蟷螂山」保存會の町會所に飾られた新旧の蟷螂

静岡県森町の山名神社で毎年７月中旬に催されている天王祭舞楽７段目「蟷螂」の舞

はじめに

一月二日、正午過ぎ、大学生が小田原市内を走る国道1号線（東海道）を駈け抜けていく。そう、箱根駅伝である。国道1号線沿いにある「メガネスーパー」の本社ビル前、ここが小田原中継地点となっており、この日最後の襷《たすき》が五人目の走者につなげられる。ここから箱根の芦ノ湖を目指す山道を選手はひたすら登っていくことになる。みなさんもご存じの「五区」のスタートである。これまでに、この五区で「山の神」と呼ばれる名選手が輩出されてきた。

このあたりを中心として、小田原市内の沿道は各大学を応援する人々であふれかえって、歩道が歩けないほどまでになる。襷の受け渡しが行われる瞬間を映すため、テレビカメラはクレーン車の上からのアングルとなる。そのため、画面に映ることはあまりないのだが、この中継所の真正面に、観客が「あれ、これ小田原城なの!?」と思わず声を上

箱根駅伝の小田原中継所と「ういろう」本店

げて、見上げてしまう建物がある。ある観光客がその建物を見て、小田原城を見たと思って帰ってしまったという笑い話のようなエピソードが残っているほどである。実は、その建物こそが「ういろう」本店なのだ。

確かに、小田原城の櫓《やぐら》の一つと見間違えてもおかしくないほど堂々としたその店構えは「八棟造り《やつむねづくり》」と呼ばれており、創建当初から変わらずに東海道の名所として浮世絵にも描かれてきた。その唐破風の屋根には、朝廷から許された「十六花弁菊」(1)の家紋と「五七の桐」(2)の家紋が付いた瓦が乗っている。

約五〇〇年前の戦国時代、小田原を支配した北条氏から与えられた土地に外郎《ういろう》家が邸宅を建てたとき、後柏原天皇(一四六四～一五二六・第一〇四代天皇)から綸旨《りんじ》(3)を賜ったと伝えられているほどの格式を誇ってきた老舗、それが「ういろう」である。

実は外郎家は、京都から小田原に移住してきている。六五〇年を超えるその歴史には、さまざまなエピソードが残されている。それらの史実を探っていくのが本書の目的であるが、まずは歌舞伎にかかわる逸話を紹介しておこう。

歌舞伎の市川家のお家芸である「歌舞伎十八番」に『外郎売《ういろううり》』という演目がある。この演目が

菊と桐の紋のある本店の屋根瓦

成立した経緯が次のように伝わっている。

享保のころ（江戸時代）、歌舞伎俳優二代目市川團十郎（一六八八～一七五八）は痰と咳の持病で舞台に立っても口上が言えず、役者をあきらめかけていた。たまたま、俳諧仲間であった外郎家の隠居から「ういろう」という薬をすすめられ、服用してみるとさしもの難病がすっかり治った。感激のあまり團十郎は、小田原の外郎家へお礼に参上した。

團十郎は玄関で挨拶だけして帰ろうとしたところ、座敷に通されて隠居宇野意仙（当主一五代廣治の祖父第一三代相治）の鄭重なもてなしを受けた。このとき、二人の間では俳諧のことで話が弾み、團十郎は二重の感激を味わったという。

主人の人柄にうたれた團十郎は、舞台で「ういろう」の効能を述べて、ご恩返しをしたい

（1）菊花を図案化して花弁が一六枚とした家紋のことで、菊花紋という。江戸時代、菊花紋は使用自由であったため、菓子や仏具に使われて一般に広まった。ちなみに、「十六八重表菊」は皇室の紋章。

（2）桐の葉と花を図案化し、三本の花と三枚の葉で構成された家紋。花の数が五－七－五となっているものが「五七桐」で、三－五－三となっているものが「五三桐」と呼ぶ。室町幕府や豊臣秀吉など時の政権が用い、現在は日本国政府の紋章となっている。

（3）蔵人が天皇の意を受けて発給する文書。太政官の正式手続きが必要な「詔書」「勅書」や、複数の官吏の伝言による「宣旨」に対し、「綸旨」は蔵人が自分の名義で発行する形式で、比較的簡易に発行できた。

と申し出たのである。外郎家としては、それでは宣伝になるからと固く断った。しかし、團十郎に、この霊薬を広く知らせることは人助けであり、世のためだからと強く主張されて、遂に舞台での上演を承知した。歌舞伎十八番『外郎売』が生まれた背景には、このようないきさつがある。

この説明文のなかに、「霊薬」とか「効能」という単語があったことに気が付かれただろうか。一般的に知られている「ういろう」とはお菓子である。それが薬？　いったいどういうことなのだろうか。

実は、外郎家は元々京都で医薬を司っていた。現在ある店舗の中でも、風邪薬や胃薬といったものが売られている。もちろん、二代目團十郎がお世話になった「ういろう」も売られている。その詳細については、のちの章において述べていきたい。

ところで、この『外郎売《ういろううり》』は、一七一八（享保三）年の春、江戸森田座で「若緑勢曾我《わかみどりいきおいそが》」の外題で初演され、大変な評判となった。とくに、團十郎が艶やかな姿のういろう売りとなって述べる口上が有名となり、今日まで、歌舞伎以外でも俳優やアナウンサーの滑舌《かつぜつ》の練習として使われている。その口上の全文を紹介しておこう。さて、みなさまは、どこまで淀みなく語ることができましょうや。

拙者《せっしゃ》親方《おやかた》と申《まう》すは、御立會《おたちあひ》の中《うち》に御存《ごぞん》じのお方《かた》もござりませうが、お江戸《えど》を立《た》つて二十里《にじゅうり》上方《かみがた》、相州《せうしゅう》小田原《おだわら》一《いっ》しき町《まち》をお過《す》ぎなされて、青物町《あおものちやう》を登《のぼ》りへおい出なさるれば、欄干橋虎《らんかんばしとら》屋藤右衛門《やとううゑもん》、只今《ただいま》は剃髪《ていはつ》いたして、圓齋《ゑんさい》と名乗《なの》りまする。元朝《ぐわんてう》より大晦日《おほつごもり》までお手《て》に入《い》れまする此《こ》の藥《くすり》は、昔《むかし》ちんの國《くに》の唐人《たうじん》ういらうといふ人《ひと》、我《わ》が朝《てう》へ來《きた》り、帝《みかど》へ參内《さんだい》の折《をり》から、此《こ》の藥《くすり》を深《ふか》く籠《こ》め置き、用《もち》ゆる時《とき》は一粒《いちりふ》づゝ、冠《かんむり》の隙間《すきま》より取《と》り出《い》だす。依《よつ》て其《そ》の名を帝《みかど》より透頂香《とうちんかう》と給《たま》はる。即《すなわ》ち文字《もんじ》は透《す》き頂《いたゞ》く香《にほひ》と書《か》いてとうちんかうと申す。只今《たゞいま》は此《こ》の藥殊《くすりこと》の外世上《ほかせじやう》に弘《ひろ》まり、ほうぼうに似看板《にせかんばん》を出《い》だし、イヤ小田原《おだわら》の灰俵《はいだはら》のさん俵《だはら》の炭俵《すみだはら》のといろいろに申《まう》せども、平假名《ひらがな》を以《もつ》てういろうと致《いた》せしは親方圓齋《おやかたえんさい》ばかり、若《も》しや御立會《おたちあひ》の中《うち》に、熱海《あたみ》か塔《たう》の澤《さわ》へ湯治《とうじ》にお出《い》でなさるゝか、又伊勢《またいせ》御參宮《ごさんぐう》の折《おり》からは、必《かな》らず門違《かどちが》ひなされまするな。お上《のぼ》りならば右《みぎ》の方《かた》、お下《くだ》りなれば左側《ひだりがは》、八方《はつぽう》が八棟《やつむね》、表《おもて》が三ツ棟玉堂造《みつむねぎょくだうづく》り、破風《はふ》には菊《きく》に桐《きり》の薹《とう》の御紋《ごもん》を御赦免《ごしゃめん》あつて、系圖正《けいずただ》しき藥《くすり》でござる。イヤ最前《さいぜん》より家名《かめい》の自慢《じまん》ばかり申《もう》しても、御存《ごぞん》じない方《かた》には、正身《しやうじん》の胡椒《こせう》の丸呑《まるのみ》、白川夜舟《しらかわよふね》。さらば一粒《いちりふ》たべかけて、其《そ》の氣味合《きみあひ》をお目《め》に懸《か》けませう。先《ま》ず此《こ》の藥《くすり》を斯様《かよう》に一粒舌《ひとつぶした》の上《うえ》へ載《の》せまして、腹内《ふくない》へ納《おさ》めますると、イヤどうもいへぬは、胃心肺肝《いしんはいかん》が健《すこ》やかに成《な》つて、薫風喉《くんぷうのんど》より來《きた》り、口中《こうちう》びりやうを生《せう》ずるが如《ごと》し、魚《うを》、鳥《とり》、木《き》の子《こ》、麺類《めんるゐ》の喰合《くいあは》せ、其《そ》の外萬病即効《ほかまんびょうそつこう》あること神《かみ》の如《ごと》し。扨《さて》此《こ》の藥《くすり》、第一《だいいち》の奇妙《きめう》には、舌《した》の廻《まわ》ることが錢《ぜに》ごまが跣足《はだし》で逃《にげ》る。ひよつと舌《した》が廻《まは》り出《だ》すと、矢《や》も盾《たて》もたまらぬぢや。そりやそりやそらそりや廻《まは》つて來《き》たわ、廻《まは》つて來《く》るわ。あわや咽喉《のんど》、さたらな舌《ぜつ》にかげさしおん、はまの二ツ《ふたつ》は唇《くちびる》の輕重《けいちょう》かいごふ爽《さはやか》に、あかさたな、はまやらわ、おこそとの、ほもよろを。一《ひと》ツへぎへぎにへぎほし、はじかみ、盆《ぼん》まめ盆米《ぼんごめ》ぼんごぼう。摘蓼《つみたで》つみ豆《まめ》つみ山椒《ざんしょ》、書寫山《しょしゃざん》の社僧正《しゃそうぜう》。こゞめのなま噛《がみ》、小米《こごめ》のなま噛《がみ》、こん小米《こごめ》のこなまがみ、繻子《しゅす》ひじゆす繻子繻珍《しゅすしゅちん》。親《おや》も嘉兵衛子《かへゑこ》も嘉兵衛《かへゑ》、親嘉兵衛子《おやかへゑこ》かへえ子嘉兵衛親《こかへゑおや》かへえ。古栗《ふるくり》の木《き》のふる切口《きりくち》、雨合羽《あまがつぱ》かばん合羽《がつぱ》か、貴様《きさま》の脚絆《きやはん》も皮脚絆《かわきやはん》、我等《われら》が脚絆《きやはん》も皮《かわ》脚絆《きやはん》。しつかわ袴《ばかま》のしつぽころびを、三針《みはり》はりながにちよと縫《ぬ》ふて、ぬふてちよとぶんだせ。かはら撫子野石竹《なでしこのぜきちく》。のら如来《にょらい》のら如来《にょらい》、みのら如来《にょらい》、むのら如来《にょらい》。一寸《いちすん》のお小佛《こぼとけ》に、お蹴《け》つまづきやるな、細溝《ほそみぞ》にどぢよによろり。京《きょう》のなま鱈《だら》、奈良《なら》なま學鰹《まながつお》、ちよと四五貫目《しごくわんめ》。おちや立《た》ちよ茶立《ちゃた》ちよ、ちやつと立《た》ちよ茶立《ちゃた》ちよ、青竹茶筅《あおたけちゃせん》でお茶《ちゃ》ちやつと立《た》ちや。來《く》るわ來《く》るわ何《なに》が來《く》る、高野《かうや》の山《やま》のおこけら小僧《こぞう》、狸百足箸百《たぬきひゃくぴきはしひゃく》ぜん、天目百《てんもくひやつ》ぱい、棒八百本《ぼうはつぴやっぽん》。武《ぶ》具馬具《ぐばぐ》ぶぐばぐ三《み》ぶぐばぐ、合《あはせ》て武具馬具《ぶぐばぐ》六《む》ぶぐばぐ。菊栗《きくゝり》きくゝり三《み》きくゝり、合《あはせ》て菊栗《きくゝり》六《む》きくヽり。麦《むぎ》ごみむぎごみ三《み》むぎごみ、合《あはせ》て麦《むぎ》ごみ六《む》むぎごみ。あのなげしの長薙刀《ながなぎなた》は誰《た》が長薙刀《ちようなぎなた》ぞ。向《むか》ふのごまがらは荏《え》の胡麻殻《ごまがら》か真胡麻殻《まごまがら》か、あれこそほんの真胡麻殻《まごまがら》。がらぴいがらぴい風車《かざぐるま》、おきやがれこぼし、おきやがれこぼおし、ゆんべもこぼして又こぼした。たあぷぽヽ、たあぷぽヽ、ちりからちりからつつたつぽ、たつぽたつぽ干《ひい》だこ、落《お》ちたら煮《に》て食《く》を。煮《にて》ても焼《や》いても喰《く》はれぬものは、五徳《ごとく》、鐵《てつ》きう、かな熊《くま》どうじに、石熊《いしくま》、石持《いしもち》、虎《とら》熊《くま》、虎《とら》ぎす。中《なか》にも東寺《とうじ》の羅生門《らしやうもん》には、茨木童子《いばらきどうじ》が、うで栗五合《ぐりごんがう》、掴《つか》んでおむしやる。かの頼光《らいくわう》の膝元《ひざもと》去《さ》らず。鮒《ふな》きんかん、椎茸《しいたけ》、定《さだ》めてごたんな、そば切《きり》そうめん、うどんか、愚鈍《ぐどん》なこ新發知《しんぼち》。小棚《こだな》の小下《こした》の小桶《こをけ》に小味噌《こみそ》がこあるぞ、こ杓子《しやくし》こもつて、こすくってこよこせ。おつと合点《がてん》だ、心得《こゝろえ》たんぼの川崎《かわさき》、かな川《がわ》、程《ほど》がや、とつかは走《はし》つて行《ゆ》けば、灸《やいと》を摺《す》りむく。三里《さんり》ばかりか、藤澤《ふじさは》、平塚《ひらつか》、大磯《おおいそ》がしや、小磯《こいそ》の宿《しゆく》を、七《なゝ》ツ起《お》きして早天《さうてん》さうさう、相州《さうしゆう》小田原透頂香《おだわらとうちんかう》。隠《かく》れござらぬ、貴賤群集《きせんぐんしう》の花《はな》のお江戸《えど》の花《はな》ういらう。あれあの花《はな》を見《み》て、お心《こゝろ》をお和《やわ》らぎやあといふ。産子這子《うぶこはうこ》に至《いた》るまで、此《こ》のういらうの御評判《ごひやうばん》、御存《ごぞん》じないとは申《まう》されまいまいつぶり、角出《つのだ》せ棒出《ぼうだ》せぼうぼう眉《まゆ》に、臼杵擂鉢《うすきねすりばち》、ばちばちぐわらぐわらぐわらと、羽目《はめ》を外《はず》して今日御出《こんにちおい》での何《いず》れ茂様《もさま》に、あげねばならぬ賣《う》らねばならぬと、息《いき》せい引《ひっ》張《ば》り、東方《とうほう》世界《せかい》の薬《くすり》の元締《もとじめ》、薬師如来《やくしにょらい》も上覧《じやうらん》あれと、ホ、敬《うや》まつて、ういらうはいらつしやりませぬか。

（「市川家十八番の内外郎賣歌舞伎年代記臺詞」より・外郎家の制作）

いかがであっただろうか。「ぶぐばぐぶぐばくみぐぶばぐ……」など、どこかで聞いたことのある台詞ではないだろうか。このように、歌舞伎の世界にも外郎家の歴史が残されているのである。

小田原城や「北条五代祭」の武者行列に象徴されるように、武骨な武士の世界ばかりがイメージされる小田原であるが、調べていくと、外郎《ういろう》家が移り住んだ室町時代から文化の香り高い城下町であったことが分かる。当時は京都の文化人も数多く小田原を訪れていたし、外郎家が小田原の町とともに歴史を重ねてきたという証しがある。そんな外郎家のことを、二五代目の当主である外郎武氏に尋ねてみた。第1章に掲載したインタビューをまずは読んでいただきたい。

もくじ

第5章 戦国時代の海外貿易――唐人町と御花畑 115

「ういろう」にみる小田原——早雲公とともに城下町をつくった老舗

第1章　二五代当主・外郎《ういろう》武《たけし》氏へのインタビュー

インタビューを明日に控えた二〇一五年八月末の日曜日、小田原市民会館の大ホールで一二回目となる「外郎売の口上大会」が開催された。「はじめに」でも書いたように、「外郎売の口上」は現在でも人々の口に上る名台詞である。小田原では、市民が楽しみながらこの口上の練習を行っている。

この大会は、「外郎売の口上研究会」が主催している。口上研究会は会員の会費で運営されており、小田原市などの公的支援は受けていない。市民の手弁当で活動がはじまり、徐々に輪が広がっていったという。地元由来の文化に親しんでもらおうと、外郎家も往事の逸話や資料

「外郎売の口上大会」のチラシ

を提供して支援をしている。小さな子どもからお年寄りまでが所属しており、日頃から滑舌《かつぜつ》訓練を繰り返し、一年に一度の大会でその成果を披露するというものである。誰もが楽しめるように、入場は無料となっている。

　演出も凝ったものとなっている。約二時間半にわたるプログラムには、舞台劇を演じながら口上を述べたり、リレーのようにメンバーが次々と入れ替わって口上を述べたりと、観客を飽きさせない工夫が施されている。日頃の稽古と大会を通して、子どもたちが楽しみながら伝統芸能を自ら体験し継承していく機会となっている。

ホワイエに飾られた12代目市川團十郎の舞台衣裳

　大ホールのホワイエには、一二代目市川團十郎（一九四六～二〇一三）が実際に舞台で着た外郎売の衣裳と背負い箱が、團十郎のサイン入り写真パネルとともに展示されていた。晩年、白血病を患い、治療を受けながら舞台を務めた一二代目の姿が思い出される。歌舞伎ファンならずとも、この衣装を前にすると気分が高揚してくる。

和太鼓の演奏で開演が告げられた。五人の盗賊のことを描いた『白浪五人男』を転用しての出演者の自己紹介が面白く、会場の大きな笑いを誘っていた。また、若い人によるダンスパフォーマンスでは、色とりどりの衣装で登場した出演者がリレー方式で外郎売の口上を次々と述べていく。幼い子どもでも淀みなく述べるし、高校生ともなれば超スピードの口上となり、その滑舌の見事さには驚かされる。

落語劇と名付けられた上演もあった。玄人はだしの喜楽家笑助《きらくやしょうすけ》(1)の噺による舞台回しで、古典落語である「井戸の茶碗」が研究会のメンバーによって演じられた。浪人が住む家と細川家の若侍の間を、屑屋が行ったり来たりして騒動が起きるという物語である。浪人が若侍に渡した日常使いの茶碗が、実は名物「青井戸の茶碗」(2)と分かって細川家の殿様の所望となるのだが、真面目一本やりの浪人は殿様からの御礼を受け取らない。その代わりに、美しい娘を若侍の嫁とすることで「めでたし、めでたし」となるお噺である。

異色の演目であったのが「外郎太鼓《ういろうだいこ》」である。観る人の身体を振るわせる大太鼓の音と軽快な

---

(1) 本名：梶原宏。素人落語家であるが、その本職は箱根湯本にある湯本富士屋ホテル元総支配人。学生時代から落語を趣味とし、ホテルマンになってから四〇代に再開した。落語仲間で「湘南3人会」を結成している。

(2) 高麗茶碗の一種で、朝鮮半島で焼かれた日用雑器を日本の茶人が茶器に見立てた。高麗とは朝鮮由来という意味で、井戸茶碗のなかでも釉に青みがかかるものを指す。根津美術館蔵の「柴田」などが有名。

小太鼓の音が会場中に響きわたる。息のあった演奏は、メンバーたちのチームワークの良さを表している。この外郎太鼓《ういろうだいこ》、口上大会で鳴り物があったほうが盛り上がるということで外郎家が一〇年前からはじめたものである。

　演奏メンバーは、「ういろう」の社員と家族のみで構成されている。まず、武氏の奥様と息子さんがはじめて、その後、従業員も参加するようになったという。「せっかく老舗で働いているのだから、若い社員に日本文化にも触れる機会を与えたい」、また「舞台や人前で何かを演じることで自信ややり甲斐を感じてもらいたいと思って希望者を募り、今に至っています」と言う武氏の表情はにこやかであった。

「休日や就業時間後に練習するので、社員には負担が生じてしまうのも確かです。一方で、仕事外での活動によって、地元の人たちと新たな交流も増えています。外郎家が長く続く秘訣の一つは、モノづくりにこだわり、外部に頼ることなく自分たちのできることを懸命に努力してきたことにありま

迫力ある「外郎太鼓」の演奏

す」と、武氏は言う。それゆえだろうか、地域への恩返しを兼ねた外郎太鼓も外部のメンバーには頼らず、自らの「まごころ」を太鼓に響かせているようだ。

外郎太鼓は、この口上大会だけでなく、声がかかれば小田原市でのイベントにも参加している。「自社も忙しい休日のイベントとなるとメンバーの選抜に苦労しますが、小田原市の文化活動への協力は惜しみません」と、武氏は笑顔で語っていた。

今年で一二回目を迎えた「外郎売の口上大会」を観ながら、伝統文化について考えてしまった。「伝統を受け継ぐ」とか「文化を伝える」とよく言われる。伝統文化の継承者がいなくて消滅の危機にあるという話は、日本各地で直面している問題でもある。一方、小田原で五〇〇年以上続く老舗「ういろう」と歌舞伎との縁から生まれた「外郎売の口上大会」は、たった一二年の歴史しかない。江戸時代の歌舞伎役者が演じた口上の面白さを現代に蘇えらせたとはいえ、この大会自体はまだ伝統文化とは言えないであろう。

しかし、外郎太鼓を聴いて少し考え方が変わってしまった。伝統文化とは、単にそのままを受け継ぎ、同じように再現し続けることだけではないような感じがしはじめたからだ。

現代に生きる「ういろう」は、意図しているかどうかは別にして、二一世紀という時代において伝統文化を創出しているのではないかと思うようになった。言い換えれば、外郎太鼓や外郎売の口上大会は、歌舞伎の「外郎売の口上」という伝統だけに寄りかからず、現代において、新しい伝統の形成に向けて創造的に取り組んでいる文化と考えることができる。伝統を伝えながらも現代はどうあるべきかという発想のもと、今後の小田原を考えていくことも本書が意図するところである。

それでは、一〇年前から「株式会社ういろう」の経営を任された代表取締役である外郎武氏へのインタビューの内容を紹介しよう。店内にある「外郎博物館」を見学したあと、なぜ六五〇年にもわたって「ういろう」が商売を継続できているのかなど、非常に興味深い話を聞くことができた。もちろん、これからの「ういろう」をどのように考えているのかについても尋ねている。二五代目当主が語る瞳の奥には、想像を超えた未来が見えていた。

本店の奥にある「外郎博物館」の入り口

深野　「外郎博物館」のご案内ありがとうございました。改めて、外郎家の長い歴史を知ることができました。現在、起業家育成が叫ばれているわけですが、その一方で、日本には外郎家のように、優に一〇〇年を超える老舗企業が数多く存続しているのも事実です。このような老舗企業は、一体どのようにして事業を継続することができたのでしょうか？　また、なぜ「ういろう」が小田原で五〇〇年の長きにわたって商売を続けてこられたのか、その秘密を今日はうかがいたいと思います。まずは、外郎家の創業の歩みを教えてください。

外郎　「株式会社ういろう」は、社名と私の名前が同じことからお分かりのとおり、外郎家が代々営んできた商家です。扱っている商品は漢方薬と和菓子です。当主は代々、「藤右衛門《とうえもん》」という名前を世襲しています。先代の父・外郎藤右衛門康祐《やすむら》は二〇一四年に亡くなりました。私はまだ名前を襲名しておりませんが、二五代目当主を名乗らせていただいています。

　最初に、創業の歴史からはじめましょう。「ういろう」の創業は室町時代まで遡ります。小田原の外郎家は、今から五〇〇年前の室町時代末期に京都から移住してきました。そこから遡ること一五〇〇年前から、当家の話ははじまります。

　外郎家の初祖は、中国浙江省台州(3)出身の「陳延祐《ちんえんゆう》」(4)という人です。中国の元王朝で大医《だいい》院《いん》・礼部員外郎《れいぶいんがいろう》(5)を務める高級官僚でしたが、明朝勃興の動乱で一三六八年に日本へ亡命してきました。定住した博多で医薬を施し、中国時代の官職名である「員外郎」から名前をとって

「陳外郎」と称しましたが、唐音で「外郎」を「ういろう」と読んだのです。

延祐は豊富な大陸の知識、卓越した医薬をもっていました。その評判が都へ伝わり、室町幕府三代将軍足利義満（一三五八〜一四〇八）から何度も上洛を促されましたが、初祖はそれを拒み、生涯博多を離れませんでした。しかし、その子である「陳外郎《ちんういろう》大年宗奇《たいねんそうき》」（?〜一四二六）は、足利将軍の招きに応じて京へ移っています。

京では公家と同格の身分で重用され、医薬業のほか、朝廷御典医、外国使節接待役、禁裏・幕府の諸制度顧問など、さまざまな政治的役割を担って活躍しました。そして、朝廷の命で大年宗奇は明国に渡り、家伝の薬「霊宝丹《れつほうたん》」の処方を持ち帰り、本格的に日本でつくりはじめたのです。この銀色の小さな丸薬は主に消化器系への効能が顕著

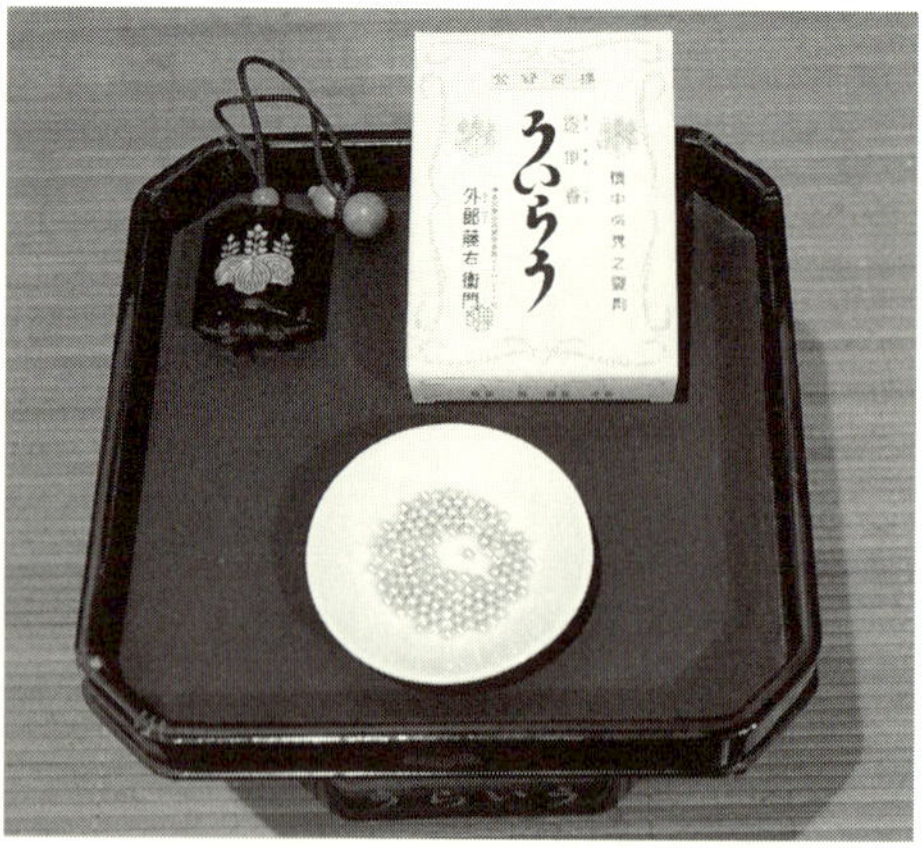

三方に載った「透頂香・ういろう」

で、その優れた効能を賞した後小松天皇（一三七七〜一四三三・第一〇〇代）から「透頂香《とうちんこう》」の名を賜わりました。

今でも薬の正式名称は「透頂香」ですが、昔は漢字を読めなかった人もいたので、家の名前である「外郎」を平仮名で「ういろう」と表記して、薬の名前としたのです。現在でも、ここ小田原の「ういろう」本店で製造・販売されています。実に六〇〇年以上もの長きにわたってつくり続けられている薬品は、世界的に見ても少ないでしょう。現存する日本最古の薬として、

（3）（Taizhou）中国浙江省の沿岸の東シナ海に面する港湾都市。六二一年に台州と称された。北方に位置する寧波との間にある天台山に、天台宗の古刹「国清寺」がある。八〇四年に最澄が渡り、天台宗を学んで帰国後、比叡山延暦寺を建立して日本の天台宗は隆盛した。

（4）（一三二二〜一三九五）一三六八年に日本に亡命。一族に江南地方の長江中流域に勢力をもった「陳友諒」がおり「大漢」の皇帝となり、東の朱元璋と争っていた。朱元璋は陳友諒を滅ぼし、明王朝を打ち立てた。陳延祐は陳一族であったため、亡命して筑前博多に住み、崇福寺の僧となって「台山宗敬」と称した。医薬に詳しかった。

（5）「大医院」とは元朝が大都（北京）に設立した病院で、モンゴル軍が征服した中央アジア、中近東などからもたらされた東西の医薬学がここに集約され、チベット医学、インド医薬学を融合した医学理論が形成された。「礼部」は中国王朝の中央行政を分掌した六部（史、戸、礼、兵、刑、工）の一つで、礼楽、教育、国家祭祀、宗教、外交、科挙、医薬などを担当した。「員外郎」とは官制である「四等官」の一つで、六部では、長官は「尚書」、通判官は「侍郎」、判官は「郎中」「員外郎」、主典は「主事・令史・書令史」の位があった。員外郎は長官の補佐役、副官にあたり、現代の官庁で言えば次官クラスにあたる。

取材を受けることもあります。

深野　京都にいた外郎家が、どうして小田原へ来たのでしょうか？

外郎　室町幕府の申次衆《もうしつぎしゅう》をしていた北条早雲は伊豆韮山から小田原へ進出しましたが、そのとき、町づくりのために早雲は外郎家を小田原に招きました。早雲は、外郎家のもつ政治経済力と、領民が安寧に暮らすために欠かせない医薬の知識・技術を欲したわけです。一方、外郎家も、応仁の乱以降京の町が荒廃し、薬をつくる環境にはそぐわない状況となっていました。家の存続と家伝薬の未来をかけて、外郎家は一五〇四年に小田原へ移住したのです。それ以来五〇〇年以上の間、現在も店を構えている東海道沿いの場所にずっと住み続けています。

深野　「透頂香《とうちんこう》」には、そのような由緒があったのですね。一方で、「ういろう」と言えば、薬よりもお菓子としての名前のほうが全国的に知られているように思います。お菓子の「ういろう」の歴史とは、どのようなものなのでしょうか？

外郎　お菓子の「ういろう」というと、名古屋、山口など日本各地に類似したお菓子がありますが、そのルーツは外郎家にあります。京に在住した二代大年宗奇《たいねんそうき》は、大陸の知識に明るい文化人であり、大陸の言葉にも堪能な人でした。それで、外交官の役割を朝廷から仰せつかって、明国や朝鮮からの公式使節の接待を担当していました。その国賓のおもてなしの菓子として創作したものが、お菓子の「ういろう」のはじまりなのです。外郎家がつくった菓子ということで「ういろう」と呼ばれました。現代では他の地方のものが有名ですが、外郎家の「ういろう」が原点であり、とくに暖簾《のれん》分けをしていませんので本家本元と言えます。

深野　薬とお菓子というのも不思議な組み合わせですね。

外郎　現在の店ではお菓子と薬の両方を商っているため、「なぜ、こんなに違うものを商っているのですか?」とよく尋ねられます。実は、お菓子の「ういろう」の原料に使われている黒糖は、室町時代には薬の原料として南方より仕入れていました。現代の医療でも、栄養補給に点滴で糖分を補給しますが、黒糖にはそれと同じ効用があります。病後、衰弱した貴族の栄養剤として使っていた黒糖を、お菓子へ転用したのです。糖類は、往事は貴金属と同じ重さで取引がされていたようで、医薬業だったからこそつくることができたお菓子だと言えます。

深野　なるほど、昔は砂糖が薬だったのですね。ところで、「ういろう」は室町時代から六五〇年の時代を生き抜いてきたわけですが、なぜ六五〇年も続けることができたのでしょうか?

外郎　その理由は、商業をする一方で、外郎家が特殊な家柄だったことに起因します。室町時代の京都の外郎家は、朝廷に出入りし、公家のように待遇されていました。そして、小田原へ移ってからは北条家の重鎮となり、軍師として仕えてきました。つまり、小田原では武家としての格付けをいただいていたわけです。十六花弁の菊の家紋と五七の桐の家紋をもつ格式のある家柄がコアとなっています。そして、本業が医薬であることも継続できた理由でしょう。初祖である陳延祐《ちんえんゆう》が持ち込んだ薬「霊宝丹（透頂香《とうちんこう》）」は、薬のない時代に効能が顕著であり、その信頼は絶大なものだったのです。

外郎家は、先ほども言いましたように暖簾《のれん》分けをせずに一子相伝で薬と菓子をつくり続けてきました。無理に広めてたくさんつくらなかったことも、長く続けてこられた理由だと思います。この薬は、今でも大量生産をせず、手間暇をかけて心を込めてつくっています。当然、みなさまの健康が守れるように、神仏への祈念も当主の役目となっています。こうしたものがずっと継がれてきて、信用を築き上げてきたのだと思います。

さらに、地域との連携も非常に重要な要素であったと思います。日本三大祭の一つである「祇園祭」が京都で毎年夏に開催されていますが、その山鉾の一つ「蟷螂山《とうろうやま》」を京都在住時代に創始して、地元に貢献しました（第7章参照）。もちろん、小田原に来てからも、北条時代は京都との政治・文化の外交役を担ったり、江戸時代は宿老《しゅくろう》(6)として町づくりに貢献してきました。地元と一体になって歩んできたことが、ずっと長く続いている秘訣だと考えています。

深野　一子相伝は、信用を培うものだったのですね。長い年月を重ねている家柄ですから、当然「家訓」のようなものがあって、それを受け継いできているのでしょうか？

外郎　何百年もの歴史を重ねると、確かにいろいろな家訓があります。そのなかでも基本となる先祖の思いは、「薬で地域の健康を守る、菓子で来客をもてなす」です。この思いが家訓の中心にあります。そして、「無理に規模の拡大を図らずに、自分たちの目の行き届く範囲で手間暇をかけ、心を込めて品物をつくる」というモノづくりの姿勢についての家訓もあります。

深野　堅苦しい家訓という感じではなく、先祖の思いをつないでいくということが軸になっているのですね。その思いを、どのようにして社内に伝えているのですか？

外郎　社内に掲示したり、社員全員で唱和するといったことはしていません。形だけの継承は、いつの間にか形骸化してしまう恐れがあります。大事なことは、家訓に語られている先祖の思いを、我々一族が率先して行動で示して、家族や社員にそれを理解してもらうことだと思っています。そして、社員にもまた自らの判断で、その思いを行動に示すようにしてもらっていま す。たとえば、先代である父は、「俺のやっていることを見ていろ。あとは、自分でどうすればいいかを考えろ」と無言で語るような、まさに背中で学ばせ、仕事を引き継がせるといったスタイルをとっていました。

深野　「背中を見て学べ」という方法をとられた先代に対して、外郎さん自身はどのようにして先祖の思いを社員たちに伝えているのですか？

（6）「宿徳老成」の人の意味で、古参の家臣など重要な地位の人の称となった。江戸時代では家老を指したが、町方でも町の自治行政を担う「年寄役」などの人をこのように呼んだ。

外郎　実は、元々、私は本家を継ぐという立場ではありませんでした。それが一〇年ほど前、突然、私に外郎家を託したいと白羽の矢が立ったのです。二〇年も銀行に勤めていましたし、薬剤師でもありませんでしたから最初は固辞しましたが、年老いた叔父夫妻の頼みに使命感が湧き、家族とともに外郎本家へ入ったのです。

本家に入ってまず感じたことは、私自身これまで薬と縁がなく、薬のことをあまりにも知らなすぎるということでした。本業は薬種業、家訓や社訓をみんなに行動でどのように示していったらよいのかと本当に悩みました。それで、すでに四五歳でしたが、一念発起して横浜薬科大学に入学して薬学の勉強をはじめたのです。二五年ぶりの学問、それも未経験の理科系の六年制です。大学進学にあたっては、主治医から「九二歳の当主が六年後まで生きている確率は一パーセント以下しかないから、時間の無駄になりかねない」と言われました。私は、その一パーセントにかけることにしました。落第すれば即、家を継ぐ資格を失うという「背水の陣」で臨みました。

最初の二年間は知識のキャッチアップが必要で、それこそ寝る暇を惜しんで猛勉強をしました。当主見習いをしながら、教職員の励ましを受け、若い学友に交じって学び続けた六年間でした。先代は、薬剤師を目指す私が家に帰ると必ず、手を合わせて感謝を表してくれました。謙虚な気持ちで切磋琢磨した結果、無事に国家資格を取得することができました。

私が資格を取った一年後に先代は他界しましたが、薬剤師であった先代から、薬剤師として代を受け継ぐことができました。覚悟をもって取り組んだことが、結果的には、この家を継ぐという私の本気度を社員に示すことになりました。社員たちに、「外郎家と会社の未来を拓きたい」という私の思いが伝わったのです。私の気持ちが通じて社員も期待してくれましたし、応援がさらなる私の原動力となりました。みんなと一緒に勝ち取った国家資格と言えます。自らが行動することで築けた信用と社員との絆、先代に感謝しつつ、このことを私自身も後世に伝えたいと思っています。

深野　代々受け継がれてきた家訓の真髄とは、「経営トップから社員まで、自分で考え、自分で行動して、身の丈にあった仕事をするという姿勢を貫くことにある」と受け止めました。一方、現在ではM＆Aなどで会社を買収して継続したり事業拡大したりするケースが日本でも普通に行われています。そういう経営のあり方も含めて、現在の「ういろう」の経営の考え方というものは、どのようなものなのでしょうか？

外郎　私たちの仕事は、家と会社が一体となっていて切り離すことができません。これまでも、製薬会社より連携して事業拡大するという話もあったのですが、先代は絶対にそれは受けませんでした。なぜならば、私たちがモノづくりに直接関与できなくなってしまうからです。逆に言うと、自分たちができる以上には薬も菓子もつくらないということです。そのような自分たちらしいモノづくりを続けることは、規模を拡大すると実現できないのです。

無理な量産をせずに、モノづくりにこだわって手間暇をかけ、自分たちの目が届く範囲でしっかりとつくります。薬は本店での店頭販売のみで、ご来店の患者様すべてにお渡しできるように、一人当たりの販売個数も限定させていただいております。遠方からのお客様にはご不便をおかけしますが、地域の健康を守ることが我々の第一の使命となっています。

深野　目の届く範囲に徹するという姿勢は、バーチャルリアリティーがもてはやされる現代では、かえって新鮮なものに映ります。とはいえ、長い歴史のなかでは戦乱もあったわけですが、世の中の大きな社会変化に対して外郎家はどのように変化させてきたのでしょうか？

外郎　さすがに六五〇年も続いていますと、何回も大きな時代の変化がありました。それにどう対応するかといったとき、私たちは「どのようにして先祖の思いをきっちりと受け継ぐか」ということを前提に、さまざまな対応をとってきました。

お菓子の「ういろう」を例にして、その変化をお話ししましょう。元々「ういろう」は、先にも述べたように国賓を接待するための菓子としてつくられ、京都から小田原に移ってからも、来客へのおもてなしを目的としてつくっていました。薬と同じく暖簾《のれん》分けをせず、これも一子相伝でつくり続けてきました。しかし、製法が簡単だったので、砂糖が一般に広まった江戸時代になると各地方で米粉を蒸した類似のお菓子ができるようになりました。そして、地域物産として地方に広まったわけです。

ただ、私どもでは明治時代に入るまで本格的な販売はしていませんでした。戦国時代は武家の格付けだったことや、江戸時代も先祖にならって、お、も、て、な、しの菓子として来客に提供し、一般への販売は、「どうしても」と言う方にだけお分けしていた程度でした。しかし、他の地方でご商売が拡大し、「ういろう」の原点は外郎家が創作したもの、ということを知る人が少なくなりました。とくに、戦後が顕著です。

深野　東海道新幹線が開通したときに名古屋の商品が車内販売されて、全国的に有名になりましたね。

外郎　先代は、「ういろうの歴史を正しく伝えなければいけない」と言うのが口癖でした。そう言いながらも、無理な生産拡大はせず、お菓子の「ういろう」をつくってきました。

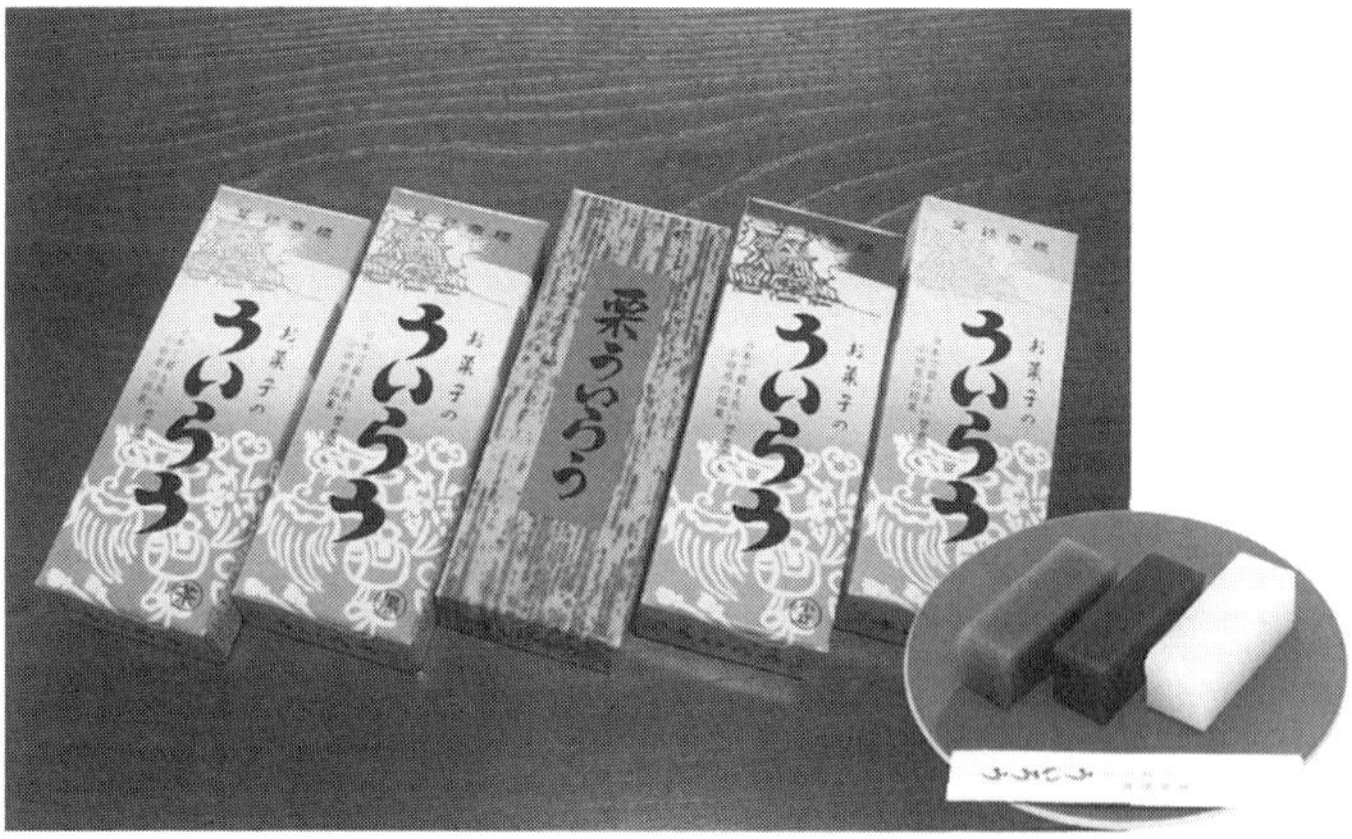

菓子「ういろう」

深野 しかし、時代とともにお客様の嗜好は変化していったのではないでしょうか。それに対して、いろいろと工夫されているのですか？

外郎 平成に入ると、自家製の和菓子を増やして新たな商品を創作し、またそれらが味わえる甘味喫茶を店舗に併設しました。軸はぶれないようにして、その都度、新しい取り組みを続けています。オリジナリティーのある手づくり和菓子は好評ですが、菓子の「ういろう」だけは室町時代からの風味ともっちりとした食感にこだわり、本当に素朴な味だけを大切にしています。もちろん、形にもこだわっています。「ういろう」が羊羹のような棹菓子《さおがし》の原型であるという説があるように、棹の形も私たちの伝統なのです。ですから、形も伝統を守っています。原料の仕入れにもこだわっていて、五感で原料の質を確認しています。そして毎朝、販売する量を予測し、必要分をつくるようにしています。

先祖が来客へのもてなしの菓子としてつくったものがはじまりですので、現在でも、小田原に来られたお客様へ直接手渡しで販売することを基本としています。つまり、小田原以外では販売していないのです。過去に東京のデパートなどから常設販売のお誘いもありましたが、断っています。きめ細かな生産調整ができず、廃棄を出したくないからです。

材料である黒糖が室町時代には貴重な資源であったことを先ほど述べましたが、無駄にモノをつくるということが私たちにはできないのです。今後も、必要以上につくることはせず、きちっと自分たちのコアを守っていきたいと考えています。

このような経営方法では、化石のような会社と思われてしまうかもしれませんね。しかし、大量消費社会の流れで規模を大きくしてしまうと、昨今の急な経済変化に対応できなくなることも事実です。自分たちでできる範囲のことだけをしていれば、少子化の時代になっても事業を縮小する必要はありませんし、かえって、これからも長く続けられるのではないかと思っています。

その一方でオリジナルの甘味もつくって、ご来店のお客様に楽しんでいただくことにも努力しています。社内で新製品の品定め試食をしているのですが、みんなが本物志向でオリジナリティーを追求するものですから、これがまた職人泣かせとなっています。（笑）

深野　軸をぶらさず、たゆまぬ努力の積み重ね、よく分かりました。その歴史のなかで、外郎家も大きな危機に直面したことがあると思います。これまでに最大の危機と言えるものは何だったのでしょうか。また、その危機に対して外郎家はどのように対処してきたのでしょうか？

外郎　確かに、危機的な状況はいろいろとありました。室町時代の応仁の乱（一四六七〜一四七七年）のときもそうでした。それから、明治維新（一八六六〜一八六八年）のときは税制が変わって大変な思いをしましたし、関東大震災（一九二三年）では店舗が全壊してしまいました。しかし、これらは最大の危機ではありません。最大の危機と言えるものは二度ありました。

一つ目は、一五九〇年、豊臣秀吉による小田原攻めのときです。先ほど言いましたように、外郎家は北条氏の重臣だったので、秀吉軍に包囲された小田原城に外郎家も籠城しました。北条氏が降伏して開城したあと、北条家の家臣団は小田原から追放となりましたが、私ども外郎家は追放にはならず、ずっと同じ場所に居続けることができたのです。家の格式などといったいわれもありますが、地元の人たちの外郎家に対する信頼が大きかったということでしょう。

江戸の町を造るために多くの職人が小田原から江戸へ連れていかれるなか、地域の健康を守るために外郎家は残りました。江戸初期においては、まだ要注意人物としてマークされていたようです。しかし、医薬や小田原宿の宿老《しゅくろう》（一五ページ参照）など、さまざまな活動を通じて地元に貢献し続けたことで徐々に幕府の懸念を払拭《ふっしょく》することができました。

もう一つの危機は太平洋戦争（一九四一～一九四五年）のときです。当時、軍部と政府による戦時企業統制制度ができて、都道府県ごとに薬種業種は一つに統合しろという命令が出されました。神奈川県にも二〇社くらい製薬会社があったのですが、それらが統合されることになって廃業の危機に直面したのです。このときは、神奈川県知事が国と軍部に「この家は日本の伝統だから、これを絶やしてはいけない」と働きかけて、特例として存続が認められました。実はこれもまた、地元の人たちが神奈川県知事に懇願してくれたおかげだったと思います。

自然災害と同様に、危機とは予期せぬときに突然現れます。しかし、日本が素晴らしいと思うのは、東日本大震災（二〇一一年）のときもそうであったように、厳しいときや困惑したときはみんなで助け合って、その困難を乗り切ろうという心意気があることです。私どもも、そうした日本人の心に助けられて、地元の人々と歴史をつなげることができたと思っています。

深野　地元のみなさんの力添えによって切り抜けられた二つの危機、先祖から続く地域への取り組みがあってのことですね。同じ場所に五〇〇年間以上も住み続けているわけですが、埋蔵物からも歴史が分かるのではないでしょうか?

外郎　実は、一九八五年から、店舗などの建て替えを順次行いました。条例に基づき小田原市は敷地での発掘調査を行い、調査結果は「小田原市遺跡発掘調査報告書」にまとめられました。発掘された埋蔵物の総数は、コンテナで四〇〇箱以上に及びます（一三六ページから参照）。

陶磁器も大量に出土しましたね。瀬戸、美濃焼などの日本産のほかに、中国・明代や清代のものもありました。色絵皿のなかには、非常に貴重な「大明成化年製」の銘が入ったものもありました。

深野　そういう埋蔵物も含めて、「ういろう」の歴史をお

「大明成化年製」の銘が入った色絵皿

客様に知っていただくために「外郎博物館」を造られたわけですね。

外郎　外郎博物館となっている蔵は、一三〇年前の一八八五（明治一八）年に建てられたものです。二階の梁に墨書が鮮やかに残っています。一九二三（大正一二）年の関東大震災で本店の建物は倒壊してしまいましたが、この蔵は倒壊を免れて今に残っています。

九年ほど前にこの蔵を改装して、外郎家の歴史や日本人のモノづくりの心を紹介する博物館を造りました。日本人はモノを大切にし、代々にわたって長く使い続ける文化があったと思います。そのため、生活品であってもしっかりとしたモノをつくってきました。たとえば、一〇〇年以上前の提灯《ちょうちん》も和紙が破れていません。

深野　外郎家と文化の話をお聞かせください。インタビューの冒頭で、祇園祭の山鉾のお話が出てきましたが……。

外郎　そうなんです。二代大年宗奇《たいねんそうき》が博多から京へ移り住んで、現在の四条西洞院「蟷螂山町」あたりに居を構えていました。大年宗奇が創始した山鉾が「蟷螂山《とうろうやま》」(7)です。蟷螂とはカマキリのことで、山には珍しく蟷螂の人形が御所車《ごしょぐるま》の上に乗っています。この山のテーマは、「蟷螂の斧を以て降車《りゅうしゃ》（大軍）の隧《わだち》を禦《ふせ》がんと欲す」という中国の故事に因んだものです。小さな身体であっても、自分より大きな強敵に向かって鎌を振り上げて立ち向かっていくカマキリの姿を賞したわけです。

外郎博物館２階の梁には墨書が残っている

100年以上前の提灯を説明する外郎武氏

南北朝時代に、蟷螂山町に住んでいた四条隆資《しじょうたかすけ》（一二九二～一三五二）という公卿が、足利義詮《あしかがよしあきら》（一三三〇～一三六七・二代将軍）の軍へ果敢に挑んで討死してしまいました。卿の戦死から二五年後となる一三七六年に、大年宗奇《たいねんそうき》は隆資の勇猛さを偲んで四条家の御所車に蟷螂を乗せて巡行したそうです。それが蟷螂山のはじまりです。その後、蟷螂山は何度も戦火にあって、一八六四年の大火で焼失して一一七年間にわたって途絶えてしまいました。

小田原・ういろう 祇園祭「山鉾巡行」に参加

京都と600年 深い縁

日本三大祭りの一つに数えられる京都・祇園祭の目玉行事「山鉾巡行」に、小田原の老舗製薬・製菓会社「ういろう」（本店・小田原市本町）の社員が、山（山鉾）の引き手として初めて参加した。室町時代にカマキリが特徴の「蟷螂山」を考案したのが、同社社長の外郎武さん(52)の先祖に当たる。「小田原と京都との古いつながりを大事にしたい」と、600年以上にわたる深い縁に感慨深げだ。

（佐々木 航哉）

「かまきりさーん」。最高気温が35度を超える猛暑日となった17日の京都市中心部。カラクリが施されている唯一の山で、カマキリが羽を広げたり、前足を動かしたりするたびに、沿道にあふれる観光客らから掛け声や歓声が上がる。

23基の山鉾のうち16番目にスタート。「蟷螂山」には武さんが総代を、社員10人が引き手などを務め、約5時間かけて4キロほどの行路を巡行した。

1376年に蟷螂山をつくったのは、外郎家の先祖の陳大年。医師の父が中国から博多に渡り、父の後を継いだ大年は将軍・足利義満の要請で京都に移り住み、薬や菓子を開発したとされる。

南北朝時代に小勢で強敵に立ち向かい戦死した地元の公卿・四条隆資の戦いぶりをたたえるため、中国の故事「蟷螂の斧」にちなんでカマキリを御所車に乗せたのが始まりという。子孫は室町時代後期、戦国大名の北条早雲に招かれ、小田原に移った。外郎家は以後、城下町で500年以上にわたって商売を続けている。

蟷螂山との関係は長く途絶えていたが、ういろうの社史の編さんを進めていた2005年に、執筆を手掛けた歴史小説家から祇園祭との縁を知らされた。山は1864年に大部分を焼失していたが1981年、117年ぶりに復活。保存会から外郎家の参加を要請され、復活から30年を迎えた2011年に武さんが初めて参加した。

祇園祭の山鉾巡行に参加した「ういろう」の外郎武社長（左から2人目）と社員ら＝京都市内（ういろう提供）

先祖が蟷螂山考案、社員が引手

今年は開催日が本店の定休日と重なったこともあり、社員旅行として社員53人が京都に出向くことになった。前方で「ちりん棒」と呼ばれる5メートル近くある鉄の棒を持ちながら巡行した総務担当の桑島裕二さん(30)は「初めは緊張していたが、あっという間に時間が過ぎた感じ。会社の歴史や日本の伝統の重みを実感した」と振り返る。

武さんは「小田原での歴史も長いが、京都からの歴史を積み重ねていることはわれわれの励み。社員と思いを共有するとともに、会社だけでなく、小田原と京都との街のつながりも大切にしていきたい」と話している。

神奈川新聞（2014年７月18日付）

その蟷螂山が一九八一年に再興されたのです。外郎家との縁はすでに離れていましたが、『ういろう物語』（山名美和子著、新人物往来社）の取材過程で因縁を知り、二〇一一年から外郎家は祇園祭へ招かれて山鉾巡行に参加しています。蟷螂山巡行では、私は「総代」の役割を担っています。蟷螂山保存會のみなさまとともに由緒ある祇園祭に参加できることは、先祖が培ってきたご縁の賜物ですが、現在の保存會のみなさまの温かい心遣いに深く感謝しています。

深野　店舗のカウンターの後ろに飾ってあるカマキリの被り物ですが、その由来はどうようなものでしょうか？

外郎　あれは、静岡県森町の「山名神社・天王祭」に伝わる「蟷螂の舞」に用いられるものです。「蟷螂の舞」は、昔、祇園祭で蟷螂山に従って舞われていたもので、外郎家が小田原へ下向するころに森町に伝えたと伝わっています。二〇一四年七月一九日、先代の初盆を弔うために、山名神社天王祭舞楽保存会のみなさんが小田原まで来て特別公演をしてくださいました。「蟷螂の舞」が、「ういろう」本店の駐車場に設けら

（7）カマキリが山の上に乗るために「かまきり山」とも呼ばれている。御所車の屋根にはからくり仕掛けの蟷螂（カマキリ）が乗り、羽根と手が動く面白い山である。前掛は、山鉾では初の友禅染となっている。一八二ページから参照。

店頭にある蟷螂舞の被り物（レプリカ）

れた特設舞台で披露されたのです（第7章参照）。
山王神社の社殿の前には舞屋《まいや》があり、その舞台で、毎年七月の天王祭で舞楽が演じられています。舞楽の演目は八段あり、七段目が「蟷螂の舞」です。カマキリの被り物を頭に乗せ、背中に四枚の羽根を背負った稚児《ちご》が舞います。カマキリの鎌には紐でつながれた精巧な「からくり」が仕込まれていて、稚児が舞いながら紐を引っ張ると、カマキリは鎌を持ち上げて威嚇のポーズをとるのです。祇園祭の蟷螂山でも鎌や羽根が動く「からくり」があって子どもたちに人気がありますが、この「蟷螂の舞」は静と動のメリハリが見所で、大変風情のある舞となっています。

深野　もう一つ、歌舞伎の『外郎売《ういろううり》』も有名ですね。

外郎　歌舞伎の市川家の十八番《おはこ》に『外郎売』という演目があります（「はじめに」を参照）。三〇〇年前、二代目市川團十郎が喉の持病で声が出なくなったとき、小田原の「ういろう」の丸薬で病が治ったことから創作されたものです。

「ういろう」本店の駐車場に設けられた舞台で披露された山名神社の舞楽

「武具馬具ぶぐばぐ三ぶぐばぐ、あわせて武具馬具六ぶぐばぐ……」が有名な外郎売の長い口上は、役者やアナウンサーの滑舌《かつぜつ》訓練によく用いられ、諳《そら》んじている方も少なくありません。

市川家は三〇〇年前の吉事にならい、一二代目の市川團十郎さんも生前、『外郎売』の歌舞伎を演じるときには必ず小田原に挨拶に来られました。江戸時代にはじまった歌舞伎とのご縁が、現在まで続いているのです。

「ういろう」本店で売られている『外郎売』の人形

深野　長い歴史のなかでたくさんのご縁が培われ、それが今につながっていること、そして、外郎家がモノづくりの姿勢だけでなく、文化的なつながりも大切にしてこられたことがよく分かりました。これらのつながりを、これからどのようにして次の世代につなげていかれるのでしょうか？

外郎　私たちは、大きな会社ではなく家族的な経営をしてきています。家名を大切にし、家族および働く仲間とともに、家伝の薬と菓子をつくり続けることを使命としてきました。六五〇年の歴史を背負って大変ですね、とよく言われますが、私自身はそうは思っていません。それに、背負えるものでもないと思っています。無理に気張ったら潰れてしまいますし、自由がきかなくなると感じています。もちろん、守りすぎてもいけないとも思っています。後継ぎというよりも、中継ぎ、先代から家業を預かっているという気持ちのほうが強いですね。先代から学び、そして未来を示して次の代へ手渡しで送る、それが中継ぎとしての私の役割だと思っています。

社会環境は目まぐるしく変化していますが、時代の流れに翻弄されないように、焦らず、地に足を付けて対応していきたいと思っています。また、私が預かっているこの家業を継続していくうえで大事な要素が三つあるとも考えています。

一つ目は社員です。我々一族だけではこの事業はできません。社員は家業を営む大切な仲間、家族の一員だと思っています。二つ目は、やはり地域です。何度も話してきましたが、地域と一緒になって地域の発展とともに進んでいく。時代を超えて地域に恩返しをしていくことが私の使命だ、というつもりでいます。

そして三つ目は、文化とのつながりです。関連する文化を事業継承の励みにしていきたいと思っています。祇園祭では、二年前に社員一〇名が蟷螂山の巡行に参加することができました。蟷螂山保存會のみなさまの特別な計らいです。社員たちも、自らの仕事が歴史を重ねる事業に関与しているのだということを本当に実感することで、より一層仕事に熱が入るようになりました。非常にありがたいことです。

一二代目の市川團十郎さんが当店へ挨拶に来られたとき、「自分は歌舞伎を通して日本の若い人たちに、日本人としての誇りをもってもらいたいから病に負けていられない。歌舞伎をずっと演じ、日本の文化を代々継承していく」、そして「ここに挨拶に来るのは、外郎家が代々家業を受け継いで来たことが、どれだけ大変なことかが自分はよく分かるので、それに敬意を表して挨拶に来ているのです」と、私に話して下さいました。團十郎さんのこの言葉は、家業を代々受け継ぐ我々にとって励みの言葉です。新たな家訓として、次世代にずっと伝え続けていきたいと思っています。

それから、会社に和太鼓部をつくりました。希望する社員で構成しています。やはり老舗なので、社員に「和の文化」を少しでも接してもらおうと思ったのです。あわせて、地元の町内祭事のときにも出張公演をしています（六ページ参照）。地域を盛り上げるために社員が地元のみなさんが喜ぶことを行うという形で、地域と共存する姿勢を実践・体験しています。

おかげさまで、私どもがやろうしていることに、地元のみなさんも共感していただいております。そういった文化のご縁も大切にしながら事業を続けています。

深野　グローバル経営の名の下で希望退職を募る企業経営が当たり前となっている現在、「第一に社員を家族と思っている」というお話には、日本的経営の原点を感じました。継続のための三つの要素には、時代を超えた普遍性がありますね。ところで、家族経営の会社はどこも後継者問題を抱えていらっしゃいますが、「ういろう」はどうなのでしょうか?

外郎　もちろん、次世代にどうやって事業承継するか、これはやはり大きな課題です。私は家族そろって本家に入りましたが、息子には「自分の道は自分で選べ」と言っていまして、無理にこの家を継がなくてもよいと話しています。宿命で何かをやらなければいけないと思うと面白くないですが、自分がやりたくてやることならば長続きします。だから、息子にも自分の道を選んで欲しいのです。

選択の自由のなかで、この家を継ぐという意志をもてば、危機に直面したときでも、自分でそれを突破できる力を仲間とともにもてると思います。息子が跡を継ぐと決めたとしても、すぐに家業に入れるつもりはありません。人に使われ、見聞を広めることが必要です。そして、先代が私にしてくれたように、私のこだわりや舵取りを背中で見せて、何を踏襲し、何をオリジナルでやるべきかを自ら考えて、実行してもらうつもりです。

深野　もし、息子さんが継がないとしたら、どう考えますか?

外郎　幸い息子は自分で薬科大学を見つけて入学しましたので、正直なところ私はちょっとほっとしています。とはいえ、現代では家業を継いでいくということは容易ではありませんね。私は事業継続で大事なことは、「先祖の気持ちをどう継いでいくか」だと思っています。万が一、息子にその気がなかったら、その気持ちを正しく受け渡せる人を一族から探して、その人に事業を託したいと思っていました。

深野　では最後に、これからどんな一〇〇年にしたいか、これからの「ういろう」について、外郎さんご自身の思いをお聞かせください。

外郎　私は、会社だけでなく小田原という街をもっと元気にしていきたいと思っています。今、一般財団法人小田原市観光協会の副会長の任をいただいております。言うまでもなく小田原は観光地ですが、今以上に観光客に訪れていただき、より活気のある街にしていけたらと思っています。

家に伝わる品々を展示している外郎博物館では、日本人のモノづくりのこだわりなどを、私や社員のガイド付きで無料でご案内しています。たとえば、江戸時代に使われた透頂香《とうちんこう》を入れる袋や版木を展示しています。このようなきめの細かい木工の手仕事は、箱根寄木細工などの

「透頂香」と彫られた版木

手仕事に通じており、地域としてモノづくりにこだわってきたという伝統が小田原にあることを証明しています。外郎博物館は、現在、小田原街歩きマップにも掲載していただいており、立ち寄りスポットの一つとして活用してもらっています。

それから、すでに申し上げました文化交流ですね。先ほどご案内した静岡県の遠州森町の舞楽ですが、まだ個人レベルでの交流でしかありません。これを行政レベルに引き上げて、よりつながりを太くしたいと思っています。

さらに歌舞伎の話では、『外郎売』の口上台詞は日本語の正しい発音を示していて、滑舌《かつぜつ》の練習にとてもいいのです。教科書にも一部紹介されていますが、これを小田原の小学生みんなが勉強して口ずさむようになってほしいですね。このようなご縁をもって、今後は歌舞伎の興行を小田原城の天守閣の前でやれたらいいと思っています。当然、私たちだけではできませんから、市民や行政と連携しながら、そうしたものを呼び込んでいきたいですね。

最後に、私事ですが、先代は一〇〇歳まであと二か月というところで、残念ながらこの世を去りました。かなりハードルは高いのですが、私も健康で一〇〇歳まで生きようと思っています。もちろん、適当なところで代は二六代目に譲ります。隠居したら、所有しているお寺で先祖の供養に毎日お経を唱えながら、家と会社と小田原が未来に向かって繁栄していく姿を見ていきたいと思います。

深野　本日は、外郎家の歴史から、経営への考え方、地域とのつながりと文化活動への取り組みなど、貴重なお話をうかがうことができました。現代における企業経営や街づくりなどにも大変参考になるお話でした。ところで、外郎博物館は蔵を改造して造られていますが、扉も厚く、さすがに重厚な造りとなっていますね。あれなら、火事や地震にも耐えられるわけですね。

外郎　実は、蔵の入り口にも家財を守る実用的な仕組みと深い信仰の秘密があるのです。昔は、蔵の脇に味噌樽が置いてありました。火事があると、その味噌を扉の周りの隙間に塗り付けたのです。そうすると完全に密閉されて、蔵の中に熱風や火の粉が入ることはありません。昔の人の知恵ですね。それと、軒下の白壁には雲の絵が描かれています。雨雲です。これも、水を招く意味から火事の難を免れるという昔の人の信心です。ハードとしての味噌とソフトとしての信仰心が相まって、この扉には先祖から伝わる大切なものを守ろうとする心が込められているのです。

深野　昔の人の知恵と心には驚きました。「仏造って魂入れず」という諺がありますが、モノをつくったら魂も入れるという心のありようが、今の時代のモノづくりには失われているのではないか、ということを実感することができました。今日は、最後の最後まで勉強させていただきました。

外郎　こちらこそ、ありがとうございました。

外郎武氏のお話をうかがって、外郎家は地域に支えられ守られてともに生きてきたこと、身の丈にあった自分たちの目の届く範囲を逸脱しない地道な商売に徹してきたこと、さらに、小田原へ来られたお客様に礼を尽くすこと、これらを六五〇年にわたって営々と継続してきた外郎家の姿勢には驚いた。それこそ、家業継続の秘密であると言えるだろう。

そして、そこからは六五〇年の歴史の重みというものがひしひしと伝わってきた。と同時に、「地方創生」が叫ばれる現代において、すでに一地方の中小企業がどうあるべきかを具現化しているということも感じられたインタビューであった。はじまる前ではなく、終わったあとに襟をただすという経験、そうあるものではない。

第❷章

小田原の成り立ち

古代より、関西から関東へ旅するには、静岡から富士山の裾野をめぐって足柄峠を越えるという道が選ばれてきた。箱根越えのルートは険しい山道であったため、主要な街道として整備されるようになったのは戦国時代以降のことである。そのため、それまでの小田原は寂しい漁村でしかなかった。箱根越えの道が整備されたことで、江戸時代には東海道最大の宿場町として小田原は発展してきた。

ところが、小田原の歴史というと、不思議なことに江戸時代が語られるよりも圧倒的に戦国時代が語られることが多い。江戸時代の小田原藩は、「入り鉄砲に出女」と言われたことで有名な箱根の関所を控えた東海道の要衝の地であった。その小田原藩を治めたのは、大久保家[1]と稲葉

(1) 三河国出身で、大久保忠世・忠佐兄弟が徳川家康に仕えた。忠世の子・忠隣は老中に抜擢されたが、本多正信・正純親子と権力争いとなり、家臣の大久保長安の横領事件で改易処分となっている。孫の忠職は赦免され、その子の忠朝が再び小田原藩主となり、幕末まで続いた。

（2）家である。両家とも徳川家康の時代から仕えた譜代大名という立派な家柄だが、現在では小田原で語られることがほとんどない。

一方、小田原と言えば、誰もが思い浮かべるのが北条早雲である。小田原駅の西口前には北条早雲の堂々たる騎馬像が聳えている。小田原市民も同じ思いで、戦国時代の一〇〇年間を支配した北条家のほうを身近な存在と感じている。毎年、五月三日には「北条五代祭」が開催されており、北条五代に扮した人気者たちが街を練り歩いている。

その北条早雲だが、自ら「北条早雲」と名乗ったことはない。本名は「伊勢《いせ》新九郎《しんくろう》盛時《もりとき》」と言い、出家してから「早雲庵宗瑞《そううんあんそうずい》」と号したため「伊勢宗瑞」とも言われた。「早雲」の名は、箱根山を源流とする早川の「早」と須雲川の「雲」から一字ずつ取ったとされている。二つの川が合流する箱根湯本に早雲を祀る早雲寺が建立さ

小田原駅西口前に立つ「北條早雲公」像

れたのも、その名の由来によるものと思われる。

以前は、北条早雲の出自を伊勢の素浪人とする説が流布されていたが、近年の研究成果により、現在では室町幕府の名門である伊勢氏[3]の出身とする説が史学上の定説となっている。「北条氏」を名乗るのは、早雲の死後、二代目の北条氏綱[4]の代からである。氏綱による小田原を拠点にした関東支配体制が決定的となると、鎌倉幕府の実質的な支配者であった執権・北条氏の姓を名乗ることで、外からやって来た伊勢氏が自らの関東支配の権威づけを図ったと考えられる。

北条氏が小田原に進出して関東進出の拠点としたときから、北条氏の招きで多くの商人や職人が呼び寄せられ、京などから小田原に移住がはじまった。そのなかに、今に続く医薬業の「うい

（2）稲葉正成は豊臣秀吉の命で小早川氏の家臣となり、小田原攻めで活躍した。関ヶ原の戦では徳川家康に内通し、小早川秀秋を東軍へ寝返らせることに成功している。妻の福（春日局）が徳川家光の乳母となったこと、そして次男の正勝が家光の小姓となり、のちに老中へ取立てられた。

（3）桓武平氏の流れの平俊継が伊勢守となってから伊勢氏を名乗った。南北朝時代に伊勢貞親が政所執事となって以来、政所執事を世襲して室町将軍に仕え、政治に大きな影響力をもった。江戸時代は旗本として仕え、武家の礼法である「伊勢礼法」を創始した。

（4）（一四八七～一五四一）北条早雲の嫡男。氏綱の時代に北条氏は韮山城から小田原城へ拠点を移し、各地の在地勢力と争い、ほぼ南関東を領国化した。伝馬制度や検地を整備して領国内を安定し、鶴岡八幡宮の再興をして関東支配を主導した。「勝って兜の緒を締めよ」の遺言は有名。

ろう（外郎）」がある。その経緯については、第1章で外郎武氏が語ったとおりである。ここでは、北条早雲が京から駿府へ、そして小田原に攻め入るまでの経緯を辿っていくことにする。そのためには静岡へ出掛けなければならない。実は、北条早雲の東国での拠点は小田原ではなく、静岡の東の地域である駿東や伊豆であったからだ。

お断りをしておくが、本編では北条早雲の名を「伊勢新九郎盛時」「伊勢宗瑞」「北条早雲」と、それぞれの時期や文脈によって使い分けることにする。もちろん、すべて同一人物であることをふまえていただきたい。

1 伊勢《いせ》新九郎盛時《しんくろうもりとき》、今川家に仕える

伊勢新九郎盛時は、岡山県西部にある備中国荏原荘で生まれた。生年は不明で、没年から逆算して一四三二年とする説があるが、それだと嫡男の氏綱が生まれた年には五五歳となってしまい、当時としては歳を取りすぎているという疑念も生まれる。歴史学者の黒田基樹氏は、早雲は子年《ね》生まれと記録にあることから、一四五六年生まれとしている。

新九郎盛時の父親は、備中国高越山城《たかごしやまじょう》(5)の城主である伊勢盛定《いせもりさだ》（生没年不詳）で、盛時はその次男として生まれた。母親は、本家筋である京の伊勢氏当主伊勢貞国《いせさだくに》（一三九八～一四五四）の

娘である。京の伊勢氏は、室町幕府の政所執事《まんどころしつじ》を務めるという高級官僚の家柄であった。政所執事とは、幕府財政と領地・民事の訴訟を司った役職であり、三代将軍足利義満の時代に就任して以来、伊勢氏が代々この要職を世襲していた。よって、新九郎盛時の出自は決して卑しいものではなく、むしろ高貴な身分に属していたと言える。

備中国の守護は細川氏久（?～一四六〇）で、伊勢盛定は守護代のような立場であったと思われる。京の室町幕府において盛定は、政所執事の伊勢貞国と駿河の守護大名である今川義忠（一四三六～一四七六）との間の申次衆《もうしつぎしゅう》を務めていた。つまり、今川義忠と幕府将軍との間の取り次ぎ役を担っていたわけである。

伊勢貞親《いせさだちか》（一四一七～一四七三）は、八代将軍足利義政の妻・日野富子（一四四〇～一四九六）と謀って、富子の子である義尚《よしひさ》（一四六五～一四八九・九代将軍）を将軍後継にしようと画策した。そして、義政の弟である足利義視《よしみ》（一四三九～一四九一）との後継者争いが切っ掛けとなって室町時代最大の争乱「応仁の乱」が起こったのである。そう、外郎武氏が言っていた外郎家の危機の一つとなった出来事である。

（５）岡山県井原市東江原町にある山城。一一八一年、蒙古来襲に備えて宇都宮貞綱が築城した。一四五四年に伊勢行長が城主となり備中荏原荘を治めた。

この応仁の乱の原因にかかわる立場であったように、伊勢氏は足利将軍家ときわめて近い有力者であった。さらに、父伊勢盛定は将軍義政の申次衆《もうしつぎしゅう》も務めていたこともあり、父の時代から幕府管領の細川氏と今川氏との結び付きは強かったと思われる。当然とも言うべきように、新九郎盛時も父親と同じく幕府申次衆を務めた。この細川氏・今川氏・伊勢氏三家の関係が、その後の新九郎盛時の人生に大きく影響することになる。

父と今川家の関係から、新九郎盛時の姉（一説には妹）北川殿（?～一五二九）が今川家当主の今川義忠へ嫁ぎ、正室となっている。ところが、応仁の乱にかかわって三河へ出兵した義忠は、一四七六年、帰国途上の塩買坂《しおかいざか》(6)で敵方の残党の襲撃を受けてあえなく討死してしまった。義忠と北川殿との間にできた嫡男龍王丸(7)はまだ六歳でしかない。今川家に起きた思わぬ事態に、当然のごとく家督争いが発生して、義忠の従兄弟である小鹿範満《おしかのりみつ》（?～一四八七）が今川家当主の座を狙ってきた。

将軍家につながる名家である今川家を二分するお家騒動は、京においても重大な関心事となった。そこで登場したのが伊勢新九郎盛時である。幕府の意向により、新九郎盛時は調停役として京から駿河に派遣されたわけである。二〇歳になったばかりのころである。恐らく、父盛定の代理という立場であったと思われる。

「龍王丸を当主とするが、成人するまでは小鹿範満が当主代行を務める」という調停案を示して、新九郎盛時は家督争いを決着させた。若輩にして、見事な政治手腕であった。しかし、歴史学者の家永遵嗣《じゅんじ》氏らの研究によると、この調停策の背景は、新九郎盛時一人の尽力によるというほど単純なものではないと言う。

将軍足利義政は、関東管領の上杉氏を室町幕府に逆らう危険な存在と捉えていた。小鹿範満の母親は、堀越公方《ほりごえくぼう》(8)足利政知《まさとも》（一四三五〜一四九一）の家宰《かさい》(9)である犬懸上杉政憲《いぬかけうえすぎまさのり》（？〜一四八七）の娘であったため、幕府は今川家に上杉氏の影響力が及ぶことを嫌ったというのである。事実、小鹿範満の支援に回った扇谷上杉家の家宰である太田道灌(10)が駿府まで出兵してきている。今川家の後継者争いは、関東全域を巻き込む大騒乱に発展する危険性をはらんでいたのである。

（6）静岡県菊川市高橋にある坂。義忠は、この近くに氏親（龍王丸）が建立した正林寺に葬られた。
（7）（一四七一〜一五二六）氏親を名乗り、駿河今川家九代当主となる。桶狭間の戦で織田信長に討たれた今川義元の父。和歌・連歌を好み、京文化を駿河にもち込んだ人物でもある。
（8）一四六八年、鎌倉公方として下向した足利政知が、伊豆堀越（静岡県伊豆の国市）を拠点とした御所を設け、「堀越公方」と呼ばれた。
（9）室町時代の武家において、家長に代わって家政を取り仕切る役割を担った。
（10）（一四三二〜一四八六）太田氏は、武蔵守護代・扇谷上杉家の家宰の家柄。享徳の乱などの関東の内乱で活躍し、江戸城を構築した。歌道にも優れ、有名な「山吹の里」の逸話にあるように歌道に精進し、多くの和歌を残した。扇谷定正の伊勢原の館に招かれたときに暗殺された。

このような重大な局面に派遣された新九郎盛時は、まさしく大抜擢であったと言える。幕府の意向と権威を背にしていたとはいえ、争いを平和裏に収めて双方を満足させた新九郎盛時の手腕は、今川家においても大いに評価されたはずである。それ以降の新九郎盛時の活躍の下地は、この調停を成功させた時点で形成されたと言える。

ところが、調停案を合意したにもかかわらず、龍王丸が一五歳をすぎて成人しても、小鹿範満《おしかのりみつ》は当主代行の立場を退こうとはしなかった。北川殿と龍王丸は、新九郎盛時に再び助勢を求めた。一四八七年、盛時は駿河に下向して甥の龍王丸の家臣となり、駿府の今川館に居座る小鹿範満を攻め滅ぼした。事務方としての能力だけでなく、武将としての力量を内外に示したと言える。

二年後の一四八九年、龍王丸は元服して今川家第九代当主となり、今川氏親《うじちか》を名乗ることになった。ちなみに、一五六〇年の桶狭間の戦いで織田信長に滅ぼされた今川義元（一五一九～一五六〇）は氏親の五男にあたる。一方、龍王丸を支えた伊勢新九郎盛時は駿河守護代となり、一躍今川家の重臣となった。ただ、新九郎盛時は、同時期に京で一〇代将軍足利義材《よしき》（一四六六～一五二三）の申次衆《もうしつぎしゅう》を務めていたため、二足の草鞋《わらじ》を履いていたことになる。

そのころの関東地方はというと、一四八二年に「享徳《きょうとく》の大乱」、四年後の一四八六年には「長享《ちょうきょう》の大乱」が勃発するなど、関東管領である山内上杉氏と扇谷上杉氏による主導権争いが起きていた。さらに、関東の支配権をめぐって古河公方と堀越《ほりごえ》公方の争いが複雑に絡み合っていた。(11)

このような大乱の末、両上杉家は互いに衰退してしまった。

静岡側から見れば、箱根の山向こうの関東で争う状況は正に戦国時代の幕開けであった。このような状況下にあって、今川家も戦国大名として領土の拡大に乗り出しはじめた。今川氏親は駿河国の東側の備えである興国寺城《こうこくじじょう》の城主として新九郎盛時を封じて、自身は駿河の西方への進出を図ることになった。

二〇一五年六月、梅雨の合間をぬって沼津市青野にある興国寺城跡を訪れた。発掘調査中であるため城郭の全貌は解明されていないが、天守台や裏側の大空堀などが見学できるように通路が造られている。県道22号線から高台に上ると、三の丸、二の丸、本丸が段々状になっている。崖下の木立の中には穂見神社が祀られている。その裏にある崖の上に天守台

(11) 一四五五（享徳四）年に五代鎌倉公方・足利成氏《しげうじ》が、鎌倉から下総国古河（現・茨城県古河市）へ拠点を移して初代古河公方となった。その後も、一三〇年間にわたって代々引き継がれている。

「興国寺城跡」の石垣。石垣上が天守台

があり、石垣が残っている。

天守台に立って南方を見ると、眼下に駿河湾に沿う平野が広がり、左手には伊豆半島の大瀬崎が遠望できる。この城は駿河国の東外れに位置しており、東は伊豆国であり箱根山が望める。興国寺城が、駿河国東部の境界を守る重要な砦であったことが分かる。東方から大軍が東海道を進んでくれば、一目で分かるということが実感できた。

一四九四年夏、伊勢新九郎盛時は今川家臣団を率いて遠江《とおとうみ》（静岡県西部の古名）へ出陣し、足利将軍家の三管領の一つで、代々越前・尾張・遠江の守護を務めた斯波《しば》氏の高藤城《たかふじじょう》（掛川市）を陥落させた。そして、同年秋には箱根を越えて武蔵国に出陣し、久目川《くめかわ》（現・東京都東村山市）に布陣している。新九郎盛時は、自身の野望の実現のために近隣諸国へ侵攻したのではなく、あくまでも今川家の家臣として、領土拡大のために東奔西走していたと言える。

興国寺城からの眺め。駿河湾・伊豆が見える

2 新九郎盛時の伊豆侵攻と小田原進出

現在でも、北条早雲といえば「戦国の梟雄《きょうゆう》」（残忍で強く荒々しい人という意）の象徴であり、戦国大名になりたいという野望を実現するために小田原へ攻め入ったものと思われている。一四九三年一〇月、確かに伊勢新九郎盛時は居城の興国寺城から伊豆へ進軍している。一般的には、この伊豆侵攻こそが小田原侵攻の布石として捉えられているが、最近の研究では京の政変と連動していたという説が有力となっている。

同年四月、京では管領の細川政元を中心として、一〇代将軍足利義材《よしき》を追放し、堀越公方足利政知の次男である香厳院清晃《きょうごういんせいこう》、すなわち、のちの足利義澄《よしずみ》（一四八一～一五一一）

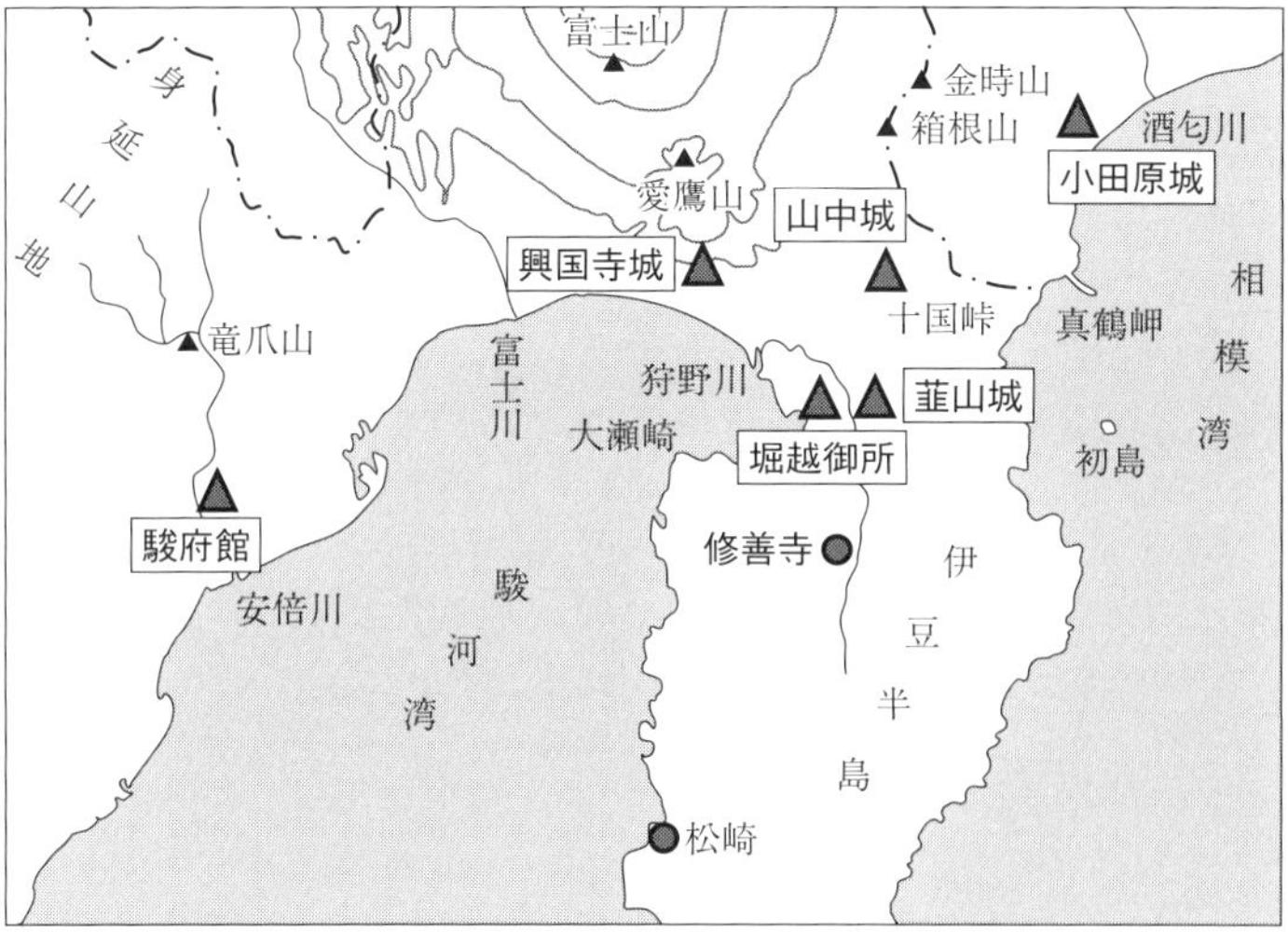

伊勢新九郎盛時（宗瑞）が拠点とした各居城の位置

を将軍に擁立するというクーデター「明応の政変」を起こしている。その結果、一一代将軍となった義澄《よしずみ》が、実母と実弟を殺した堀越公方の足利茶々丸《ちゃちゃまる》（?〜一四九八）と山内上杉氏を討伐するように画策したとされる。茶々丸への復讐を願った将軍義澄の意向を受けて新九郎盛時は伊豆へ侵攻し、堀越《ほりごえ》御所の茶々丸を襲撃して追放した。その後、茶々丸は、伊豆諸島に逃げたあと甲斐国で新九郎盛時に捕えられて自害している。

同じような観点で新九郎盛時の小田原進出を見てみると、伊豆侵攻と同様、幕府や管領細川政元の意向を受けたうえで、京の政変に連動して実施されたと理解することができる。伊豆に続いて小田原へと攻め込んだのは、占拠することが狙いだったのではなく、古河公方の足利政氏《まさうじ》と関東管領を務める山内上杉氏を攻略することにあった。

ちなみに、小田原城を攻撃したのは、享徳の乱以降に扇谷上杉家の重臣となり、城主となった大森定頼《さだより》が山内上杉氏側についたからである。それは、小田原への攻撃を突破口として、古河公方―関東管領―大森氏とつながる関東の既存支配体制を崩して室町幕府の支配権を再確立し、足利将軍家の権威を回復することにあったからである。若いときから将軍の近習として仕えてきた新九郎盛時にしてみれば、当然の目標であったと思われる。

もう一つ、堀越公方足利政知の遺志が影響していたとも思われる。政知は、一四五八年、将軍足利義政の命で鎌倉《かまくら》公方《くぼう》(12)として関東に派遣されたが、古河公方足利成氏《しげうじ》（一四三八〜一四九七）

の力が強くて鎌倉へ入ることができず、伊豆の堀越に留まらざるを得なかった。その堀越に仮御所を設けたために「堀越公方」とも呼ばれた。

その後、政知は何度も関東進出を企図したが、三〇年を経ても願いは実現できず、一四九一年に堀越公方のまま伊豆で病死した。生涯伊豆に留まり続けて関東に入ることが叶わなかった政知は、さぞかし無念であったことだろう。鎌倉公方ではなく「堀越公方」などと呼ばれることに屈辱さえ感じていたのではないだろうか。新九郎盛時の小田原侵攻は、幕府の意向を受けながらも堀越で苦汁をなめ続けた足利政知の遺志が影響したものと思われる。

古河公方を討ち、政知に代わって鎌倉に室町幕府の覇権を唱えることこそ、新九郎盛時が箱根を越えて相模へ進出した究極の目的であった。新九郎盛時の伊豆への侵攻は、その第一歩であったと言える。

堀越御所跡は、国道136号線西側沿いの住宅街の裏手にある。伊豆箱根鉄道駿豆線の韮山駅を挟んで、韮山城とは対称の位置となる。一キロほどしか離れていないから、韮山城は堀越御所の防御という役目もあったのかもしれない。現在、御所跡は更地になって何もない。発掘作業が行わ

(12)　室町幕府が関東一〇か国を統治するために設置した鎌倉府の長官で、「関東公方」とも呼ぶ。鎌倉公方は後世の称で、当時は「鎌倉御所」「鎌倉殿」と呼ばれた。職名は「関東管領」。上杉氏は執事で、その後、執事家が「関東管領」と呼ばれるようになり、幕府から派遣される正式な関東管領が「鎌倉殿（鎌倉公方）」と呼ばれた。

れているが、すべては終わっていないようだ。

この時代、応仁の乱を経過したとはいえ、室町幕府の威光はまだ残っていた。将軍家を支える管領の力も、地方勢力への影響力を失ってはいなかった。そういう意味では、幕府の後ろ盾で動いた伊勢新九郎盛時は、戦国時代の幕開けに登場した梟雄《きょうゆう》ではなく、室町幕府が最後の光芒を放った場面に登場した個性派知将であった、と言ったほうが時代に即しているのかもしれない。

3 伊勢宗瑞《いせそうずい》の領国支配と経営

一四九三年に堀越御所を襲撃したあと、伊勢新九郎盛時は近くにある韮山城《にらやまじょう》に入っている。この韮山城を、新九郎盛時は死ぬまで拠点とした。韮山城は典型的な山城である。狩野川《かのがわ》が伊豆の山から平地に流れ出た位置に、小高い韮山全体を城郭にしている。南北に細長く、東西は切り立って

韮山城跡の全景。中央部に天守台がある

いるので天然の要害と言える。

急な山道を登っていくと平地に出る。右手をさらに行くと丘に続く小路があり、その頂上が天守台である。広々とした眺望が視界に入ってくる。正面には愛鷹山《あしたかやま》（一一八七・五メートル）、右手には箱根の山塊が見える。そして、狩野川《かのがわ》に沿って国道136号線が北に向かって延びている。

興国寺城と同様、新九郎盛時は交通の要衝に城を構えたのである。韮山城は駿東から伊豆への入り口にあたる位置にあり、伊豆国を治めるには欠かすことのできない伊豆半島北部の「押さえ」であった。

新九郎盛時は韮山城を拠点にして一四九五年に伊豆へ侵攻したが、伊豆半島を完全に掌握するまでには数年を要している。その後、嫡男である氏綱に家督を譲ったとされ、出家して「早雲庵宗瑞《そううんあんそうずい》」と号した。そして、家督を継承した氏綱は小田原城を居城とした。

宗瑞が伊豆侵攻したときの逸話が残されている。甲冑に

韮山城跡の天守台から遠望する愛鷹山。手前は韮山高校

身を固めた宗瑞の軍勢が西伊豆の海岸へ上陸すると、人々は海賊が来たと恐れをなして山の中に逃げてしまったという。村には多くの病人が残されていた。宗瑞が尋ねると、流行病《はやりやまい》で十中八九は死んでしまうとのことであった。

宗瑞は「情けは人のためだけでなく、自分のためでもある。病人を捨て置いてはみな死んでしまう」と言って、同行させていた医者に薬を調合させて病人に与えた。すると、病人はみな二～三日で回復した。山に隠れていた村人たちは下りてきて、宗瑞に恭順したという。そのときから、宗瑞に従った伊豆の武士たちは、その後の戦《いくさ》で有力な戦力になったと伝わっている。

宗瑞の伊豆侵攻は二度ある。二度目は清水湊《しみずみなと》から駿河湾を横断して伊豆松崎などへ上陸して西伊豆へ侵攻した、とする説がある。宗瑞が伊豆を攻略していたころの明応年間には、太平洋側で大地震が頻発していた。一四九四年五月に大地震が起きて、年末まで余震が続いたようである。翌年にも正月と六月に地震が発生したほか、一四九八年六月にも地震が起き、八月一五日に東海沖を震源とするマグニチュード8以上とされる「明応大地震」が発生したとある。この地震によって、紀伊半島から房総半島に至る太平洋沿岸全域が大津波に襲われたという。

西伊豆の海岸線は、大地震による被害だけではなく、大津波による大損害を被ったわけである。海岸沿いにあった村々は、津波の直撃を受けて壊滅してしまったであろう。この年に宗瑞が西伊豆へ侵攻したとすれば、村人が山に逃げたのは津波から逃避するためであったとも考えられる。

宗瑞が救った病人たちとは、この被災地に発生した伝染病が原因だったのかもしれない。大津波によって崩壊した村々の救済を第一優先として食料や治療を施したとすれば、宗瑞がかけた「情け」は結果的にもっとも効果的な人心掌握策となって自らに戻ってきたと言える。

封建時代の領主が領国を治めるためには、二つの視点による政策が必要と思われる。つまり、「支配」と「経営」である。武力によって他国を侵略し、武力で領国を支配するという封建時代、領主は掟と罰則で領民を縛り、税金を徴収し、農民を徴兵して軍事力を確保する。しかし、強圧的な政治を行うだけの国であれば、領民はすぐに他国へ逃亡してしまう。

兵農分離でなかった室町時代においては、地方の地侍とは同時に農漁民であった。地侍にとっては、自分の土地が安堵されるかどうかが、領主に付き従うかどうかの分かれ道であった。宗瑞は、山から下りてきた人々へ土地安堵の印判状を渡して安心させている。さらに、「五公五民」が普通であった年貢を「四公六民」とした。当然、領民は喜び、それだけでも宗瑞を領主として認めたことであろう。領民が安心して農漁業に勤しみ、領主に協力して戦に備える国内体制をつくることこそが領国の「経営」と言える。

宗瑞が行ったもっとも重要な施策は、相模国に進出した一五〇六年に実施した「検地」である。ご存じのとおり、検地とは田畑の面積と収量を調査することである。これによって、毎年の年貢高が決められていた。検知を行ったことで、宗瑞は治めるべき新しい領国の実態を完全に掌握したわけである。

この検地は、戦国大名のなかでも最初に実施された事例とされている。宗瑞は、決断力に富んだ勇猛な武将であっただけでなく、優れたマネージメント能力を備えた一流の領国経営者でもあったと言える。

もう一つ、優れた経営者に求められる重要な資質は、人の能力を見抜く眼力であろう。能力にあった適所に配置することで部下のモチベーションが上がり、組織力をさらに高めることができる。占領した土地に住む国人《こくじん》、つまり代々在地して勢力をもって領国を実質的に支配してきた人や一家を登用するなど、宗瑞は人材活用の点でも優れた経営者であった。

領主としての優れた資質は、「日頃は『針をも蔵に積む』ほどの質素倹約の生活をして身を正し、いざ戦いとなれば『玉をも砕く』と惜しげもなく蓄財を用いて戦いに臨んだ」と連歌師の宗長（一四四八～一五三二・七六ページのコラム参照）が越前の朝倉宗滴《そうてき》（一四七七～一五五五）に語ったという逸話からも伝わってくる。

宗瑞は名門の出とはいえ、直参の部下を多数抱えていたわけではない。多くは、伊豆平定や小田原進出のあとに宗瑞の傘下に加わった国人たちであった。それは、宗瑞が仕えるべき領主に値すると判断され、付き従ったからだとも言える。国人たちを武力で従えたわけではなく、国人たちによって認められて領主に選ばれた、と言っても過言ではないだろう。

4 外郎家の小田原移住

　領国経営者として数々の政策を実施してきた宗瑞であるが、各地の職人や商人を小田原に呼び寄せたことも重要な施策と言える。その施策は、大森氏が支配した小さな町と寒村にすぎなかった小田原を、城下町として発展させる礎《いしずえ》となった。

　宗瑞がもっていた人脈は、京で申次衆《もうしつぎしゅう》として仕えていた時代に培われたものと思われる。京では、幕府の高級官僚として諸国の守護大名の家来や公家たちと頻繁に交わっていたほか、京都五山の一つである建仁寺（東山区）や大徳寺（北区紫野）に参禅していたから禅宗（臨済宗）の高僧との交流もあった。さらに、和歌や連歌をたしなんだため、公家や連歌師などとも座をつらねる機会が多かったと思われる。

　伊豆や相模を領国とするようになると、これらの豊富な人脈は宗瑞の領国経営戦略に大いに役立つことになった。それは、二代氏綱をはじめとして北条五代にわたって引き継がれていくことになる。

　京から小田原に呼び寄せた商人の一つに「外郎家」がある。本書の主人公であり、その経緯については第1章に掲載した外郎武氏へのインタビューにおいて語られているので、ここでは少し補足する形で説明していこう。

外郎家の祖先は、中国浙江省台州出身の「陳延祐《ちんえんゆう》」という人で、元朝の高級官僚であったが、明朝勃興の動乱で一三六八年に日本へ亡命してきた。博多に住んで商人となり、「陳外郎《ちんういろう》」と称したが、生涯博多を離れることはなかった。しかし、その子の陳外郎大年宗奇《ちんういろうたいねんそうき》は京へ移った。大年宗奇のあと、月海常祐《げっかいじょうゆう》（一三九四～一四四六）、陳祖田《ちんそでん》（?～一五一四）と外郎家は続いた。二人とも人格高邁な人柄で、室町将軍の医者として仕えていたと言われている。将軍足利義政は祖田の高徳を賞して、足利氏の祖籍である「宇野源氏」の姓を祖田の子である定治《さだはる》へ賜っている。

宇野定治と名乗るようになった祖田の子は、室町幕府の申次衆《もうしつぎしゅう》であった伊勢新九郎盛時と朝廷や幕府のなかで顔を合わせる機会も多かったことであろう。宗瑞は、外郎家の名声と定治の資質を見込んで小田原に招いたものと考えられる(13)。そして定治は、一五〇四年に小田原へ移住して、「陳外郎宇野藤右衛門定治《ちんういろううのとうえもんさだはる》」と名乗ることになった。

定治は、なぜ京を離れて宗瑞の招きに応じたのだろうか。応仁の乱が収まったあとにおいても、京は民衆の土一揆(14)や大火に何度となく見舞われて荒廃したままであった。一方、全国の守護大名は実力で領土を拡大するべく戦国大名へと変身しつつあった。

伊勢宗瑞は幕府の意向を受けて今川家の重臣として伊豆半島をほぼ手中に収め、関東への進出も企図する有能な武将へと成長していたわけだが、各地から京に入ってくる情報にはその活躍ぶりを伝えるものもあり、御所に出入りしていた五代定治はそれを耳にしたと思われる。また定治は、京での宗瑞の申次衆という仕事ぶりを間近で見て、その真摯《しんし》な人柄に惹かれたのかもしれない。逆に、定治を見込んだ宗瑞は、伊豆の次は相模を安定化したいと考える自らの戦略を定治に語り、領国経営のために力を貸して欲しいと懇願したのかもしれない。

二人を結び付けるもっとも重要な観点は、小田原と京のつながりである。戦国時代は地方割拠の時代とイメージされているが、決して日本の政治・文化の中枢としての京の存在意義が失われたわけではない。地方で割拠する者は、自らの権威づけのために京の文化的背景を身に付け、京の都人《みやこびと》との人脈を確保せねばならなかった。

地方割拠の時代だからこそ、宗瑞は京とのパイプ役の必要性を強く意識したにちがいない。そのような役割を担うためには、一介の商人では役に立たず、公家自身か公家の家にも出入りできるような格式を備えた家柄でなければならないと考えた。その点、外郎家は打って付けの存在であった。外郎家は単なる商人ではない。医薬の専門家として朝廷や室町幕府へ自由に出入りし、公家たちと深い交流を結ぶという名家となっていた。さらに、有力広域商人として全国から集ま

---

(13) 一五三一年、北条氏綱は、制作していた「酒伝童子絵巻」の詞書や奥書の礼金を三条西実隆などへ届ける役を定治に命じたという記録が「実隆公記」にある。第3章を参照。

(14) 室町時代の京都では応仁の乱によって町は灰燼に帰したが、それ以外にも大火が発生していた。一四一六年をはじめとして、一四二五年には相国寺が焼けている。また、一四三四年にも二八〇軒の民家が焼けている。

る情報をいち早く入手できるという立場でもあった。

そのような外郎家を小田原へ呼び寄せた時点から、宗瑞は外郎家に単なる医薬業としての役割だけではなく、京や地方の有力者とのつながりを開拓する外交官という役割も期待したと思われる。宗瑞が外交こそ領国経営にとってもっとも重要な機能であると考えていたとすれば、外郎家の小田原招聘は、有能な領主であった宗瑞らしい、のちの北条家を支えるための布石であったとも言える。

外郎家に伝わる歴史によると、五代定治は北条家の期待に応えてたびたび京へ上って、朝廷や幕府、公家との取り次ぎを行っている。そして一五二三年には、定治は右京亮《うきょうのすけ》(15)に任ぜられている。外郎家は北条家から小田原城南側の街道筋に宅地を与えられ、八棟造《やつむねづく》りの豪壮な屋敷を建てた。一五三九年、定治は武州河越《かわごえ》（現・埼玉県川越市）三三郷の今成郷（旧今成村(16)。新川岸川の左岸低地）を与えられて代官に任ぜられている。一五五九年の「小田原衆所領役帳」を見ると、御馬廻役として「二百貫六十五文」の所領が記載されている。

五代定治は八七歳の長寿をまっとうした。外郎家は、商人としてだけではなく、北条家の家臣として武門に列したわけである。定治のあと外郎家は、六代家治、七代吉治と続いた。(17)一五七六年には、吉治宛てに丸薬販売に関する独占販売権を与える花押付きの証文が発行されている。吉治のあとは八代光治が代を継いでいるが、そのたびに、武州高幡（現・東京都日野市高幡）、上野新田（現・群馬県太田市）、上州館林（現・群馬県館林市）と領地が加増された。

伊勢宗瑞が遺したと言われる「早雲寺殿二十一箇条」の第一条には「第一神仏信し申へきこと」と書かれている。宗瑞は成し得なかったが、二代北条氏綱は鎌倉鶴岡八幡宮の再建造営を果たしている。代々の北条氏は神社や寺院に膨大な寄進を行い、信仰を求心力にして領国経営に意を尽くすことで民心の安定を図ったと思われる。さらに宗瑞は、より現実的な施策としての医薬を重要視し、外郎家を保護した。

外郎家は、領国内を自由に往来できる特権が与えられていたと言われている。現在の言葉で言えば、「外交特権」をもっていたということである。医薬業であるから、国内や他国の流行病の情報はいち早くつかめたことと思われる。そのような庶民の生活状況に関する情報は、領主へも

（15）京の都の司法、行政、警察を司った行政機関として、京の西側である右京を担当したのが「右京職《うきょうしき》」である。「亮」とは従五位下にあたり、京職の長官である「大夫」（正五位上～従四位下）の下にあたる。

（16）三代北条氏康がつくらせた北条氏一族および家臣の一二衆別五六〇人の諸役賦課の基準となる役高を記した分限帳のこと。

（17）一五七六（天正四）年に、日光権別当・座禅院昌忠と徳節斎周長から「外郎之丸薬」の日光山門前町での独占販売権を認可する文書が発行された。

報告されていたにちがいない。

　外郎武氏にこの点を尋ねると、「外郎家が北条氏の諜報に関与していたことを記した古文書は残されていません。北条五代の終焉により、記録を処分した形跡があります」と答えてくれた。外交文書などを残さなかったのは、時代が変わったときに反逆の証拠とされないためであったとも考えられる。これこそ、幾多の苦難の歴史を乗り越えて五〇〇年も家名を続けてきた外郎家における「継続の知恵」なのかもしれない。

　確かに、北条早雲こと伊勢宗瑞は、戦国の梟雄《きょうゆう》らしく戦《いくさ》に明け暮れた生涯を送った。その一方で、領国経営に尽力して、人々の暮らしや安心のために心した領主でもあった。宗瑞の領民を慈しむ治世の伝統は、北条五代を通じて引き継がれていったわけである。当代一流の医薬学を保持していた外郎家は家臣として北条氏に仕えたわけだが、北条氏一〇〇年間の治世を、良薬をもって支えたとも言える。

　本章を終えるにあたって、伊勢宗瑞に敬意を表して「早雲寺殿二十一箇条」の全文を紹介しておきたい。ご存じのように、伊勢宗瑞が作成したとされてはいるが、実際に制定を確証するだけの資料はない。ただ、江戸時代初期に著された『北条五代記』には全文が掲載されている。

早雲寺殿二十一箇条

第一条　第一仏神を信じ申べき事。

第二条　朝はいかにも早く起べし。遅く起ぬれば、召仕ふ者まで由断しつかはれず、公私の用を欠くなり。はたしては、必ず主君にみかぎられ申べしと深く慎むべし。

第三条　夕べには、五ツ以前に寝しづまるべし、夜盗は必子丑の刻にしのび入る者なり。宵に無用の長雑談、子丑に寝入り、家財を取られ損亡す。外聞しかるべからず。宵にいたづらに焼すつる薪灯をとりをき、寅の刻に起、行水拝みし、身の形儀をととのへ、其日の用所妻子家来の者共に申付、さて六ツ以前に出仕申べし。古語には、子にふし寅に起きよと候えども、それは人により候。すべて寅に起て得分あるべし。辰巳の刻迄臥ては、主君の出仕奉公もならず、又自分の用所をもかく、何の謂かあらむ、日果むなしかるべし。

第四条　手水を使わぬさきに、厠より厩、庭門外まで見巡り、先ず掃除すべき所をにあひの者にいひ付け、手水を早く使ふべし。水はありものなればとて、ただうがひし捨べからず。家のうちなればとて、たかく声ばらひする事、人にはばからぬ躰にて聞にくし、ひそかに使ふべし。天にかがまり地にぬきあしすという事あり。

第五条　拝みをする事身の行ひなり。ただ心を直にやはらかに持、正直憲法にして、上たるをば敬い、下たるをば憐れみ、あるをばあるとし、なきをばなきとし、ありのままなる心持、仏意冥慮にもかなうと見えたり。たとひ祈らずとも、この心持あらば、神明の加護之有るべし、祈るとも心曲がらば、天道に離され申さんと慎むべし。

第六条　刀、衣裳、人のごとく結構に有べしと思ふべからず。見苦しくなくばと心得て、なき物を借り求め、無力重なりなば、他人の嘲成べし。

第七条　出仕の時は申に及ばず、或は少し煩所用これあり、今日は宿所に在るべしと思ふうとも、髪をばはやくゆふべし。惚けたる躰にて人々にみゆる事、慮外又つたなきこころなり。我身に由断がちなれば、召仕う者までも其振舞程に嗜むべし。同たけの人の尋来るにも、とどつきまわりて見ぐるしき事なり。

第八条　出仕の時、御前へ参るべからず。御次に祗候《しこう》して、諸傍輩の躰見つくろい、さて御とをりに罷出べし。左様になければ、むなつく事有べきなり。

第九条　仰出さるる事あらば、遠くに祗候申たりども、先はやくあつと御返事を申、頓て御前に参、御側へはひはひより、いかにも謹で承べし。さて、いそぎ罷出、御用を申調、御返事は有りのままに申上べし。私の宏才を申すべからず、但又事により、此御返事は何と申候はんも、口味ある人の内儀を請て申上べし。我とする事なかれといふことなり。

第十条　御通りにて物語などする人のあたりに居るべからず。傍へよるべし。況、我身雑談虚笑などしては、上々の事は申すに及ばず。傍輩にも心ある人には見限られべく候なり。

第十一条　数多まじはりて事なかれといふことあり。何事も人にまかすべき事なり。

第十二条　少の隙あらば、物の本をば、文字のある物を懐に入れ、常に人目を忍び見べし。寝ても覚めても手馴れざれば、文字忘るるなり。書くこと又同事。

第十三条　宿老の方々に御縁に祇候《しこう》の時、腰を少々折りて手をつき通るべし。はばからぬ躰にて、あたりをふみならし通る事、以の外の慮外なり。諸侍いずれも慇懃にいたすべき也。

第十四条　上下万民に対し、一言半句にても虚言を申べからず。かりそめにも有のままたるべし。そらごと言つくれば、くせになりてせせらるるなり。人に頓て見限らるべし。人に糺され申しては一期の恥と心得べきなり。

第十五条　歌道なき人は無手に賤き事なり。学ぶべし。常の出言に慎み有べし。一言にても人の胸中しらるるものなり。

第十六条　奉公のすきには馬を乗り習うべし。下地を達者に乗り習ひて用の手綱以下は稽古すべきなり。

第十七条　よき友をもとめべきは、手習学文の友なり。悪友をのぞくべきは、碁将棋笛尺八の友なり。是はしらずとも恥にはならず、習てもあしき事にはならず。ただいたづらに光陰を送らむよりはとなり。人の善悪みな友によるといふことなり。三人行時、かならず我が師あり、その善者を撰で是にしたがふ、其よからざる者をば是をあらたむべし。

第十八条　すきありて宿に帰らば、厩面よりうらへまはり、四壁垣ね犬のくぐり所をふさぎこしらえさすべし。下女つたなきものは軒を抜て焼、当座の事をあがない、後の事をしらず。万事かくのごとく有べきと深く心得べし。

第十九条　夕べは六ツ時に門をはたとたて、人の出入により開けさすべし。左様になくしては、未断に有て、かならず悪事出来すべきなり。

第二十条　夕べには、台所中居の火の廻り我とみまわりかたく申付、其外類火の用心をくせになして、毎夜申付べし。女房は高きも賤しきも、左様の心持なく、家財衣裳を取ちらし、油断多きことなり。人を召し仕候ども、万事を人に計申べきとおもわず、我と手づからして、様躰をしり、後には人にさするもよきと心得べきなり。

第二十一条　文武弓馬の道は常なり。記すにおよばず、文を左にし武を右にするは古の法、兼て備へずんば有べからず。

（有馬祐政・秋山梧庵編『武士道家訓集』博文館、一九〇六年（国会図書館デジタルコレクション）参照。一部改変）

第3章

北条家と京文化——「酒伝童子絵巻」

国道1号線に面して八棟造《やつむねづく》りの威容を誇る「ういろう」本店には、喫茶室が併設されている。二〇一五年の師走が迫ろうとするある日、その喫茶室で外郎武氏と取材を兼ねた打ち合わせを行った。話が終わろうとするころ、外郎氏から「深野さんは、いろいろ調べられてきて、『ういろう』をどう思われますか?」と尋ねられた。「はっ?」と、ちょっと戸惑ってしまった。その気配を察してか、「外郎の歴史を知る前と、今感じられる外郎との違いはあるのでしょうか?」という具体的な質問に変わった。

答える前に、ちょっと考えてしまった。明らかに、「ういろう」と外郎家の積み重ねてきた歴史への認識が深まったことはまちがいない。それをどのように表現したらよいのか、考えなければ言葉にできなかったのだ。そして、京―駿府―小田原と続くダイナミックな文化の流れのようなものをイメージし、外郎氏への答えとしてその思いを説明した。

第2章でも説明したように、地方豪族の大森氏が小田原城を構築して町づくりを進めてから、小田原は一寒村から町へと変化した。そして、北条氏が大森氏を滅ぼして本格的な城造りをはじめると、関東を代表する城下町として大きく変貌した。

父である伊勢宗瑞の意向を忠実に実行したのが二代北条氏綱である。氏綱こそ「北条」と名乗り、小田原の城下町を本格的に構築した最初の小田原城主なのだ。北条氏綱は小田原で何を目指したのだろうか。その目指したものにこそ、外郎家が招かれた理由の秘密が隠されているのではないだろうか。

1 京―駿府―小田原を結ぶ文化ライン

若き伊勢新九郎盛時の動きを見ていると、小田原の位置づけが浮かび上がってくる。それは、京―駿府―小田原のラインである。それこそが、新九郎盛時の人生がたどり、その後の北条家がたどった道筋であると考えられる。このラインは、北条家にとってきわめて重要なものであった。政治的な意味もさることながら、経済面、文化面など多面的な要素を含んでいた。

二代北条氏綱は父から直接薫陶を受けて、その目指すところを具体的にイメージできていたであろう。氏綱は、小田原で次々と施策を実施して、小田原城下や領国内に父宗端のビジョンを具体的に実現した。その一つが小田原の町づくりである。そのために京や駿府から職人や商人を呼び寄せて、商工業の基盤を構築した。そして、先進的な領国経営法を相模の地で実践したわけである。

さらにこのラインは、京文化を小田原へ移植するラインでもあった。戦国時代、どこの地方大名も、自分の支配する領地への京文化の導入に金を惜しむことはなかった。北条氏も同様に、和歌、連歌、漢学、絵画、禅宗など幅広く京文化を伝える公家や連歌師、禅僧を小田原へ招いてそれらの文化を吸収し、小田原に根付かせる努力を続けてきた。

「小京都」という言葉がある。京に似せた町並みと文化などを領主が好み、同じように造らせた地方の町のことである。秋田県の角館《かくのだて》、岐阜県の高山市、山口県の山口市などがその代表で、全国の地方に散在している。山口市などは「西の京」とまで呼ばれ、室町時代の支配者である大内氏の京文化への思い入れはかなりのものであった。

二〇一四年夏、小田原城天守閣下の北側にある「御用米曲輪《ごようまいぐるわ》」の発掘調査で驚くべき発見の現地報告会があった。北条氏時代の庭園跡が出土したのだ。複雑に湾曲させた池の外周には、石塔の土台部を利用した石積みが残されていた。池の西側には建物跡も発掘されたが、かわらけの酒器のみで豪華な調度品などは出土しなかった。建物と池の間には、切石を敷き詰めた庭があった。これは、建物の前が敷石庭となっていたことを示している。池は、その先に配置されていた。

これらの発掘調査から、この場所は小田原城を訪れた賓客を接待するための迎賓館と庭園であったのではないかという説が生まれている。北条氏の時代に、京の都にも類を見ない構造の庭園造りがされていたのだ。連歌師の宗長や茶人の山上宗二（一五四四〜一五九〇）もこの建物に招かれ、庭を眺めたのであろうか、と思いをめぐらしてしまう。まさしく、小田原も「小京都」であった。いや、応仁の乱で荒廃した京を凌ぐ文化都市として、小田原は栄えていたと言っても過言ではないかもしれない。

小田原市久野にある北条早雲の四男・北条幻庵宗哲《ほうじょうげんあんそうてつ》（一七八ページのコラム参照）の屋敷跡にも庭園の池が残されている。連歌師の宗長は、駿河から熱海へ湯治に行くとき小田原へも立ち寄り、小田原で氏綱、宗哲をはじめとして家臣や僧侶たちと連歌会を盛んに催した。三代目の北条氏康の時代、連歌師の宗牧《そうぼく》（?〜一五四五）は、氏康に招かれて氏康や宗哲らと連歌を行ったと自らが書いた「東国紀行」に記している。

四代北条氏政も、宗祇の注釈書である「宗祇袖下」を書写しているし、公家の冷泉為和《れいぜいためかず》(1)が北条幻庵邸を訪れたと、同

小田原城天守閣下の切石庭園と建物跡（中央上）

じく「東国紀行」に記録されているから、彼らも小田原城下の庭園に招かれたことであろう。北条氏の小田原には、京文化に見紛うほどの文化が花開いていたということはまちがいない。

一方、駿府の地も、「西の大内、東の今川」と呼ばれたほど京文化に満ちていた。今川氏との縁が深い北条氏は、京―駿府―小田原と結ばれる文化ラインを重要視したわけだが、それは京の公家や文化人をつなぐ「文化人脈ライン」であったとも言える。

2 室町・戦国時代の貴族たち

貴族と言えば、贅沢な暮らしと遊びをしていた優雅な人たちを想像してしまう。確かに、平安時代であれば栄華を極めた貴族文化の時代であっただろう。しかし、平安時代末期から武家の力が増大して政権を担うようになると、貴族たちは歴史の脇役へと落ちぶれてしまった。鎌倉時代は辛うじて命脈を保った公家であったが、室町時代の中期ともなると、公家の収入源である荘園は力のある地方在住の武将たちに奪われてしまっている。収入の道が断たれた公家は次第に困窮

(1)(一四八六～一五四九)室町時代の公卿、歌人。冷泉家(上冷泉家)の当主で、父は冷泉為広。子に冷泉為益、明融、広橋兼真(広橋兼秀養子)らがいる。官位は正二位権大納言。

し、年貢の催促をするために家僕を派遣しても、何の成果も得ずにスゴスゴと帰京するという有様となった。

日々の暮らしも火の車となり、ついには宮中参内用の正装を整える費用にも事欠いて、宮中行事を欠席せざるを得ないというところまで追い込まれる公家もいた。懇意にする武家を頼って圧力をかけてもらい、ようやく何分の一かの年貢が送られてきて一息ついたというのが公家の台所事情であった。

困窮する公家の暮らしを何とか支えていたのが伝統的な公家文化である。それは、和歌、連歌、蹴鞠《けまり》、漢学、書道などで、それぞれの公家が代々相伝《そうでん》する家職《かしょく》(2)となっていた。歌道の冷泉家、歌学《かがく》(3)の二条家、蹴鞠の飛鳥井家《あすかいけ》、衣紋道《えもんどう》（着付け）の高倉家(4)などが代表的な家職の家柄である。

京の公家文化は、地方で覇権を唱えた守護大名の憧れるところとなった。守護大名が地域での勢力を確固たるものにすると、次に欲しいのは何らかの権威である。となると、京の公家文化は彼らの権威づけに最高のものだった。

室町時代後期に応仁の乱が起こると、公家が頼りにした室町幕府は衰退していった。と同時に、戦国時代へ移行すると公家の困窮はますますひどくなっていった。戦国大名は他人の土地を力ずくで我が物にして支配を強めたため、公家の荘園収入は激減していったわけである。

このような時代の京で、公家文化の頂点に立った二人がいた。一条兼良《いちじょうかねよし》（一四〇二～一四八一）

と三条西実隆《さんじょうにしさねたか》（一四五五～一五三七）である。一条家は摂政関白の家柄である五摂家《ごせっけ》の一つで、一条兼良は関白太政大臣まで上り詰めているが、学者としても著名で歌道の権威であった。

一方、三条西家は正親町《おおぎまち》三条家（5）の庶流であり、その正親町三条家もまた三条宗家の庶流であったため、実隆の生家は非常に貴いという家柄ではなかった。しかし、三条西実隆自身は、古今伝《こきんでん》授《じゅ》（6）などの歌学や漢学、そして書に優れていて、その後の三条西家の家職となる「香道《こうどう》・御家流《おいえりゅう》」（7）を創始した人物であった。その優れた学識ゆえに三条西家は、摂家、精華家《せいがけ》（8）に次ぐ大臣家の家格を有した。

（2）家によって世襲された職務や職能、官職（およびその昇進次第）を指す。類義語として家道・家業が挙げられるが、家職には国家などの公権力からの特権の承認と支配、それに対する奉仕という要素がある。

（3）和歌の本質・作法、古歌の解釈、故実、歴史など和歌に関するすべてを研究する学問のこと。通常、和歌の本質論は「歌論」と称し、それ以外の和歌に関する諸知識を求める学問を「歌学」と称している。

（4）二条家は京の歌道の公家。藤原俊成・定家・為家と続き、為家の子・二条為氏が二条家として歌道を伝えたが、為氏の弟為教が京極家、為相が冷泉家と別れた。飛鳥井家は、蹴鞠・和歌の師範を家業とする公家。難波雅経は蹴鞠の飛鳥井流の祖となり、藤原定家とともに「新古今和歌集」を勅撰した。高倉家は衣紋道を代々伝える公家。南北朝時代に天皇に衣紋道で仕えて公卿となり、足利将軍家や徳川将軍家に衣紋道の指導を行った。

（5）藤原北家閑院流・三条家庶流の大臣家の家格を有する公家。左大臣三条実房の三男公氏を祖とする。長男公房が継いだ三条家と区分するため、家のあった正親町通に由来して呼ばれた。明治時代になって家名を「嵯峨」と改めた。清朝ラストエンペラーの愛新覚羅溥儀の弟である溥傑に嫁いだのが、嵯峨家の嵯峨浩である。

困窮する公家たちのなかにあって、三条西実隆の家はまだ恵まれているほうであった。実隆は順調に出世を果たしている。三条家の荘園収入の一部が三条西家へ入っていたほか、色紙や扇子に書いて渡したりすれば謝礼が得られたのだ。また、筆写した書物を地方の豪族へ高額で譲ったりもしていた。それでも、予期せぬ黄金の贈物などという臨時収入があれば、嬉々として日記にそれを記したというのが三条西家の実態であった。

京における公家たちの日々と、北条家と京文化の関係を以下で記していきたい。

③ 三条西実隆が残した『実隆公記《さねたかこうき》』

三条西実隆は、一四五五年に三条西公保《さんじょうにしきんやす》の次男として生まれた。一四五八年に兄の三条西実連《さねつら》が一七歳で亡くなり、一四六〇年には父も亡くなったため、実隆が三条西家の家督を相続した。一四九六年に元服して天皇側近の右近衛権少将《うこのえごんしょうしょう》となり、その後、一五〇六年には内大臣まで昇進した直後に五四歳で辞任している。家督を次男の公条《きんえだ》（一四八七〜一五六三）に譲って、自身は風流三昧の生活を送り、一五三七年、当時としては長命な八三歳の天寿をまっとうした。

三条西実隆は、その生涯にわたって膨大な量の日記を残している。それが『実隆公記』である。室町時代の京や公家の様子を具体的に知るためには必読の書となっている。

『実隆公記』は、実隆二〇歳の一四六四年から書きはじめられており、八一歳の一五三五年までの六一年間もの長きにわたって書き留められている。三条西実隆は、実に筆まめな人であった。いつ、誰がどんな目的で来訪したかなどを詳しく記してある。麦や米、扇一本、黄金一両が届いたなどと実に詳細で、荘園を戦国大名たちに暴奪されてしまった貴族の家庭生活がこのような貢物で潤っていた裏事情が現代人にも十分理解できる。

すでに政治の実権は武家に移って久しく、朝廷といっても儀式や叙位叙勲を司るだけで、政治的には何の権限もなかった。太政大臣といっても名目だけの実質のない名誉職であったなど、朝

（6）「古今伝受」とも書く。『古今和歌集』の解釈上の問題点を師匠から弟子へ教授し、伝えていくこと。「三木三鳥」などと呼ばれる同集所見の植物や鳥についての解釈を秘説として、これを短冊形の切り紙に書き、秘伝として特定の弟子に授けるという切り紙伝授がとくに有名である。

（7）「香道」は、香木を焚いてその良い香りを楽しむ遊びである。御家流と志野流の二流派があるが、両流とも発祥は三条西実隆である。御家流は公家の流派で、志野流は武家の流派とされている。志野流が作法を通して精神修養を基本とするのに対して、御家流は香りと雰囲気を楽しむ風雅な遊びを基本としている。

（8）精華家は五摂家に次ぐ格式の公家の家格。大臣、大将を兼ねて太政大臣になることができる。久我家、三条家、西園寺家、徳大寺家、花山家、大炊御門家、今出川家の七家に、広幡家と醍醐家の九家。摂家と清華家の子弟は「公達《きんだち》」と呼ばれた。平安末期、清華家は娘を皇后にでき、平清盛も清華家の家格を得て娘の徳子を皇后とした。平清盛、源頼朝や足利将軍家の子弟が大臣や大将になれたのも、清華家の家格を有したからである。大臣家は、五摂家、精華家に次ぐ公家の家格で、清華家の庶流から生まれた家。正親町三条家、三条西家、中院家の三家。

廷の公家たちの毎日はやることがない有閑無為そのものだった。和歌や連歌、囲碁・将棋などの遊興や、酒宴や猿楽などを催して日々を過ごしたことが日記に書かれている。実隆も、将軍が参会する親王主催の大宴会に加わって夜明けに帰り、翌日は二日酔いで、終日何もせずに過ごしたという体たらくであった。

では、実隆は遊んでいるとき以外は何をしていたのだろうか。実隆は、仏経経典や『源氏物語』『伊勢物語』『古今和歌集』を熱心に書写していた。連歌師の宗祇や宗長らと連歌の勉強や古今和歌集解釈の伝授を受け、連歌会にも出席していた。実隆は実に勉強熱心な人であった。『源氏物語』の登場人物の系図を研究して、革新的な「源氏物語系図」を作成したほか、宗祇や宗長らと源氏物語研究会を開催して共同で議論を行ったりもした。そして、宗祇から古今伝授を受け継ぐことによって、京文化の中心的地位に位置することになったわけである。このことは、公家が苦しい時代にあっても、何とか三条西家の家計を支える術を実隆に与えることになった。

『実隆公記』全13巻＋索引巻

この時代、困窮した公家が地方の有力大名を頼って下向する姿は当たり前となっていた。冷泉為和は駿河今川家を頼って長年滞留し、駿河で亡くなっている。このような状況は、天皇家といえども例外ではなかった。宸筆《しんぴつ》の『源氏物語』の一節を書いた手本を今川家へ賜わると謝礼金が贈られてきているし、紫宸殿《ししんでん》の御簾《みす》に宸筆の色紙や短冊を下げておいて、欲しい者が銭と交換したという話が残っている。そこまでやらねば、天皇家の生活すらも成り立たなかったのである。

実隆《さねたか》も同様に、せっせと書き写した秘蔵の『源氏物語』全五四帖を二〇〇〇疋《ひき》(9)で能登守畠山義総《はたけやまよしふさ》(一四九一〜一五四五)へ売ったりして生活費を捻出していた。実隆はしょっちゅう『源氏物語』を書き写していたらしく、売却しているのも一度ではない。書写の謝礼を地方大名から受け取ると、連歌師や堺商人から借りていたお金を返していた。借金返済後も余ったほど礼金は多額であったというから、家計に当てることも十分にできた。まさしく、三条西家の公家としての生活を支えていたのは実隆の文化力であった。

公家は自身が地方へ下向するだけでなく、娘を地方大名に嫁がせるということも盛んに行った。娘にとっては、都を離れるという寂しさはあっただろうが、貧困のなかで過ごすよりも地方にお

(9)一〇文が一疋で、一〇〇疋は一貫となり、現在のお金に換算すると約一〇万円になる。よって、二〇〇〇疋は約二〇〇万円となる。

Column 連歌師・宗祇《そうぎ》と宗長《そうちょう》

室町時代から戦国時代にかけて、上は天皇から下は庶民まで大いに流行した文芸が「連歌《れんが》」であった。和歌の韻律（五七五と七七）を基盤にして、複数の作者が連作する詩、それが連歌である。100句まで連作するものを「百韻」と呼んでいる。また、連歌師とは、連歌を専門に詠む人のことをいい、その頂点に立つ人を「宗匠《そうしょう》」という。連歌師は連歌会に招かれると、通常、最初の句である「発句《ほっく》」を詠む。

宗祇（1421～1502）は室町時代の連歌師で、宗匠となった。東常縁《とうつねより》（戦国初期の武将で歌人）より古今伝授を授けられた連歌の第一人者として、京都の公家や地方有力大名に出入りした。生涯を通じて、西は九州、東は白河まで度々旅をしている。越後から京へ戻る途中に箱根湯本で亡くなり、静岡県裾野市の定輪寺に葬られている。

宗祇の死に立ち会ったのが、弟子の宗長（1448～1532）である。宗長は静岡県の出身で、宗祇が駿河へ旅したときに知り合い直弟子となった。宗祇の後を継いで宗匠となり、室町時代後期から戦国時代の連歌界の指導者となった。京と地方を往復して地方大名へ連歌の指導を行い、小田原にも度々訪れている。晩年は、静岡県丸子に柴屋軒（現・吐月峰柴屋寺）を設けて隠棲した。

宗祇も宗長も、旅する連歌師として公家・室町幕府や地方有力大名との情報連絡、金品の運搬などの仕事も担っていた。連歌師は、外交官として各大名の間を往き来するという極めて重要な役割を果たしていたのである。

いて豪奢な生活を過ごしたほうが幸せであったかもしれない。公家としても、娘あるいは娘の嫁ぎ先から多額の金品が送られてくることを期待していたのだろう。

北条氏綱も、関白近衛尚通《このえひさみち》（一四七二～一五四四）の娘を後妻として迎えている。婚礼の祝いとして、尚通からは奈良産麻織物である「春日野」(10)一〇〇反が遣わされ、氏綱からは白紬一〇反・白鳥一羽が贈られたという。また氏綱は、三条西実隆《さねたか》に連歌師宗長を介して黄金一両を贈り、『源氏物語』の「桐壺巻」の書写を依頼している。実隆はこの求めに応じて自ら書写し、氏綱の使者に渡したとある。

とはいえ、実隆が生活苦のために書写をして切り売りしていたとは考えにくい。なぜならば、実隆は痩せても枯れても当代第一の文化人公家であったからだ。

実隆は、あくまでも自己研鑽のために『源氏物語』などを熱心に学び書写したのであろう。それを所望する地方大名の需要があったからこそ、自筆本を与えてその謝礼を受け取ったと思われる。京文化を支える第一の担い手としてのプライドをもった実隆にとって、謝礼はあくまでも自己研鑽の結果でしかなかった。

(10)　奈良を中心につくられた「奈良晒」と呼ばれる麻織物のこと。武士や町人の礼服用・帷子《かたびら》（麻の夏用着物）の衣料として用いられた。

4 「酒伝童子絵巻」の制作

「酒伝童子絵巻」とは、大江山[11]の山賊である酒呑童子の物語を極彩色の絵巻物に仕立てた絵画作品である。その物語は、都を荒らす酒呑童子を、源頼光が家来である四天王の渡辺綱《わたなべのつな》、卜部季武《うらべのすえたけ》、碓井貞光《うすいさだみつ》、坂田公時《さかたきんとき》、そして藤原保昌《ふじわらのやすまさ》などを引きつれ、八幡・住吉・熊野の諸神の加護を得て鬼神の酒呑童子を退治するという説話である。江戸時代の享保年間に、大阪の書肆《しょし》渋川清右衛門が『お伽草子』として出版したことから世に広まった。物語自体は、平安時代からの伝説をもとにして、時代とともに脚色されていった。

南北朝時代のころには物語として成立し、最古の絵巻作品は逸翁美術館（大阪府池田市）所蔵の「大江山絵詞」とされている。実は、酒呑童子の物語は、その棲家を丹波国の大江山とする系統と、近江国の伊吹山とする二系統がある。大江山系を代表する作品が、逸翁《いつおう》美術館所蔵の「大江山絵詞」の二巻本で、『お伽草子』にある酒呑童子も棲家を大江山としている。

そして、伊吹山系を代表する作品がサントリー美術館の所蔵する「酒伝童子絵巻」である。酒呑童子ではなく「酒伝童子」となっているが、読み方はどちらも「しゅてんどうじ」である。この「酒伝童子絵巻」は、北条氏綱が制作させたものである（八八、八九ページ参照）。各巻末に、詞書と絵の筆者を記した奥書がある。

（上巻）　詞　太閤・近衛准三后、前関白太政大臣
　　　　　絵　狩野大炊助藤原元信
（中巻）　詞　法務前大僧正公助定法寺
　　　　　絵　狩野大炊助藤原元信
（下巻）　詞　二品尊鎮法親王青蓮院
　　　　　絵　狩野大炊助藤原元信

詞書は、近衛尚通《このえひさみち》、法務前大僧正公助《ほうむさきのだいそうじょうこうじょ》(12)、青蓮院宮尊鎮法親王《しょうれいいんのみやそんちんほうしんのう》(13)がそれぞれ書いている。公助、尊鎮はともに「真如堂縁起絵巻(14)」の詞書の筆者としても知られており、京文化を代表する文化人であった。そして、この奥書(15)を書いたのが三条西実隆《さねたか》であった。

---

(11) 京都府北西部、福知山市と与謝野町との境にある連山の名称。北東寄りから鍋塚（七六三メートル）、鳩ヶ峰（七四六メートル）、赤石ヶ岳（七三六・二メートル）、千丈ヶ嶽（八三二・五メートル）と呼ばれる峰がある。古くから百人一首の歌や鬼退治の伝説で知られており、山中に鬼穴などの地名が残っている。

(12) 生没年不詳。左大臣・三条実量の四男。天台宗の僧侶。法定寺に住する。法性寺座主、横川首楞厳院検校、鞍馬寺別当、法務大僧正。連歌師としても著名。

(13) （一五〇四～一五五〇）後柏原天皇の第三皇子。青蓮院門跡。天台座主。能書家として知られる。

京きっての文化人がこれだけ並べば壮観である。この絵巻は、それほど京文化を象徴している作品と言える。絵の筆者は「狩野大炊助藤原元信」と書かれているから、狩野元信（一四七六～一五五九）となる。元信は、狩野派の祖である狩野正信（一四三四？～一五三〇？）の長男とされ、すでに室町幕府の御用絵師の地位にあった父の後を継いで狩野派の二代目となっていた。元信は父の画風を継ぎ、水墨画の画法をもとにして大和絵の土佐派の様式を融合させて、装飾的で雄渾《ゆうこん》な障壁画様式を確立した。

この絵巻は、一巻の精緻さに比べて二、三巻の出来栄えに差があるので、元信一人で描いたのではなく、弟子たちも制作に加わっていたという説がある。元信は、画法を整理することによって多くの弟子たちを育て、大量注文に対応できる体制を構築した。画力だけではなく、マネージメント力もあわせもっていたと言える。まさに、「狩野派」と呼ばれる所以である。

北条氏綱が京の文化人たちに絵巻物の制作を依頼したとき、取り次ぎの任を担ったのが小田原の外郎家であった。小田原外郎家の当主は陳外郎宇野藤右衛門定治である。将軍足利義政から足利氏の祖籍である宇野源氏の姓を賜って、定治は「宇野大和守源方治」と称していた。そして、一五〇四年に小田原に移住してきた。京の外郎家は定治の弟が継ぎ、外郎家は京都と小田原の二家となったわけである。

『実隆公記』第八巻の「享禄四年（一五三一）五月二十一日」に次のような記載がある。

「外郎青侍酒傳童子繪奥書断帋持來之、薫衣香二袋・透頂香百粒・龍麝丸百粒・珍珠散二裹獻之」

さらに五月二八日には、「酒傳童子繪銘、奥書等三巻書之」という記述もある。

「外郎青侍」とは誰のことか。「青侍」とは、公家に使える家僕を指している。外郎家も公家の格式を備えていたから、「外郎青侍」は外郎家の家僕ということになる。外郎家の家僕が、三条西家へ貴重な香や薬剤の贈物を届けて、奥書の礼に来たのではないかと思われる。また、六月二二日には次のような記述も見られる。

「外郎被官卯野來、北藤繪奥書三枚、住心院返事等渡之、宗長返事・桐壷巻・詠哥大概・予獨吟連哥・天目臺一、・周桂書状等渡之、勸一盞、筆十管賜之、月之交可下向云々」

「卯野」とは「宇野」であろう。このときに、奥書を外郎宇野氏へ渡したと思われる。また、「被官」を家来と解釈すると、宇野は外郎家の家来となってしまう。しかし、室町時代の「被官」と

(14) 真如堂（真正極楽寺）の本尊阿弥陀如来立像の由来および当堂にまつわる霊験を描いた絵巻。奥書により、住持昭淳の発願で一五二四年に完成したことや、その制作にかかわった絵師久国ほか人々の名がすべて知られている。応仁の乱に際して雑兵が堂舎に乱入している場面は有名で、重要文化財となっている。

(15) 巻物や書物の最終行の次に書かれた記事のこと。古来、用紙の右端を端《はし》、左端を奥《おく》と呼んだことから生まれた呼称。これに対し、書出しの部分を「端作り」、右端の余白に書かれた記事を「端書」などと呼ぶ。

は地方の守護に仕える国人領主を指す言葉であったから、北条家に仕えていた小田原外郎家は有力な被官であった。それゆえ、「外郎家の被官」ではなく「(京都の)外郎家から出た(北条家の)被官宇野」と解釈すれば、小田原の宇野藤右衛門定治が京まで行って受け取ったと解釈することができる。

北条家の当主が、都第一の文化人の家へ依頼品を受け取りに行くわけだから、それなりの人物を派遣したことであろう。その人物として、定治が適任であったことはまちがいないと考えられる。

上巻の詞書を書いた近衛尚通《このえひさみち》は『後法成関白記』という日記を残している。その「大永三年(一五二三)九月十三日」に、去年詞書を書き遣った礼として北条氏綱から銭千疋の進上があった、と記されている。また、北条家の依頼を近衛家へ取り次いだのは同朋衆の相阿弥である、とも記されている。そして、「享禄四年(一五三一)七月五日」には、宇野藤右衛門が来たので返事を遣った、と書かれている。

このことからも、「実隆公記」の「外郎被官卯野」とは五代定治であると推定することができる。定治は、六月二二日に三条西家へ「酒伝童子絵巻」の奥書を受け取りに行き、続いて七月五日に近衛家までお礼の挨拶に出掛けたのであろう。

5 酒呑童子と坂田金時

大江山で酒呑童子を退治した源頼光には、「四天王」と呼ばれる勇猛な家来衆がいたことはすでに述べた。渡辺綱《わたなべのつな》を筆頭に、卜部季武《うらべのすえたけ》、碓井貞光《うすいさだみつ》、そして坂田公時《さかたきんとき》の四人である。四天王を引き連れた源頼光が天皇の命を受けて酒呑童子退治を行ったわけだが、四天王のほかに藤原保昌《ふじわらのやすまさ》という平安貴族も一行に加わっている。

頼光四天王のなかで、小田原に関係する人物といえば坂田公時である。幼名を「金太郎」と言い、「♪マサカリかついだきんたろう……」と童謡に歌われたあの「金太郎」のことだ。この童謡は、一九〇〇（明治三三）年の幼年唱歌に掲載されて広まった。金太郎は足柄山で生まれて、自然のなかで動物たちと一緒に育ち、熊と相撲を取ったと歌われている。熊にまたがる勇ましい金太郎は、男子の成長を願う五月人形ともなった。

足柄地方では、同じ「きんとき」でも「公時」ではなく「金時」である。箱根外輪山には金時山（一二一二メートル）があり、静岡県小山町に金時神社がある。金時神社に残された伝説では、足柄に住む彫物師十兵衛の娘八重桐《やえぎり》が京へ上ったとき、宮中に仕えていた坂田蔵人《くらんど》と結ばれて懐妊したが、八重桐は故郷へ戻り、九五六年に金太郎が生まれたとしている。

坂田が亡くなったこともあって八重桐は京へ戻らず、足柄で金太郎を逞しく育てた。九七六年、足柄峠にさしかかった源頼光に出会った金太郎は、その家来となったという。また、碓井貞光《うすいさだみつ》が樵《きこり》に身をやつして、強い人材を求めて足柄山へ入ったときに金太郎を見いだし、頼光のもとへ連れていったという物語もある。

南足柄市の地蔵堂付近にも金太郎伝説が残っている。この地に「四万長者」がいて、その娘である八重桐が産んだ子どもが金太郎であるいう。金太郎の生家跡、金太郎が遊んだ大岩「金太郎の遊び石」、産湯に使った「夕日の滝」などが残っている。南足柄市では「金太郎プロジェクト委員会」が結成されており、金太郎ゆるキャラ、まさカリーパン、まさカリーライスなどを創作して、町おこしに頼もしい金太郎の力を借りている。

金時伝説は近江地方にも残されている。琵琶湖東岸の長浜市は、昔は坂田郡であった。ここにも足柄神社や芦柄神社がある。このような金太郎伝説は江戸期に成立したと言われるから、北条氏綱の時代にすでに金太郎伝説があったのかどうかは不明だが、北条氏が「酒伝童子絵巻」を作成依頼した背景には、小田原地方に縁のある坂田金時の大活躍があったと想像するのも楽しい。

6 酒呑童子と歌舞伎の『外郎売』

市川家の歌舞伎十八番に『外郎売』があることは本書の冒頭でも述べた。一七一八年の春、初めて江戸森田座で「若緑勢曾我《わかみどりいきおいそが》」の外題で上演された。演目に「曾我」とあるように、物語は曽我兄弟の仇討の一場面である。その舞台は大磯の遊郭となっている。
曽我兄弟の弟・曽我五郎時致《そがごろうときむね》が外郎売に化けて、遊郭で花魁を侍らせて遊ぶ仇の工藤祐経に近づこうとする。花魁たちは、世上で評判となっていた外郎売の早口の口上が聞きたくて、外郎売に扮した五郎時致を工藤の席へ招き入れる。舞台に團十郎があでやかな外郎売の姿で登場し、口上を見事な早口で淀みなく述べ立てると、大向《おおむ》こうから「成田屋!!」と声がかかる。その長い口上の後半部に面白い台詞がある。

煮ても焼いても喰はれぬものは、五徳、鐵きう、かな熊どうじに、石熊、石持、虎熊、虎ぎす。中にも東寺の羅生門には、茨木童子が、うで栗五合、掴んでおむしやる。かの頼光の膝元去らず。鮒きんかん、椎茸、さだめてごたんな、……

線を引いたところを見ていただきたい。酒呑童子の家来である「茨木童子」と「頼光」の名前が出てくることから、この外郎売の台詞は酒呑童子の物語を読み込んでいると見てよいだろう。茨木童子は酒呑童子の第一の家来であったが、酒呑童子が討たれるのを見て大江山から逃亡している。

その後、茨木童子は女に化けて一条戻橋で渡辺綱を襲うが、綱は童子の腕を切り落として難を逃れた。ちなみに、襲った場所を羅生門とする物語もある。その腕を源頼光に見せると、必ず取り戻しに来るから、七日間家を閉じて物忌《ものい》みをしろ、と綱に指示をした。しかし、茨木童子は綱の叔母に化けてまんまと家に入り込み、腕を取り戻してしまうという話である。

一条戻橋は冥土の入り口とも言われており、陰陽師の安倍清明（九二一〜一〇〇五）の屋敷もこの近くにあった。「一条戻橋の鬼」として有名となったこの話から、「うで栗」の「うで」は茨木童子が取り戻した「腕」にかけていることが分かる。

「五徳、鐵きう」に続いて出てくる「かな熊どうじ」とは「金熊童子」のことであり、「石熊」は「石熊童子」、「虎熊」は「虎熊童子」と、みな酒呑童子の家来たちである。酒呑童子の四天王と呼ばれた虎熊は家来の第二席、金熊は第四席である。石熊だけは四天王からはずれているが、金熊童子とは双子だったという。

五徳、鐵きう、金熊と、これらの名前はどれも金属との関係がある。そして、石熊、石持は石であるから、金も石も「煮ても焼いても喰はれぬもの」となる。そして「頼光」は、言うまでもなく「源頼光」である。

問題は「鮒きんかん、椎茸、さだめて」である。これも、頼光の四天王の名前を考えれば、それぞれの名前の一部が隠されていることが分かる。「鮒《ふな》」は「綱《つな》」で渡辺綱、「きんかん」は「金時」で坂田金時、「椎茸」は「季武《すえたけ》」で占部季武、「さだめて」は「貞光」で碓井貞光、と見事な語呂合わせとなっている。そうだとすれば、「頼光の膝元去らず」とは、四天王たちが「頼光の元を去らずに酒呑童子退治に参加した」という意味であると推定することが容易となる。

江戸中期に成立した『外郎売』に、酒呑童子物語の登場人物が出てくるのは偶然なのであろうか。御伽草子が世に広まったのは一八世紀初めの享保年間であり、『外郎売』の初演が一七一八（享保三）年で、年代が見事に一致している。團十郎は、世に評判となっていた「酒呑童子」の登場人物を、『外郎売』の台詞のなかに滑り込ませたのだろう。あるいは、團十郎が外郎売口上を考えるときに外郎家を取材して、北条家の「酒伝童子絵巻」と外郎家の由来を聞いていたのかもしれない。

いずれにしろ、当時の江戸の庶民がこの台詞を聞いたとき、すぐに酒呑童子の物語と分かり、酒呑童子の部下の名前や頼光四天王の名前を連想したことであろう。現代人にはほとんど記憶の外となってしまった酒呑童子の物語は、当時の江戸庶民には常識であったと思われる。

もう一つ、非常に気になる事実がある。五代北条氏直（一五六二～一五九一）の正室である督《とく》姫《ひめ》（一五六五～一六一五）の話である。

（16）京都市上京区の堀川に架けられている一条通の橋で、単に「戻橋」とも言う。

北条家には貴重な書物が膨大に蒐集されていた。それらの蒐書《しゅうしょ》の多くは、結果的に徳川家康が所蔵するところとなっている。鎌倉時代の歴史書である『吾妻鏡』は、鎌倉幕府初代将軍源頼朝から第六代将軍宗尊親王までの将軍記という構成で、鎌倉幕府の事績を記したものである。鎌倉幕府執権の北条氏を引き継ぐとしていた小田原北条氏にしてみれば、この『吾妻鏡』は自らのアイデンティティを示すもっとも重要な書物であっただろう。

『吾妻鏡』は、五代北条氏直から和睦調停の礼として黒田官兵衛（一五四六～一六〇四）に贈られ、のちに嫡男の黒田長政（一五六八～一六二三）から江戸幕府二代将軍徳川秀忠に献上されている。それゆえ、この『吾妻鏡』は「北条本」とも呼ばれている。このような蒐書のなかに、北条家の家宝とされた「酒伝童子絵巻」も含まれている。

五代当主北条氏直に嫁いだ徳川家康の次女督姫《とくひめ》は、氏直の死後の一五九四年、池田輝政（一五六五～一六一三）に

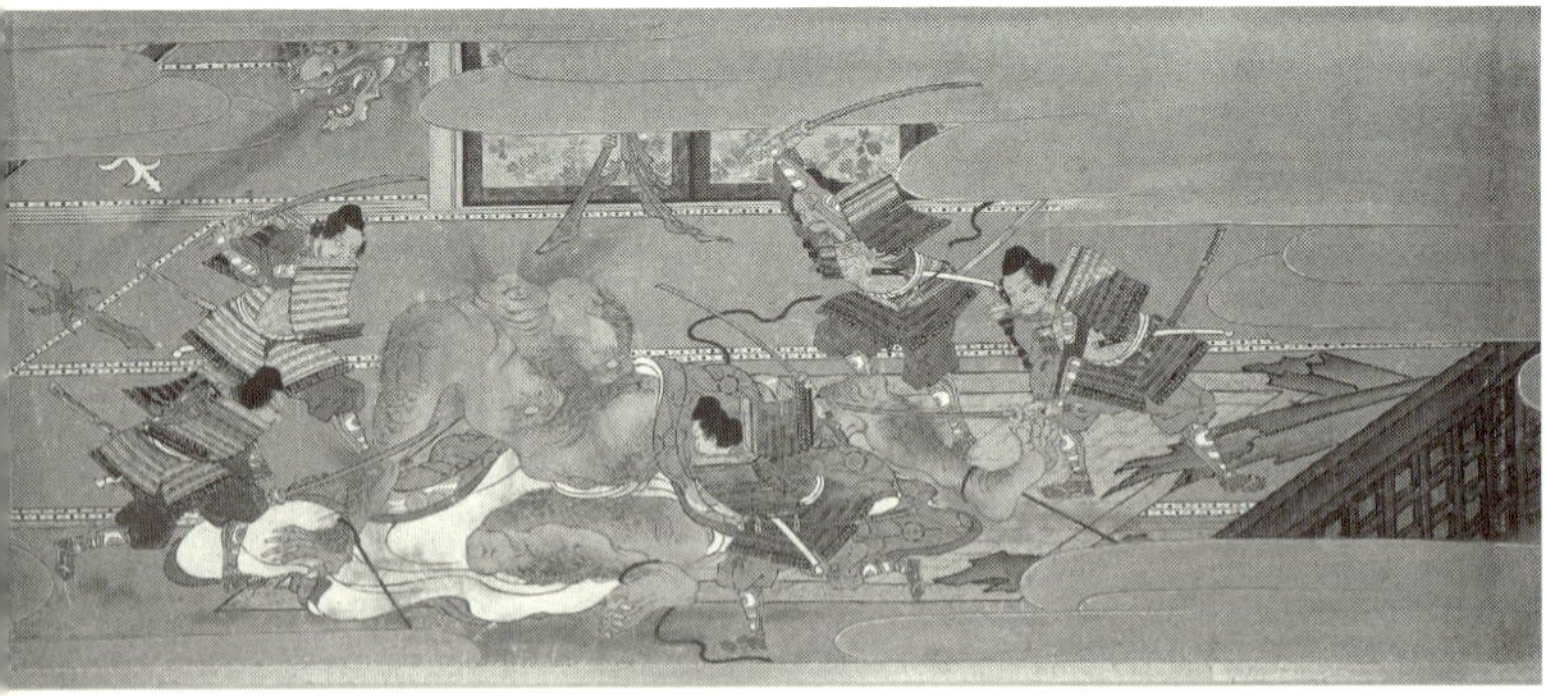

「酒伝童子絵巻」（サントリー美術館所蔵）

再嫁したが、そのときに持参したのがこの「酒伝童子絵巻」であった。北条家滅亡時、北条家の家宝のほとんどは勝者の豊臣秀吉によって持ち去られ、家臣への報奨として与えられたが、「酒伝童子絵巻」は徳川家康の所持となり、督姫の再婚の際に家康が持参させたわけである。

一五九四年となると、『外郎売』が制作される一〇〇年前のことである。たった一〇〇年と考えるか、一〇〇年も経っていると考えるか。さらに、北条家の家宝であった「酒伝童子絵巻」を督姫が池田家へ持参したという事実は、團十郎をはじめとして江戸の一般庶民が知っていたほど有名な話であったのだろうか。いずれにしろ、『外郎売』という歌舞伎の演目に酒呑童子が描かれている事実には驚くしかない。

ちなみに、この絵巻は姫路池田家の所有のあとに鳥取池田家へ伝わり、大正年間の入札で池田家から流出し、現在は六本木の東京ミッドタウンにある「サントリー美術館」

の所蔵となっている。再嫁のとき督姫《とくひめ》は、平安時代後期の陸奥・出羽（東北地方）を舞台とした戦役を描いた「後三年合戦絵巻」もあわせて持参している。こちらのほうは、東京上野の国立博物館が所蔵している。

それにしても、「酒伝童子絵巻」に描かれている場面には血なまぐさい残酷なシーンもある。極彩色であるから、血しぶきも極めて生々しい。このような気味の悪い絵巻を、深窓《しんそう》の姫君がなぜ持参したのであろうか。氏綱が制作を依頼したとき、誰のために描かせたのかは不明である。三代後の氏直の正室であった督姫がその家宝の存在を知っていて、小田原城内で拝見していた可能性は高いだろう。

「酒伝童子絵巻」は、父家康の考えで督姫に持参させたのか、あるいは督姫自身が父にねだって持参を所望したのだろうか。どちらにしても、嫁入り道具にふさわしくない絵巻を持参品の一つとした理由とはいったい何であったのだろうか。

桃太郎の鬼が島での鬼征伐や一寸法師の鬼退治など、いわゆるお伽噺には鬼が登場する話が多い。その鬼たちは離島や山奥に棲家を構え、独立王国を形成していた。ときどき、妖術を使っては京の都に現れ、家々を荒らし、貴族の娘をさらって都の人々を恐怖に陥れた。恐らく、これらの鬼の実像は、朝廷に従わずに王権に逆らう存在としての反逆者集団を表しているのであろう。

鬼退治する勇者は、帝の命を受けて、世の中の安寧のためにと勇躍として鬼退治に都を出立する。源頼光一行が深山の山塊をよじ登り、狭い洞窟を抜けると鬼の館に辿り着く経路は象徴的である。まるで、一六〇〇年前に中国の文学者・陶淵明《とうえんめい》(17)が『桃花源記』に描いた、川の洞窟をくぐると桃源郷に至った話と同じである。

洞窟を通ることで現世の俗世界と縁を切り、現世と異なる異界に至る。そこは、王権の権威が及ばない王化の外、すなわち「化外《けがい》の地」である。さらに、洞窟に入ると冥界にも至る。川端で洗濯をする老婆と出会い、鬼館への道筋を教えてもらうという筋書きも同様である。川は「三途《さんず》の川」であり、その向こうは死の世界、鬼が支配する地獄となる。

洞窟や川は、恐ろしい鬼の世界に至るために必要な道具立てであった。当時、もっとも恐ろしい出来事は戦争ではなく疫病の流行であった。とくに、疱瘡（天然痘）はすぐに死に至る恐ろしい病気であった。戦場に出ない人々でも誰彼かまわず死に至るわけだから、世の中の全員が被害の対象となる。そのような猛威を振るう疱瘡の流行を疫神のなせる厄であると、人々は信じていた。鬼は、これらの流行り病をもたらす疫神でもあった。

(17)（三六五～四二七）中国の魏晋南北朝時代（六朝期）、東晋末から南朝宋の文学者。潯陽柴桑（現・江西省九江市）の人で、郷里の田園に隠遁後、自ら農作業に従事しつつ、日常生活に即した詩文を多く残し、後世「隠逸詩人」「田園詩人」と呼ばれている。『桃花源記』は、一二一篇の作品がある辞賦・散文のなかでとくに有名な作品。当時では数少ないフィクションであり、桃源郷の語源ともなった。

厄であるから、神仏に祈り、「厄除《やくよ》け」と言って厄（鬼）を取り除く必要がある。人々に厄害をもたらす存在を勇者が退治することによって「めでたし、めでたし」となるのは、人々に化外《けがい》の地にも王権の権威が及ぶことを示している。

逆に言えば、天皇家の権威が地に落ちた室町時代以降の時代であったからこそ、物語のなかで夢想されたのだろう。鬼退治の絵巻物が盛んに制作された背景には、王権権威に頼れない当時の人々が、人の力ではどうにもならない恐怖に打ち勝とうとする精神世界を求めていたという心情があったのかもしれない。

そう考えれば、督姫《とくひめ》があえて滅ぼされた北条氏の家宝である「酒伝童子絵巻」を持参したのは、再び厄に遭わないための厄除けであったと言える。勇者が鬼を退治する物語は、か弱い姫君から厄害を取り除き、その身を守護するお守りであったとも考えられる。そして、鬼が残忍で毒々しく、退治されるときに血飛沫が鮮やかに飛び散ったほうが、より強力な厄害を取り除く霊験があったのではないかと筆者は考えたのだが、いかがであろうか。

話はここで終わらない。督姫の夫氏直は、一五九一年五月には秀吉に許されて高野山から大坂に移っている。そこで、小田原城に残っていた督姫は八月末に大坂の氏直のもとに身を寄せた。ところが、再会した二か月後の一一月初め、氏直は疱瘡で亡くなってしまった。享年三〇歳という若さであった。

督姫は嫁ぎ先である繁栄を誇った北条家が滅びたことに驚いたではあろうが、けなげにも、降伏したが無傷であった小田原城にそのまま留まっていた。そして、夫との再会を神仏の助けと思って、心はやって大坂に行ったことであろう。ところが、その夫氏直はあっけなく疱瘡で命を失ってしまった。再会の喜びもつかの間、夫の命を奪った疱瘡の魔力に督姫は心底恐怖したと思われる。

三年後、先にも述べたように、督姫は二九歳で再婚をしている。疱瘡の恐怖を味わった督姫は、先の推論どおり、疱瘡の厄除けとして「酒伝童子絵巻」を持参したのではないだろうか。幸いにして、督姫は池田輝政の間に四男一女をもうけて幸せに暮らした。ところが、再嫁から二〇年の月日が経った一六一五年、突然、恐怖の鬼が督姫を襲った。

大坂冬の陣（一六一四年）が講和によって収まった翌年の正月、徳川家康は二条城に入った。督姫はそこへ父家康を訪ねている。久しぶりの父娘の再会を喜んだと思われるが、正月二八日に家康が江戸へ立ったあと、督姫自身が二条城で疱瘡を患い、あっという間の二月四日に亡くなってしまった。享年五一歳であった。誠に恐ろしい鬼の仕業であった。さすがの「酒伝童子絵巻」も、猛威を振るう疱瘡の前には厄除けの効き目がなかったようである。

現代においては、「鬼」の存在を信じる人々も、「鬼」をつくり出す必要のある権力者もいない。「鬼」は、もはや失われてしまった存在である。しかし、鬼を失うことによって、日本の人々がもつ精神の共通性も同時に失われてしまったのではないだろうか。そして、現代人は、何をもって日本人としての共通の精神性を形成していくのであろうか。あるいは、もはや日本人などという狭い共通性ではなく、地球人としての精神性の形成をしなければならない時代となっているのかもしれない。

第4章 戦国外交ブレーンとしての外郎家

――「老松堂日本行録《ろうしょうどうにほんこうろく》」に描かれた外交官

「戦略」という言葉がある。現代では、もっぱら企業経営のノウハウとして「経営戦略」という表現で用いられることが多い。「戦略」とは戦争における戦い方の概念であり、「戦法」―「戦術」―「戦略」の順で方法論の概念が大きくなる。戦法とは、戦場での軍隊の布陣方法など具体的な戦闘の方法論を示す概念である。そして戦術とは、織田信長の「桶狭間の戦」（一五六〇年）や三国志の「赤壁《せきへき》の戦《たたかい》」（二〇八年）などのように、いつどこでどのように戦うかの考え方を示すものである。

一方、戦略は、戦争のはじまりから終結の仕方までの考え方を示すもっとも大きな概念である。さらに、戦略は戦争や外交のみならず国家のあり方まで言及する場合もある。したがって、どうしても内容が抽象的になってしまう。戦略をもとにして個々の戦術や戦法が展開されるのだが、その普遍的な一つの正解を得ることはできない。戦いとは、時、場所、天候、軍隊の状態、敵方の戦力などの状況がすべて異なるからである。となると、戦略とは「ものの考え方」とも言える。

世界でもっとも有名な戦略書は、二五〇〇年前の中国・「呉」[1]の国で活躍した孫子（前五三五～？）によって書かれた『孫子の兵法』である。まだ紙のない時代であるから、竹簡《ちくかん》に書かれていた。これを読んでも、具体的な戦闘方法などは書かれていない。戦い方の基本的な考え方が記述されているだけなのだが、人間の思考における本質が示されているからこそ時代を超えて読み継がれてきたのであろう。

『孫子の兵法』には、兵法でありながら「戦わずして勝つ」と矛盾したことが書かれている。そして、そのためには「用間《ようかん》」と「調略《ちょうりゃく》」がもっとも重要であると説いている。「用間」とは、「間」すなわち「間諜《かんちょう》」を用いて相手の情報を得ることである。間諜＝スパイというと聞こえは悪いが、相手国に関するあらゆる情報を入手して把握するという意味に解釈すべきだろう。そして「調略」とは、相手方の有力者を寝返らせたり、第三国を中立的

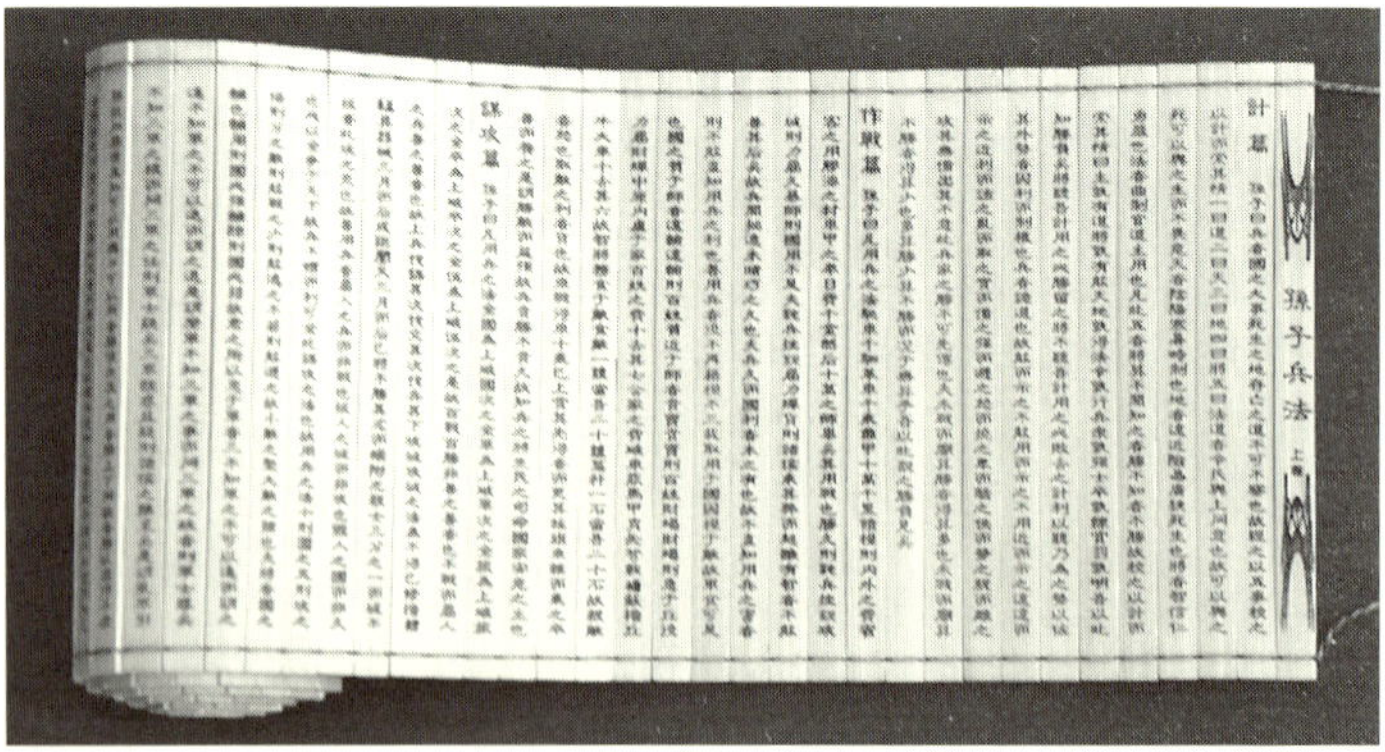

竹簡に書かれた『孫子の兵法』レプリカ

な立場になるように追い込んだりする政治的工作のことである。

戦争を行うということは、膨大な国費と国民という命の浪費を覚悟しなければならない。勝ち負けにかかわらず、戦争によって国力は確実に衰えてしまう。用間と調略の二つを駆使して戦いをせずに勝利を得られるならば、自国を傷つけずに国力も毀損《きそん》せずに済ませられることになる。つまり、財政的にも人材的にも望ましい勝利の方法論である。現代においても、この戦略思想が国際政治の舞台での基本戦略となっているようだ。

日本でも中国でも、戦国時代だからといって、のべつくまなく隣国と戦争をしていたわけではない。同盟を結んだり婚姻関係を築いたりと、平時こそ忙しかった。また、隣国だけでなく、兵法でいうところの「遠交近攻策」(2)もあったため、遠国の情報収集も重要となっていた。

言うまでもなく、近代以前の時代においては、人を介した口頭と手紙による伝達が唯一の情報入手の手段であった。それゆえ、戦国時代の連歌師《れんがし》は、諸国の有力者と強力なネットワークをもっていることから全国を行脚して積極的に情報収集に努め、それを他国へ伝えるという役割を果たした。連歌師から知りえる他国の情報は正確で質が高かったため、中央や地方の権力者たちに

(1) 中国の春秋戦国時代、江南地方にあった国で、現在の江蘇省蘇州市に呉王闔閭が建国した。名臣・伍子胥と名軍師・孫子を擁して南隣国の越国と争った。前四七三年に滅びた。「呉越同舟」などの故事を生んだ。

(2) 兵法三六計の内で「混戦計」に示される戦術。遠くの相手と同盟を組み、近くの相手を攻めるという戦術。

とっては極めて重要な情報源となった。連歌師の生活と京の貴族たちへの寄進を支えていた高額な報酬は、連歌会での指導料の対価としてだけではなく、この情報提供料の意味が含まれていたと想像することができる（七六ページのコラム参照）。

① 商人たちの情報収集

連歌師と並んで、日本各地の城下町で大店《おおだな》を張る豪商もまた、自由に諸国を歩き回って情報収集のできる立場にあった。とくに、都である京の豪商は日本全国の大名や有力家臣の家に出入りし、家臣や使用人たちから各地方の生活情報を入手して商売の糧としていた。

豪商が集積する京において医薬業を営む外郎家は、幕府や公家の家へ出入りできる格式の高い豪商であった。また外郎家は、一薬屋に留まらず、地方大名との間にも強力なネットワークをもっていた。

外郎宇野藤右衛門定治は、一五〇四年に小田原へ移住した当初から北条氏の庇護を受けて広域商業に携わっていた。医薬業であるからこそ、地方で起きている流行病や有力者の疾病情報などが容易に入手できたことであろう。むろん、北条氏も外郎家のもつ広い商圏と情報収集力を期待したからこそ、京の外郎家を小田原へ誘致したにちがいない。

一四九六年に北条早雲が小田原へ進出して以来、歴代の北条家当主は小田原城を拠点としながら関東全域への勢力展開を図っていた。北条氏の領国が拡大するに従って、小田原外郎家の商圏も拡大したと考えられる。というのも、外郎家は北条氏支配地域を自由に往来して、薬種販売を行うという特権が認められていたからである。

五代定治は、一五三九年、二代北条氏綱から河越領今成郷（現・川越市）の代官に登用され、北条家家臣としても処遇されている。また、四代氏政の時代である一五七六年に発行された、日光町（現・日光市）で外郎丸薬の独占販売を認めた書状が残っている。日光の山麓に位置している宇都宮は交通の要衝で、二荒山神社《ふたらさんじんじゃ》の門前町として商業が発展した町である。

宇都宮に拠点を置いて、関東平野の全域を商圏とする商家は「宮商人」と呼ばれていた。日光町での薬販売の特権を得ていた外郎家は、薬種販売だけではなく、宇都宮で年貢米の取引などを宮商人相手に行っていた可能性がある。つまり、外郎家は、北条家の財政を支える重要な役割も担っていたという仮説が立てられる。

外郎武氏は、「外郎家は、北条家家臣のなかでも戦略家、いわゆる軍師の役を担っていた」と言う。外郎家が日光町に店を構えたのは、北条家が北関東で開かれる市《いち》への進出を依頼したからであろうが、同時に、当時の関東管領山内上杉氏から名跡を継いだ越後（現・新潟県）の上杉謙信（一五三〇～一五七八）の動向を探ることも重要な使命であったと考えられる。

北条氏は上杉謙信と対峙して、関東の覇権を争って幾度となく戦っている。一五六一年には、上杉謙信が相模へ侵攻して小田原城を包囲している。このときは、北条氏からの要請を受けて武田氏が援軍を送って富士吉田まで進軍したため、謙信はすぐに小田原包囲網を解いて鎌倉まで退却した。北条、上杉、武田の三家は、同盟を結んだり、それを破棄して互いに攻めたりと、その関係は目まぐるしく変転していた。

そして一五七四年、上洛を目指して越中を攻めていた上杉謙信は、救援要請があって関東に兵を進めたが、すでに北条氏の勢力が拡大していることもあって戦火を交えることなく撤退している。西に目を向けていた上杉氏の関東における影響力は、確実に低下していたことが分かる。

外郎家が日光町に拠点を設けたのは、その二年後である。宇都宮は奥州街道の要衝であり、日光や宇都宮にいれば、自ずと北関東や越後・奥州の種々雑多な情報が入ってくるという地の利があった。とくに、国衆《くにしゅう》(3)の動向情報が重要であった。戦国時代、地元に根を張る国衆の帰属は目まぐるしく変わっている。地元で生き残るために、追従すべき主君をその都度選んでいたのだ。

昨日の敵は今日の味方となり、明日はまた敵となるかもしれなかった。そういう状況のなかで、敵方を味方に寝返らせる「調略」は極めて重要な戦略であり、国衆のなかで誰を調略するのがもっともよいのかを決めるためには正確な情報が必要であった。外郎家は、その豊富な情報源から抽出した敵方情報をもとに、北条氏の軍師として戦略を練っていたと考えられる。

2 初祖陳外郎延祐の孫、平方吉久《ひらかたよしひさ》が朝鮮派遣使節となる

北条氏の外交を担っていた外郎家は、京の時代から室町幕府の外交ブレーンとして活躍していたという歴史がある。室町時代の外郎家の活躍ぶりを見てみよう。

李氏朝鮮王朝が日本へ派遣した使節の記録として、『老松堂日本行録《ろうしょうどうにほんこうろく》』(4)が残っている。一四二〇年、朝鮮王朝の高級官僚であった宋希璟《そうきけい》（一三七六～一四四六）は、日本回礼使《かいれいし》(5)として国書を携えて都である漢陽（現・ソウル市）から京の都までを往復した。宋希璟が旅の見聞やそのときの心情を記録したのが『老松堂日本行録』である。日を追って記しているが、日記ではなく漢詩を詠んだ紀行詩文集の形式となっている。この本から外交官としての陳外郎の活躍を見てみよう。なお、原文どおりでは読みづらいので、引用部分を筆者が口語訳したことをお断りしておく。

（3）中世に守護大名の領地で在地土着していた武士。地侍、国人とも呼ばれた。各地方では国衆が実質的・日常的な支配者であり、守護大名・戦国大名と言っても、国衆を部下として抱え込まないかぎり戦さもできず、年貢も収納することができなかった。

（4）室町時代の日本の風俗を知ることができる貴重な記録となっている。

（5）他国の使節に対して回答する使節。単なる使節の役割だけでなく、他国の社会状況を把握することも目的であったため、使節の見聞した詳細な報告書が作成された。「老松堂日本行録」もその一つである。

回礼使《かいれいし》とは、文字どおり「礼を回す使い」である。ということは、日本側が先に使節を朝鮮王朝へ送ったことになる。これには、当時の日本と朝鮮が大きな外交問題に直面していたという事情がある。倭寇《わこう》、つまり海賊の問題である。

倭寇は対馬や五島列島などを拠点にして、朝鮮半島や大陸の東シナ海沿岸部を襲って強奪を繰り返していた。倭寇の軍備は強力で、その神出鬼没の襲撃に朝鮮王朝も中国の明王朝も手を焼いていた。業を煮やした朝鮮王朝は、一四一九年六月に倭寇の根拠地であるとして対馬を攻撃した。「応永外寇」(朝鮮では「己亥東征《きがいとうせい》」)と呼ばれている戦いである。

それまでも、室町幕府は明王朝や朝鮮王朝から倭寇の取り締まりを強く要請されていた。幕府は倭寇の活動状況を認識していたが、緩い統制力しかなかった室町幕府が倭寇の取り締りを徹底することはできなかった。それに、まさか朝鮮軍が対馬を強襲するとは想定していなかったと思われる。

「外寇」と呼んでいることからも、朝鮮軍の対馬侵攻を「元寇《げんこう》」(6)以来の外国軍による侵略ととらえ、「次は九州か⁉」と悪夢が蘇えったように感じたのかもしれない。当初は、朝鮮国と明国の連合軍が襲来したと京に伝えられたほどだから、幕府の狼狽ぶりが想像できる。

困ったのが対馬を管理する九州探題の渋川義俊《しぶかわよしとし》(一四〇〇〜一四三四)で、博多の豪商であった宗金《そうきん》(?〜一四五五)を京に送って幕府の対応を知ろうとした。宗金は四代将軍足利義持に事情を説明しようとしたが、博多商人では直接将軍に目通りなどはできない。そこで、将軍に直接会える近習であった外郎家二代の陳外郎大年宗奇《ちんういろうたいねんそうき》を頼り、仲介の労を依頼したのである。

目通りがかなった宗金は、室町幕府が朝鮮王朝の対馬攻撃の真意を探るために、使節を朝鮮に派遣する用意があることを確認した。しかし、誰を派遣するかが問題となった。日本は攻められた側であるから、幕府派遣の正式使節では侵攻を認めてしまうことになる。そこで、朝鮮への使節派遣の名目を、当時日本で希求されていた「大蔵経《だいぞうきょう》」(7)の求請とした。そして、博多の臨済宗妙楽寺《みょうらくじ》(8)の住持無涯亮倪《むがいりょうげ》(?～一四四九)を正使とし、博多商人で大年宗奇の子である平方吉久《ひらかたよしひさ》(9)を副使として派遣することにした。僧と商人であれば、たとえ朝鮮が強硬策に出てきても、使節団が対応に窮することはないと想定したと思われる。

---

(6) 蒙古襲来。鎌倉時代中期に、中国の元王朝(モンゴル帝国)とその属国となった高麗国によって日本が攻撃された戦い。一二七四年の「文永の役」と、一二八一年の「弘安の役」の二回にわたった。

(7) 中国における漢文の仏教経典を総集したもの。経、律、論の三蔵を中心に、中国で制作された注釈書や仏典を加えたもの。「蔵経」「一切経」「三蔵」とも呼ぶ。

(8) 一三一六年、月堂宗規和尚の創建。臨済宗大徳寺派の禅寺。山号は石城山で、博多湾岸の沖の浜の石塁上に建てられたため海から見ると石城のように見えたことから付けられた。室町時代には朝鮮貿易にかかわり対朝鮮外交の拠点であり、また遣明使一行が宿泊するなど中国外交の拠点であった。外郎家初祖の陳延祐が博多に渡来したとき、妙楽寺に庵を開いて住んだことから、境内に「ういろう伝来地」の石碑が立っている。

副使として平方吉久《ひらかたよしひさ》が選ばれた背景には、京にいる大年宗奇《たいねんそうき》の意向が強く働いたと考えられる。大年宗奇は、京にいながら、子の平方吉久を通じて朝鮮や大陸の情報を入手していたのだろう。元寇の再来と恐れおののくだけの無策な都人に対して、対朝鮮戦略を立案できるだけの知識と情報網を大年宗奇はもっていたわけである。また、海外事情に通じている禅僧と博多商人を使節とするというアイデアは、それ以外に選択肢が考えられないほどの絶妙な組み合わせであった。これを案出した人物となると、当時の京では大年宗奇以外に考えられない。

当時の博多は、朝鮮半島や中国大陸との交易の窓口であった。初祖の陳外郎延祐《えんゆう》は博多を離れなかったが、子の大年宗奇は将軍足利義満の招きに応じて京へ移り、父の名を継いで「陳外郎大年宗奇」と名乗った。当然、中国語はできたし、父と中国商人との密接な関係を引き継いでいたことであろう（一〇ページ参照）。

大年宗奇は、子どもの一人を博多商人の平方家へ養子に出したと思われる。平方吉久は博多に住んで、平方家の交易の仕事に携わっていたと考えられる。『老松堂日本行録《ろうしょうどうにほんこうろく》』には、「平方吉久」を「陳吉久」とも書いているので、吉久が大年宗奇の子であることはまちがいない。つまり、大年宗奇が一四一九年六月の応永外寇後、直ちに朝鮮外交の戦略を練り、夏には子の平方吉久を実戦部隊として現地に出発させたということだ。その素早い行動力も、自らの対朝鮮戦略を幕府に認めさせる説得力も、大年宗奇という人物が一流の外交官であったことを示している。

3 外郎家が宋《そう》希《き》璟《けい》を接待する

日本使節団は、今後も侵攻されるのではないかと幕府が疑っていることを、非公式であったとしても朝鮮側に伝えたことだろう。朝鮮王朝は日本側の疑念を払拭《ふっしょく》するために、日本使節団の帰国にあわせて、回礼使《かいれいし》として宋希璟を同行させた。贈物として、大蔵経のほかに銭数万貫があったという。

回礼使は、一四二〇年一月一五日に漢陽を発った。釜山《プサン》に着いたのが二月一五日で、家族や友人との別れの会を頻繁に催して、朝鮮半島の南半分を一か月もかけて進んだ。戻って来ることができない、という決死の想いを噛み締めていたのかもしれない。ちなみに釜山には、一五世紀に日本人居留地の倭館が置かれていた。

（9）生没年不詳。博多の豪商。外郎家初祖の陳延祐の孫で、京都に移った陳外郎大年宗奇の子。応永外寇のあとに朝鮮派遣使節の副使として朝鮮に渡り、朝鮮回礼使の宋希璟を接待するなど外交上でも活躍した。

三井寺の一切経蔵

釜山港から出帆して二日後の一七日に対馬へ到着した。宋希璟《そうきけい》を迎えたのは、対馬の豪族である早田左衛門太郎《そうださえもんたろう》(10)であった。本来の対馬の支配者が九州に居住していたので、実質的な支配者として早田が君臨していた。早田は朝鮮王朝から官職を授けられていながら、倭寇の頭目でもあるという二面性を備えていた。宋希璟は、対馬、九州、本州という三地域の状況に対して、それぞれ機敏に対応せねばならなかった。

宋希璟一行は、無事に対馬海峡を渡って志賀島に到着した。そこへ、先に帰国した亮倪《りょうげ》が代官と平方吉久《ひらかたよしひさ》を伴って、酒肴を持って訪ねてきている。そして三月四日、博多に到着すると手厚く歓迎された。宋希璟は正装して、法螺貝を吹く螺匠《なじゃん》などの供を引き連れて町を行列した。異国の華やかな行列を見ようと、博多の人々が街道を埋め尽くしたという。国際貿易港である博多ですら、当時の日本人には朝鮮使節の行列は物珍しいものであったと思われる。

博多で宋希璟は、平方吉久や宗金《そうきん》と頻繁に会って情報交換をした。そして吉久は、得られた情報を事細かく京にいる父大年宗奇《たいねんそうき》へ手紙で知らせたと考えられる。前述したように、大年宗奇は、京にいながら博多に滞在する朝鮮使節の動向を掌握していたわけである。

博多で宋希璟は、将軍足利義持からの上洛許可を待っていた。滞在二〇日にして上洛の許可が届き、三月二四日に一行は京へ向かった。瀬戸内海では悪天候に襲われたこともあったが、何よりも瀬戸内海賊の襲撃を恐れていたという。亮倪と宗金の船が伴走して護衛にあたったが、当時の航海術では船団を維持することは難しい。海賊の小舟が近づいて襲われそうになったこともあったが、このときは亮倪と宗金の船が追いついてくるのを見て海賊船は過ぎ去った、と宋希璟は記している。京に着いたのが四月二一日だから、瀬戸内海を一か月近くも航海したことになる。

ようやく京に入った宋希璟一行は、魏通事天《ぎつうじてん》（一三五〇年頃の生まれ）の家に宿泊した。魏通事天は数奇な運命を辿った人物である。子どものころに倭寇《わこう》に連れ去られて日本に来た中国人で、成人してから朝鮮に渡って文人の奴となるが、朝鮮回礼使《かいれいし》に付いて日本へ来たとき、たまたま中国からの使節と出会って中国（江南）に連れ戻された。

中国で明朝初代皇帝の洪武帝（一三二八～一三九八）に謁見すると、日本へ戻って通事《つうじ》（通訳）となるよう命令された。時の室町幕府将軍は三代足利義満で、対明貿易を熱望していた人であったため、日本に戻った魏通事天は義満のもとで活躍したと言われている。

その魏通事天の家へ現れたのが大年宗奇であった。中国から帰化した二人が、私銭で朝鮮回礼《かいれい》使《し》を接待したというのも不思議な話である。隣国の正式使節であるから、幕府の要人が迎え出るというのが礼儀であるが、それを幕府があえてしなかった理由として二つのことが考えられる。

（10）生没年不詳。対馬船越を根拠地とする倭寇の出身で朝鮮沿岸襲っていたが、李斯朝鮮に投降し、厚遇されて朝鮮の倭寇対策に協力した。朝鮮王朝から「万戸」という数千の兵士を束ねる官職を与えられ「受職倭人」となった。一四一八年以降は、島主に対抗するほどの勢力をもった。

一つは、将軍義持はまだ疑いを晴らしておらず、朝鮮使節の持参した国書を受け取るべきかどうか判断しかねていたこと。もう一つは、室町幕府の外交は、魏通事天《ぎつうじてん》や大年宗奇のように言葉が話せて、海外情報も豊富な帰化人が公私にわたって重要な役割を担っていたため自主判断ができなかったということである。

いずれにせよ、宋希璟《そうきけい》が望む将軍義持への謁見はなかなか叶わず、長期間にわたって待たされてしまった。その間、宋希璟と幕府の間に入って事態の打開に努めたのが大年宗奇であった。

4 幕府との交渉で大年宗奇《たいねんそうき》が活躍

回礼使の宋希璟へ、幕府の意向を伝える役は大年宗奇が担っていた。しかし、京に到着後三日経っても、大年宗奇の伝える将軍義持の命令は、「大蔵経と贈答品は冬至寺に残して、深修庵に移れ」という、国使に対してはきわめて無礼なものであった。冬至寺というのは、かつて三条坊門万里小路にあった禅宗寺院の「等持寺」のことで、室町時代末には廃寺となっている。また、深修庵であるが、詳細は不詳で、幕府から朝鮮里で一里の竹藪のなかにある尼寺で、仁和寺心通院の東隣にあったとされている。

これに対して宋希璟は、「朝鮮国王の国書を奉じて来たのに、未だ国王（将軍のこと）に会って開読が叶わない。それなのに、深修庵に移れとの命令は礼儀に反し、許されないことだ。私は行かない」と強く抗議している。大年宗奇が来て、とにかく行ってくれと懇願し、大年宗奇が先導することで宋希璟はようやく深修庵へ移った。深修庵では、宋希璟を囲んで大年宗奇と魏通事天が座し、大年宗奇が宋希璟に京の事情を丁寧に説明している。

「一昨年、明の使者・呂淵《ろふち》が兵庫に渡来して曰く、『義満も朝鮮国王も自分に仕えたのに、義持だけが従わない。朝鮮とともに兵を送るから、城を高くし、堀を深くして備えを固めて待っていろ』と明朝皇帝の永楽帝（一三六〇〜一四二四・三代皇帝）の言葉を伝えました。怒った義持は呂淵を討とうとしましたが、一足先に帰国してしまいました。さらに悪いことに、北九州に勢力を張る少似満貞《しょうにみつさだ》が、(11)『江南の兵船一千、朝鮮の兵船三百艘、本国に向いて来る。我れ力戦してこれを却く』と報告したため幕府は少似に褒賞を送り、朝鮮に対しては甚だ怒りました。今官人（朝鮮使節）が来れば、我等は用心します」（『老松堂日本行録』岩波文庫、一〇五ページ参照）

少似は対馬へ出陣もしていないのに、虚偽の戦勝報告を幕府にするなどもっての外だが、当時はこの程度の情報でも信憑性をもって伝えられたわけである。大年宗奇の状況説明に対して、宋

(11)　生没年不詳。少弐氏は鎌倉時代から対馬守護職を務めていたが、当主は九州にいて、守護代として宗氏を対馬に置いていた。南北朝末期に宗氏が対馬守護となるが、いぜん少弐氏は宗氏の主家として対馬に影響力を保持していた。

希璟は整然と反論している。

「（前の対馬支配者である）宗貞茂《そうさだしげ》[12]は朝鮮国王に礼を尽くしてきました。国王はその誠意に対し米布や酒肉を送り、二十余年は一家のようでした。ところが、（貞茂が亡くなると）昨年春から対馬の賊が朝鮮の海岸を侵犯して人民を殺して兵船を盗み取ったのです。それに我が国王は激怒して、対馬に兵を出しました。国王は将軍に、『ただ賊のみを討て。都々熊丸（宗貞盛）には手出しせず、九州は安んじろ』と命令したのです。もし、国王が日本に対して不好の心があるならば、大蔵経を請うても給することはなく、礼物や回礼使を送ることもないでしょう。これをもって国王の意を知るべきです。『対馬は日本と朝鮮の間にあり、常に密かに盗みをし、王令にも従わない。私が対馬を討って、日本国王がこれを聞けば、必ず喜ぶであろう』と、国王は言いました。大明と同心して日本へ兵を送るなど、荒唐無稽な話です」（前掲書、一〇五ページ参照）

大年宗奇《たいねんそうき》はこれを聞いて、「このような話は聞いたことがありません。幕府御所はまったく知りません。さっそく、将軍の御耳に入れましょう」と答えている。

しかし、問題はこれだけではすまなかった。朝鮮国王の国書に明王朝の「永楽」という年号が記されていたのだ。朝鮮王朝は明王朝へ朝貢《ちょうこう》[13]していたから明の年号を使用していた。そこで大年宗奇は、「永楽庚子」の年号表示を「竜集庚子」に変えるように求めた。将軍義持は大の明国嫌いであり、「永楽」の文字を認めれば事態は悪化するかもしれないと推察したわけである。

国書の書き換え要求は、事態を穏便に進めるための配慮であった。しかし、国書の書き換えなど宋希璟《そうきけい》が認めるわけがない。「死を以て改書を拒否する」とまで言っている。そこへ、等持寺住持《しゅじ》の恵珙《えきょう》(14)と林光院住持の周頌《しゅうじゅ》(15)という禅僧二人が駆けつけてきた。禅僧は当時の知識人の代表である。当代一流の知恵者を呼び寄せて対策を検討したわけである。ひょっとしたら、この二人の知恵を借りようと、大年宗奇が手配したのかもしれない。

二人は国書を見て、その内容を吟味した。そして、「書の内に殿下の意至りて厚し。伝書して(書き写して)御所に達せん」と結論づけた。さらに、宋希璟は対馬のことを解説し、大年宗奇の答えも伝えると、二人は喜んで「朝鮮国王に他意はなく、ただ御所と親厚の心があるだけです。私たちはすでに分かりましたので、すぐに御所へ伝えましょう」と言って帰っていった。

それでも、事態は一向に進展しなかった。待てど暮らせど将軍拝謁の許可が出ない。その間、

---

(12)(?〜一四一八)対馬を支配した宗家第八代当主。一三九八年に一族の宗頼茂から家督を奪取して当主となった。李氏朝鮮王朝と盛んに通交したほか、筑前守護代でもあり、少弐氏を助けて北九州へ進出した。一四〇八年、守護代を弟の貞澄に譲って、対馬に戻って対馬統治に努めた。

(13)「竜」は木星、「集」はやどり。木星は一年に天空を一回りするので、一年を「竜集」という。

(14)元璞恵珙《げんぱくえきょう》。臨済宗禅僧・絶海中津の法嗣《はっす》。一四二三年に相国寺三一世となり、一四二九年に五七歳で示寂。

(15)元容周頌《げんようしゅうじゅ》。一四二五年、五五歳で寂。相国寺三〇世。一四一八年、明使・呂淵が二度目の来日で兵庫に着たが、幕命により兵庫まで行き、呂淵を説得して帰国させるなどの功績を挙げた。

宋希璟《そうきけい》は食欲が進まず、日本の湿気とやぶ蚊に悩まされたほか、盗賊が忍び込んでくるなど心休まる日がなかった。しかし、このような状況下でも、漢詩をつくって将軍へ渡るように依頼するなど、取り得る手段をいろいろと尽くした。

五〇日が過ぎてから、ようやく先の禅僧二人が将軍の疑いが解けたと伝えに来た。宋希璟も「やや喜びて書す」と記したが、宋希璟はさらにダメ押しをした。義持が先代義満の一三回忌の喪に服していると聞くと、自分も魚を絶つと伝えたのだ。この作戦は効果的で、亮倪《りょうげ》が来て「義持が感喜々々した」と伝えた。京での日々を無為に過ごすことなく人々と交流し、日本人を観察し、あらゆる外交上の手段を尽くした宗希璟という人物は、きわめてしたたかな外交官根性のもち主であったと言える。

六月一六日、宋希璟は宝幢寺《ほうどうじ》(16)で将軍足利義持に謁見した。早朝、宗希璟は「大紅衣《だいこうい》」で正装し、「頂玉玉縷《ちょうぎょくぎょくる》」(17)の冠を被って出掛けた。螺匠《なじゃん》四人、軍卒二人を従え、前後を多くの武士が付き従うという行列を組んで静々と進むと、老若男女、僧尼までが道をふさぐように見物したという。将軍謁見そのものはそっけないもので、国書を渡すと将軍義持は、側に控える僧を通して「官人、諸寺を遊観せよ」と伝えただけであった。

一月一五日に漢陽を出発してから目的の将軍謁見となる六月一六日まで、実に半年の長きにわたった旅となった。その旅の要所々で外郎家は使節を接待し、事態の打開に動いた。宋希璟の気概ある外交姿勢はもとより、大年宗奇のきめ細かい配慮と外交手腕が相まってこそ、朝鮮回礼使《かいれいし》はその任務をまっとうすることができたと言える。

5 室町幕府の外交ブレーン・大年宗奇《たいねんそうき》

『老松堂日本行録《ろうしょうどうにほんこうろく》』は、室町時代中期の日本社会の風俗を伝える極めて貴重な記録である。と同時に、この書があってこそ、当時の外郎家の仕事振りを具体的に把握することができる。

対馬への朝鮮軍の侵攻という国家的な危機に面して、大年宗奇と平方吉久という外郎家の親子二人が、京と博多でそれぞれ私費を投じながら朝鮮回礼使《かいれいし》を迎え、外交業務に尽力した。室町幕府の外交は、中国留学をした禅僧と帰化した中国人が、ほぼ全権を掌握していたと言っても過言ではないだろう。それは、情報を集めて外交戦略を練る戦略家の機能を果たしただけでなく、危機的状況において優秀な人材を招聘し、叡智を集めて状況打開のアイデアを絞り出すといった現

(16) 京都・嵯峨の臨川寺の東にあった臨済宗天龍寺派の寺院。足利義満が一三七九年に春屋妙葩を開山として建立した。同時に開山堂として鹿王院を建立したが、応仁の乱で本寺が廃絶し、鹿王院のみが残った。

(17) 大紅衣は、「胸背」という胸と背とに貼り付ける表章を付けた官服のこと。頂玉玉縷の頂玉は、三品以上の官吏が笠に付ける玉製の飾りで、玉縷は玉を貫いて綴った冠の紐。

場での実務も担っていた。

海外事情も知らず、情報入手の手段すらもたない室町幕府の人材では、朝鮮や明朝との外交を行うことは不可能であった。とくに「応永外寇」のような非常時には、冷静で適確な外交が不可欠となる。感情的に好き嫌いでしか判断できない将軍を頂きながら、大年宗奇《たいねんそうき》と禅僧たちは板挟みに苦しみ、状況打開のアイデアを捻出して活路を開いた。

このような点からも大年宗奇は、その出自による外交感覚、明晰な頭脳、そして器量と三拍子揃った傑出した外交官であったと言える。官僚事務屋的な単なる外交官ではなく、まさしく戦略的な外交ブレーンとして室町幕府の外交を支えた人物であった。

外交実務には、大年宗奇が備えていた正確な情報入手、冷静な情勢判断、そして平和的に解決しようとする姿勢が求められることは言うまでもない。何よりも、宋希璟《そうきけい》のように胆力、つまり危機的な状況に陥ったときでも状況に対して冷静に対応できるだけの気力をもって自らの姿勢を貫くことが重要となる。宗希璟も大年宗奇も胆力があり、互いに行き詰ったときにあっても心乱れることなく状況に耐え、したたかに最善策を模索した。二人はまさしく君子の交わりであった。

『老松堂日本行録《ろうしょうどうにほんこうろく》』は室町時代の日本外交の実態を伝え、日本の外交を背負っていた大年宗奇や禅僧たちの姿を生き生きと今に伝えている。そして、他国と互いに向き合うその真摯《しんし》な姿は、現代においても求められる国と国との外交のあるべき姿を指し示している。

第５章

戦国時代の海外交易——唐人町と御花畑

外郎家のルーツの話は本書においても語られたところであるが、やはり不思議に思うことがある。「日本へ亡命した」と言うが、一体どのようにして初祖陳延祐《ちんえんゆう》は日本に渡ってきたのだろうか、という疑問である。そして、京に移住した二代陳外郎大年宗奇《ちんういろうたいねんそうき》も、どのようにして大陸を往復したのだろうかという疑問が残る。

日本人にとって、江戸時代まで歴史上のいつの時代においても、中国大陸や朝鮮半島は先進的な文化をもたらす地であった。命の危険を冒してでも手に入れたいと思う文化が彼の地にあったから、日本人は渡海した。逆に、先進国であった中国から見た場合、後進国の日本へ渡ろうとした人はいったい何を思っていたのだろうか。

現在、欧州で大問題となっている中東やアフリカからの難民は、粗末な船に乗って命がけで地中海を渡っている。現代ですら命を落とすようなきわめて危険な渡海という旅は、六五〇年前の時代においては想像を絶するほどの困難を伴っていたことであろう。にもかかわらず、大年宗奇は往復して、再び大陸から無事帰国している。定期船のような安全な船便でもあったのだろうか。そもそも、その時代に日本と大陸を隔てる東シナ海では何が起きていたのだろうか。ここで改めて、外郎家ルーツの時代背景を探ってみることにする。

1 海を渡る人たち

日本人にとって、大陸へ渡る話ですぐに思い起こす歴史は遣唐使であろう。遣唐使に使われた古式和船は、外洋航海に耐えるような構造ではなかった。船底に竜骨、つまり船首から船尾まで船底を通る構造材がなく平底構造となっていたため、重心が高く横波を受けると横転しやすかった。また、甲板の防水が完全でなかったため、大波を受けると甲板から海水が流れ込んで船室が浸水するということもあった。

このような船では、嵐に遭えば遭難する確率が極めて高かった。せっかく遣唐使に選ばれて先進文化を摂取しようと意気込んでも、海の藻屑と消えてしまった俊才も多かったことだろう。逆に、大陸から日本に渡ろうとした人たちも日本の遣唐使船の帰り便を利用していたわけだから、同じく遭難の危険が高かった。この命懸けの旅については、鑑真和上《がんじんわじょう》(1)によってよく知られている。

七五三年に日本へ渡ってきた鑑真和上は、奈良に唐招提寺《とうしょうだいじ》を建立し、律宗《りっしゅう》を広めた。日本で戒律を確立する願いを、渡航六回目にしてようやく果たすことができたのである。

平安時代になっても遣唐使は派遣されているが、その頻度は激減している。平安初期の八〇四年の遣唐使船には、空海《くうかい》や最澄《さいちょう》が同乗していた。次は、三四年も経た八三八年、円仁《えんにん》（七九四～八六四・第三代天台座主）が同乗した遣唐使が派遣されている。その後は、半世紀ものちの八九四年に計画されたが、正使に指名された菅原道真《すがわらみちざね》が唐の騒乱(2)を理由に遣唐使廃止を奏上したために中止となった。それ以降、唐への公式使節は派遣されなくなった。

唐招提寺・鑑真和上御廟

（1）（六八八～七六三）奈良時代の中国からの帰化僧。揚州市に生まれ、七〇二年に出家し、律宗・天台宗を学んだ。大明寺の住持のとき、日本の遣唐僧の栄叡と普照の要請に応じ七四三年に日本への渡海を目指すが、一一年間に五度も渡海を試み失敗した。五回目の渡航後には失明し、七五三年、六回目の渡海で日本に到着した。

（2）唐代末期は中国各地に騒乱が頻発した。なかでも、八七五年から八八四年まで一〇年間続いた農民反乱は、山東の闇塩商人の王仙芝の起こした反乱に呼応して山東省曹州の黄巣が興した「黄巣の乱《こうそうのらん》」となり、大規模な反乱となった。この乱が唐王朝滅亡の契機となった。

遣唐使が途絶えたあと、平安時代には誰も大陸に渡っていないと思っている人が多いだろう。それは、日本史の授業において、遣唐使廃止以降に日本独自の文化が花開いたという話とセットになって説明されているからである。それゆえ、平安時代中期以降の日本には、外国文化がまったく入ってこなかったようなイメージが定着している。

では、誰一人として大陸に渡らなかったのかというと、そうではない。実は、海を渡った人は多数いたのだ。朝廷が派遣する公式使節がなくなっただけで、個人的に渡海する人々はたくさんいた。その側面を歴史教科書では捨象《しゃしょう》してしまっているので、事実を正確に理解できず、諸事を予断する傾向を生んでしまうのだ。歴史を学ぶときには、多面的に事実を踏まえねばならないという一つの例である。

では、遣唐使廃止後はどのような人が大陸へと渡ったのだろうか。それは、大陸や朝鮮半島との間で交易に従事する商人たちであった。それらの商人を「海商《かいしょう》」と呼ぶ。また、海商の交易船に同乗して僧侶たちも大陸に渡っている。派遣使節のような国家間外交ではなく、民間での交易が渡海の主流となったことは日本史上においては画期的な出来事であった。

遣唐使の廃止は、国家間の関係が、政府間の外交から民間レベルの交易・交流に変質した重要な契機となった。その結果、民間レベルでの文化交流と大陸の先進仏教教義を日本へもたらし、「禅宗」という仏教の新しい求道が日本でも興隆した。

日本の平安時代末期、中国では北宋から南宋へと時代が変わっていた。東大寺を再興した重源《ちょうげん》（一一二一〜一二〇六）が一一六七年に入宋しているし、日本へ喫茶の習をもたらした栄西《ようさい》（一一四一〜一二一五）も翌年の一一六八年に大陸へ渡っている。栄西にいたっては、一一八六年に再び入宋しているぐらいだから、もはや渡海を恐れる時代ではなくなっていたと思われる。

鎌倉時代になると、海商たちの商船は日本と大陸を頻繁に往復するようになり、それにつれて僧侶の渡海も激増した。一二二三年に曹洞宗を興した道元（一二〇〇〜一二五三）、一二三五年には東福寺（京都市）を開山し、静岡に茶をもたらした円爾《えんに》（一二〇二〜一二八〇）などが渡海している。このころになると、一度に一〇人以上の僧が乗船したこともあり、日本の仏教界に中国留学の大ブームが起こっていた。

同時に、中国からも高僧が招かれて日本に渡ってきている。一二四六年に来日した蘭渓道隆《らんけいどうりゅう》（一二一三〜一二七八）は、鎌倉幕府の五代執権北条時頼（一二二七〜一二六三）に招かれて鎌倉に建長寺を開山した。その跡を継いだ寧波出身の無学祖元《むがくそげん》（一二二六〜一二八六）は、八代執権北条時宗（一二五一〜一二八四）の招きにより来日して、鎌倉を禅宗の一大拠点へと発展させた。中国の高僧が多数来日した背景として、中国では元が勃興して南宋が滅びる騒乱の時代になっていたということもある。

一二世紀初め、朝鮮半島の高麗《こうらい》は中国の北宋王朝と盛んに文化交流を行っていた。高麗商人は黄海を横断して、山東半島北岸の登州《とうしゅう》（現・煙台市）へ渡っていた。さらに沿岸を南下して、浙《せっ》江《こう》や福建《ふっけん》の港へも至っていた。

浙江省寧波《にんぽう》は、すでに外国船が出入りする国際港湾都市となっていた。寧波などの浙江商人たちは、朝鮮や日本へ頻繁に航海していたのだ。言うまでもなく、日本側の交易の中心となっていたのは博多商人であった。

博多商人たちもまた、朝鮮半島や浙江地方へ商船を仕立てて渡海していた。朝鮮王朝や中国王朝との交易は、命をかけるに足るだけの富をもたらしたわけである。南宋が蒙古軍に滅ぼされてユーラシア大陸全体が蒙古軍の脅威にさらされた時代はさすがに交易は途絶えたが、元王朝が安定すると、さっそく交易船が海を渡っていた。元寇に襲われた日本では、鎌倉時代は大陸との交流がなかったように思われているが、実際には大陸から頻繁に交易船が来航していたのである。元王朝は世界帝国であったから、交易の重要性は十分に理解していたということである。

一四世紀中期には一〇〇年続いた元王朝も末期となり、中国各地で元王朝打倒の蜂起が頻発して、再び大陸全土が騒乱の時代となった。群雄割拠のなかから漢民族の太祖・朱元璋（一三二八～一三九八。洪武帝）が頭角を現した。洪武帝は全土を掌握して明王朝を興し、元王朝は蒙古の草原へ追いやられて姿を消してしまった。

一三六八年から一六四四年までの二七六年もの間、中国を支配したのは明王朝である。古来、大陸や朝鮮半島に騒乱が起きると、中国や朝鮮から多くの人々が日本に亡命してきている。古くは、七世紀の朝鮮半島で百済《くだら》が滅び、百済王朝の王族をはじめ多数の百済人が日本に亡命し、高度な文化を日本にもたらした。また、一〇世紀の新羅《しらぎ》の飢餓発生や王朝滅亡時にも、多数の亡命者が朝鮮半島から対馬海峡を渡ってきている。

同じく、中国からも王朝交代の騒乱期には、亡命者が東シナ海を渡って日本に来ている。元王朝に仕えていた外郎家初祖の陳外郎延祐《ちんういろうえんゆう》も、元王朝から明王朝への交代期の亡命者である。その延祐が博多に上陸したのは、交易に携わる中国人商人が多数居住して、中国情勢の最新情報が入手できたからである。親族の結束が強い中国では、親族間の情報交換は生きていくための重要な手段であった。

延祐自身も交易事業に参加した可能性がある。亡命した延祐にとっては、元王朝の高官であったキャリアは対明貿易を進めるうえでも十分役に立ったはずである。延祐は、室町幕府将軍の足利義満の再三の招きにもかかわらず、上洛せずに博多に留まった。将軍の招聘を断り続けるほど、延祐は二朝に仕えることを恥ていたのである。

前述したように、二代陳外郎大年宗奇《ちんういろうたいねんそうき》になって、ようやく将軍の招きに応じて京へ移住した。室町幕府としては、陳家のもつ中国高官としての行政知識と外交官としての期待が大きかったのであろう。以来、外郎家は京を拠点にさまざまな活躍をすることになる（第4章参照）。

2 海の向こうの明州《めいしゅう》（寧波《にんぽう》）への旅

明朝初期は王朝が海外に関心をもった時期である。三代皇帝の永楽帝は、当時としては世界最大級の巨艦を建造して、南シナ海、インド洋へ進出して中国の国威を示した。鄭和《ていわ》（一三七一～一四三四）が指揮した大艦隊の遠征は七回にも及び、遠くアラビア半島まで大航海を行っている。

しかし、永楽帝の没後は、膨大な国費をかける遠征隊の再開を恐れる兵部尚書（国防大臣）の劉大夏《りゅうたいか》（一四三六～一五一六）が、兵部資料庫にあった鄭和の報告書をことごとく処分して明朝史から抹消してしまった。その後、明朝は「海禁策」を施行して、外国との接点は朱印船貿易のような勘合符《かんごうふ》(3)を用いた朝貢貿易《ちょうこうぼうえき》しか認めず、民間貿易を厳しく取り締まった。

平安時代と同じく、室町時代の遣明使も博多を出航して明州《めいしゅう》、すなわち現在の「寧波《にんぽう》」を目指した。しかし、明州に辿り着けず、嵐に遭遇して南方へ漂流することもたびたびあった。どちらも日本の政権が派遣した公式使節である。明王朝が海禁策のなかで唯一認めた朝貢貿易は、実は近隣諸国にとってはきわめてうま味のある貿易だったのだ。それは、貢物の価値に比べると数倍もする下賜品を明王朝から賜ったからである。

遣明使は、今で言うところの政府と民間の合同ミッションであった。明国から与えられた勘合符さえあれば、遣明使に同行して明州で交易を行うことができたのだ。日本からは銀、硫黄、海産物を持ち込み、中国からは銅銭、絹、絵画、陶磁器などを大量に買い付け、帰国後に売り捌いて膨大な利益を上げたわけである。

民間貿易が禁止されれば、禁を破る者が次々と現れてくるというのが世の習いである。天下の中心たる中華王朝への朝貢しか認めない海禁策という頑なな政策が、明朝の思惑とは逆に、密貿易や略奪で巨万の富を得ようとする沿岸都市の商人や海賊たちが跳梁跋扈《ちょうりょうばっこ》する舞台を東シナ海につくってしまった。この時代に、東シナ海に出没したのが「倭寇《わこう》」である。

倭寇は、一四世紀の「前期倭寇」と一六世紀の「後期倭寇」に大別される。「倭」と言っても、日本人の海賊だけではない。朝鮮や大陸沿岸部で食い逸れた漁民などが多数倭寇に加わっていた。とくに、後期倭寇においては日本人の数は少なく、大部分が中国の海商出身者や反王朝勢力であったほか、ポルトガル人も含まれていた。元来は交易商人であった者も多く、平時には密貿易によって利益を上げていたが、交渉が不調となって商売が成り立たないときには、腹いせのように略奪行為を繰り返した。

（３）明王朝が外国の朝貢船に対して発行した割符のこと。一三八三年にシャム、チャンパ、カンボジアなどに発行したのがはじまりで、日本では、足利義満の時代、一四〇四年に室町幕府に発行された。勘合は皇帝の代替わりのたび一〇〇枚発行された。遣明船一船に一枚の「本」字勘合を自参し、中国側の「日」字勘合と「本」字底簿と照合して、正式な朝貢船であることが認められた。

奉化江沿岸の江厦公園辺りは港であった

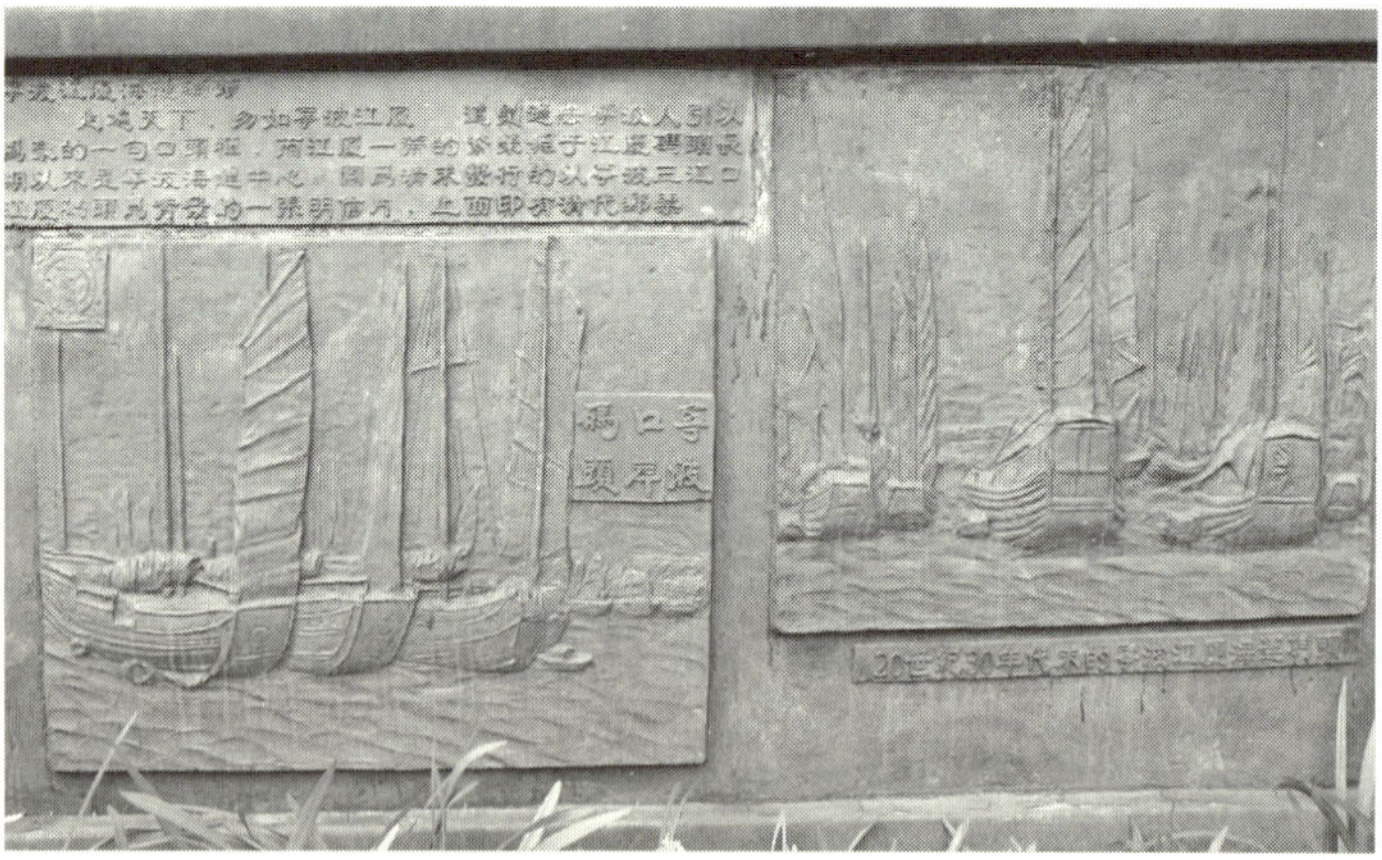

江厦公園にある港の様子のレリーフ

二〇一五年五月下旬、中国の浙江省北部へ旅をした。訪れたかったのは寧波《にんぽう》で、上海からは高鉄（中国新幹線）(4)の「沪杭甬城際鉄道《ろこうようじょうさいてつどう》」を利用するのがもっとも早く行くことができる。

寧波は港町で、南宋時代から「明州」と呼ばれていた所である。古来、明州は中国沿岸に沿って北の山東半島や南の福建省の港を結ぶ、近海海運の要衝地であった。さらに、朝鮮半島や琉球諸島、日本列島までをも結ぶ遠海海運の基地であった。長きにわたって日本との交易の窓口であった寧波で、明代の日本とのかかわりの痕跡に触れてみるのが旅の目的であった。

明州と呼ばれた時代には、寧波市内を流れる奉化江《ほうかこう》の川岸には波止場があり、国内外の交易船が連なって碇を下していた。現在では、川岸が「江厦公園《こうかこうえん》」となっている。奉化江は、甬江《ようこう》と余姚江《よようこう》の二つの流れに分かれて杭州湾へ注いでいる。

東シナ海を渡って来た交易船は、杭州湾へ入って舟山群島《しゅうざんぐんとう》を縫って寧波港へ入った。そして、甬江を遡って寧波市内に着岸して、「市舶司《しはくし》」(5)で貿易手続きを行った。「江厦公園」では、当時の

（4）（Gaotie）高速鉄道の略で、中国の新幹線型の高速鉄道の名称「China Railway High-speed」。二〇〇七年四月一八日に本格的な営業運転を開始した。

（5）唐代から明代に設置された海上貿易の事務を所管する役所。宋代には広州、泉州、明州に置かれた。出入国手続き、貨物検査、徴税、禁制品の取り締り、外国使節接待を行った。明代は海禁策で役割は小さくなり、清代に「海関」が設置されると市舶司は廃止された。

寧波の風景をレリーフにして、交易船で賑わう港の様子を伝えている。また、公園内には「来遠《らいえん》亭《てい》遺址」があり、モニュメントが造られていた。

来遠亭とは、南宋の乾道年間に造られた税関事務所で、明州市舶司の官員が海商の貨物を検収し、出入証書を発行する事務を担当していた。当初は、東南部の城門である来安門《らいあんもん》外に造られて「来安亭」と呼ばれていたが、元朝の市舶司副提督であった挙《きょ》という人が、明州城の東南部の主要城門であった霊橋門《れいきょうもん》外に建て直した。

一五二三年、寧波《にんぽう》の港で、日本の大内氏と細川氏それぞれの遣明船が武力で争うという重大事件が発生した。先に明州へ入港して手続き待ちをしていた大内船に対して、すでに失効していた弘治勘合符しか持たなかった細川船の正使が市舶司太監に賄賂を贈って、細川船を先に入港検査させたのである。細川氏の中国人副使であった宋素卿《そうそうけい》（?～一五二五）という貿易商の策謀であった。

これに怒った大内船の正使であった僧の謙道宋設《けんどうそうせつ》は、細川船を焼き払い、明の役人などを殺害したあとに逃げた宋素卿を紹興城まで追い、さらに日本国の名によって財貨や文書を納めていた府庫《ふこ》を封じて寧波を去った。俗に「寧波の乱」と呼ばれている事件である。

応仁の乱で勢力を争った両者が、海外の港でも大騒動を起こすという醜態をさらした格好となった。そして明王朝は、この日本人同士で起こした大事件に激怒して、一五二九年に市舶司太監を廃止してしまった。

来遠亭遺址のモダンな建物の中には本を見開いた形の石碑があり、この寧波の乱の経緯が刻まれていた。日本人同士が海外の地で起こした騒動は地元役人の殺害まで至ったのだから、当時の明王朝にとっては驚愕の大事件であったと改めて認識した。寧波の港は、数百年にわたって日本との交易の窓口であった。室町時代の貿易商人にとって、寧波は今以上に身近な存在であったと感じられた。

寧波への旅行では、明代の港が想像できるような遺跡を訪ねたいとも思っていた。旧知の趙大生《ちょうだいせい》先生（元四川大学蘇州研究院教授）に相談すると、日本への留学の経験があり、寧波でベンチャー企業を経営している凌国良《りょうこくりょう》氏を紹介してくれた。凌氏は一日を割いて、寧波の南にある「石浦《いしうら》」という港町を案内してくれた。

町は、海に迫る山腹に築かれた城壁で囲まれている。狭い路地はほとんど石段になっていて、その両側に民家が立ち並んでいる。街並みが保存されており、明代からの民家が多く残されている。この石浦の港から、明朝初期の外交官であった兪士吉《ゆしきち》（一三六〇～一四三五）が、一四〇六年に日本へ使節として渡航している。

明代の貴重な遺構である兪士吉の邸宅は、小さな漁村にしてはきわめて立派な構えの豪邸であった。現在、邸宅は兪士吉を顕彰する博物館となっており、彼が日本へ向けて石浦港を出帆する様子のジオラマが展示されている。まさに、石浦城外の港から多くの人々の見送りを受けて、帆船が出航するところを描いている。

　石浦古城を訪れて、兪士吉《ゆしきち》は南宋の都であった杭州からかなり離れた場所から出航したということが分かった。また、浙江省の海岸地帯は良港に恵まれていて、古来よりこの地の人々は海の民として生きてきたのだということが実感できた。中国、朝鮮、日本の海の民たちが、海の道をつくって頻繁に行き来し、そのネットワークが遠く小田原まで延びていたことが外郎家の歴史の背景にあったと確認できる旅となった。

明代の街並みが残る石浦古城

兪士吉の旧宅に展示されている出帆の様子を描いたジオラマ

3 唐人町

『北条記』(6)という小田原北条氏五代の歴史を記した本に、「永禄九年の春、三崎の浦へ唐船《からふね》が入港し、錦繍の織物、種々の焼物、沈香《ちんこう》(香木)・麝香《じゃこう》(香料・生薬)・珊瑚《さんご》・琥珀《こはく》の玉などを売物として持ってきた。そのころの関東は大変富貴だったので、ことごとく諸人が買い取り、唐人たちは莫大な利益を得て帰国することになったが、唐人たちのなかには、このように喜びに満ちた所こそ住みたいものであると言い、帰国しないで小田原に留まる者がかなりいた。その者たちは、町家に住居を賜って商人となり、今に、その子孫が小田原に数多くいるとか」(『北条五代に学ぶ』一五四ページ)と記されている。

一五六六年、三浦半島の突端の三崎港に一艘の唐船が漂着した。「唐船」と言っても、唐の時代からタイムスリップして来た船というわけではない。日本人には世界という概念がまだない時代であったから、唐《から》とは単に中国、さらには外国を意味していた。唐辛子《とうがらし》、唐揚《からあ》げ、唐黍《とうきび》、唐草《からくさ》模様《もよう》など「唐」の付く日本語はたくさんある。これらは、主に中国から伝来した食べ物や文物だ

(6) 作者不詳。戦国末期以降に成立。鎌倉幕府が滅亡した一三三三年頃から一五九〇年まで、北条早雲の台頭から北条氏が関東に勢力を伸ばし権力を確立していく過程を、東国の諸戦国大名との関連で記述された軍記物語。

が、唐辛子などはポルトガル人が日本へもたらしたと言われているから、日本人は中国にかぎらず海外から伝来したものの名前の頭に「唐」の文字を付けたと思われる。

　中国からの商船は、通常、博多に入る。嵐に遭って漂流し、たまたま三浦半島に辿り着いたのかもしれない。どこから渡ってきた商船かは不明だが、積載されている商品からすると、南方貿易の盛んな港から来た船であろうと推察できる。当時の関東は豊かで、唐人たちは日本では物珍しい香木や宝飾品を売って大儲けをしたという。

国道1号線の「唐人町」信号標識

　三浦港に渡来した商人のなかには、三浦から小田原へ移って城下に定住した唐人がいた、と書かれている。定住した理由は、住み心地のよさを気に入ったのか、あるいは北条氏が小田原へ招いたのかもしれない。いずれにしろ、城下の一画に居住地が与えられた。

　その場所が、小田原市内に地名が残る「唐人町《とうじんちょう》」である。国道1号線が小田原市民会館へ向かってゆるく右へカーブする地点に、「唐人町」の信号標識がかかっている。現在では唐人町の地名は失われて「浜町」となっており、信号標識のある交差点は浜町三丁目である。

もう一つ、小田原市内を走る箱根登山バスのバス停にも「唐人町」の名が残っている。今では、バスを利用する市民でさえも、なぜこのバス停の名前が「唐人町」と名付けられているのか知っている人は少ないだろう。

唐人町の由来については、江戸時代の初め、一六〇七年に来日した朝鮮通信使の記録である『慶七松海瑳録』に記載がある。東海道を江戸に向かう朝鮮通信使の一行は、現在の小田原南町にある大蓮寺《だいれんじ》に宿泊した。そこへ、葉七官という唐人が訪ねてきたという。

葉七官は中国福建省出身で、乗船中に遭難して小田原に漂着した、と言った。遭難者のうち十数人は翌年に帰国したが、葉氏などは帰国せず、今でも小田原に住んでいると通信使に話した。江戸時代でもまだ鎖国をしていない時代であるから、中国へ帰国しようと思えばいつでも帰ることができたのだが、この葉七官のように、小田原に定住する道を選んだ中国人がいたわけである。そこで小田原の人々は、唐人が住む一帯を「唐人村」と呼ぶことにした。

この記録と『北条記』の記述は微妙に異なっている。『北条記』では三浦の港に入港したとなっているが、『慶七松海瑳録』では小田原に漂着したと伝えている。まったく別の船だったのかもしれない。ただ、翌年に一部の人は帰国し、残りの人が小田原に住んだという話は極めて似通っていることから同一人物の話であるとも考えられる。どちらにしても、唐人が小田原に住んでいたことはまちがいないだろう。

では、なぜ唐人村は、小田原城の真東に位置する場所に設けられたのだろうか。外国人であるから、勝手に城下町に住居を定めることはできなかったはずである。当然、小田原城主である北条家の意向が反映されていたと考えられる。

地図で見ると、唐人町は「ういろう」本店と極めて近い位置にある（見返しに掲載した地図参照）。外郎家の祖先は福建省の北隣である浙江省の出身であるから、外郎家が親近感をもって身元引受人となったとも考えられる。そして、外郎家の身近な場所に彼らの邸宅を用意したのかもしれない。

『北条記』にある三浦の浦に入港した唐人が葉氏らであるとすると、戦国時代の一五六六年に残留した唐人たちは、江戸時代に来た朝鮮通信使の前に姿を現す一六〇七年まで、およそ四〇年もの歳月を小田原で過ごしてきたことになる。仮に遭難したときの年齢が二〇歳だとすると、すでに六〇歳となって老境に達している。

唐人村に住んだ葉氏らは、小田原で四〇年もの間、何をして暮らしていたのだろうか。当然、考えられることは貿易業務である。小田原へ来れば儲かると分かれば、翌年に帰国した中国の海商たちは再び三崎の浦などに来航し、残った葉氏らが海商たちとの通訳や卸業を担ったのかもしれない。

唐人たちが三崎浦に流れ着いたのは、石浦の兪士吉《ゆしきち》が日本へ渡海してから約一五〇年もあとのことである。その間に、航海術も船舶構造も格段に進歩したことであろう。東シナ海だけでなく、南シナ海までも海外渡航が頻繁になった安土桃山時代であれば、彼らはいつでも故郷の福建省へ帰ることができたはずである。にもかかわらず、なぜ彼らは帰国しなかったのか。小田原で家庭をもうけて家族と過ごしていたからなのだろうか。疑問は尽きないが、その後の葉氏など唐人たちの消息を伝える記録は残されていない。

4　御花畑

外郎武氏と話していたとき、「『おはなばた』を知っていますか?」と聞かれた。小田原に住んでいても聞いたことのない地名である。「ういろう」本店と国道1号線を挟んで海側に、「西海子《さいかち》通り」(7)という通りがある。江戸時代は、武家屋敷町として通りの両側には広い庭園のある邸宅が

(7)「西海子小路」とも呼ぶ。サイカチの木が植えられていたことから名前が付いたという説がある。近代になると、通りの両側に広い庭のある邸宅や別荘が並んで、谷崎潤一郎や三好達治などの文学者が周辺に居を構えていた。

並んでいた。開発が進んでいる今でも、その風情が残されている。

西海子《さいかち》通りの春は桜並木が見事である。通りの西側に近い位置に、南へ入るT字路になった小路がある。その突き当りの地域が、かつて「おはなばた」と呼ばれた一画であった。辻に「御花畑」と刻まれた石碑が立っている。その裏側には「おはなばた」と平仮名で刻まれている。「御」の字が付いていることから自然のお花畑ではなく、由緒のある花畑なのであろう。

外郎武氏によると「御花畑」とは薬草園で、北条氏が所管して、外郎家も関与して薬草を育てていた畑があったそうだ。今では地域全体が宅地化されてしまい、そこが花畑であったことを想像することもできない。石碑には次のように書かれている。

この地には、もと小田原北条氏の家臣松田氏の屋敷があった。江戸時代藩主稲葉氏は寛永十一年（一六三四）、京都に上る将軍・徳川家光を御花畑の客室に迎えて宴を催し

西海子通りの桜並木

「御花畑」の石碑

たり参勤交代で通る大名の迎賓館として、また弓・水泳など自身の鍛錬の場として使った。その後、大久保氏の時代には、武家屋敷となり、その末期には長屋や藩の御作事小屋も建てられた。

どうやら、江戸時代初めまで庭園として残っていたようだ。石碑にある松田氏は、北条家家臣団の筆頭格で、北条家一門に準ずる家格を与えられていた。知行高は二八〇〇貫文にもなり、北条氏家中では断トツの北条幻庵《げんあん》（早雲の四男。一七八ページのコラム参照）に次ぐ高禄であった。

松田氏は北条早雲と同じ備前国の出身で、幕府奉公衆も務めた名門の家柄である。筆頭家老であった松田憲秀（?〜一五九〇）は軍事・外交に活躍したが、豊臣秀吉の小田原攻めの際には、籠城戦に際して子の松田政尭《まさたか》（?〜一五九〇）が豊臣軍に内通しようとして発覚してしまった。北条氏の外交責任者という家柄からすれば、秀吉にうまく取りなそうとしたのかもしれない。しかし、政尭は裏切り者として成敗され、父の憲秀も監禁されてしまった。

五代北条氏直《うじなお》が降伏して小田原城が開城されたあと、監禁されていた憲秀は秀吉から主君に対して不忠であるとして切腹を命じられたと伝えられているが、筆頭家老としての責任を取らされたのかもしれない。いずれにしろ、「御花畑」はこのような北条家の重鎮が住んでいた場所でもある。

第2章でも述べたように、北条早雲は伊豆侵攻時に、上陸地の村人が疫病に罹っていたのを同行した医者に治療させたという逸話が残っている。北条家は領民の健康を守る医療に関心が高く、外郎家を招いたのもその施策の一つとも考えられる。ひょっとしたら、同行した医者というのが外郎家の人物だったのかもしれない。そして、薬も輸入するだけではなく、自給できる薬草の栽培が必要と考えてつくったのが「御花畑」であったのではないだろうか。

　この御花畑での薬草栽培は、外郎家とともに薬草栽培技術のある唐人や朝鮮人が担当したという。そのような人たちが住んだ場所が唐人村であった、とも考えられる。

5 外郎家の敷地から発掘されたもの

　一九八五年、先代の外郎藤右衛門康祐氏から、作業所建設にあたり、埋蔵文化財の取り扱いについて小田原市へ問い合わせが入った。そこで小田原市は、基礎工事に立ち会って埋蔵物を採集した。また、一九九三年に本店新築の届けが出され、翌年一月から敷地での発掘調査を行った。発掘調査は八か月にわたり、調査結果は小田原市文化財調査報告書第67号「小田原城下欄干橋町遺跡地点」にまとめられた。

　報告書によると、層別の遺構からは、それぞれ多数の埋蔵遺物が発掘されている。とくに、陶磁器の破片の類は、瀬戸、美濃などの日本産のほかに、中国製の白磁皿、染付碗などが多数発掘されている。なかには、中国・徳化窯《とっかよう》(8)の銘が高台内に書かれた染付皿も発見されている。

外郎博物館には、発掘された破片を接合した陶磁器が展示されている。高台内に「富貴佳器《ふきけいき》」(9)という銘が入っている明代の染付皿も展示されている。これらの中国渡来の陶磁器は、遣明船で輸入された品々であろう。さらに報告書には、「染付皿・大清《だいしん》・康熙《こうき》年製」(10)の銘のある皿の写真も掲載されていた。明代だけでは

(8)中国福建省徳化県にある磁窯。明・清時代に栄え、「白高麗」と呼ばれる半透明乳白色で白玉のような白磁を焼いた。白磁観音像なども焼かれた。

(9)「富貴佳器」と青字で銘が書かれた陶磁器は、明の嘉靖年間から明末にかけて民窯で焼かれたもの。「富貴佳器」は吉祥語で縁起のよい言葉。このほか、「福」「寿」「万福攸同」などと書かれる。

欄干橋町遺跡の発掘現場

なく、江戸時代初期に清王朝が興った以降も外郎家は大陸とつながっていたという証しになる。

外郎家の店舗と住宅は、五〇〇年間も欄干橋の同じ位置にあって移動していないという、日本でも極めて稀なケースである。それゆえ、各地層から出土した発掘遺物は、すべて外郎家で使用していた品々であることはまちがいない。これらの陶磁器は、外郎家が薬の原材料を大陸や朝鮮から輸入する際にあわせて入手した品物かもしれない。時代が変わっても、外郎家は中国と交易を続けていたと考えられる。

⑥ 大年宗奇《たいねんそうき》はいかなる方法で大陸を行き来したのか

話を最初の疑問に戻そう。初祖陳延祐《ちんえんゆう》がどのようにして大陸から来たのかという疑問は、すでに明解となった。つまり、中国の海商による商船に乗ってきたとしか考えられない。金さえ払えば、海商たちの船には誰でも乗れたであろう。まちがいなく言えるこ

「富貴佳器」の銘が入った明代の染付皿

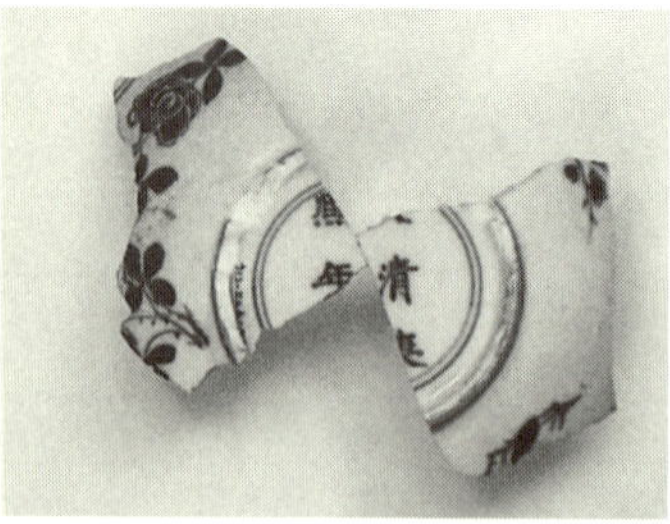
「染付皿・大清・康熙年製」の銘

とは、日本へ帰国する公式の使節船には乗っていないということである。鎌倉幕府と元朝との間で、公式使節船の交流はなかったからである。ただ元代でも、大内氏など地方大名が高僧を招聘したり交易を求めたりする派遣使節の船があったから、その船に乗ったという可能性は残る。

さらに、二代大年宗奇が明代にどのようにして大陸と往復したかの疑問も明解である。言うまでもなく、遣明船で公式使節のような待遇で明国へ行ったと考えられる。公式使節であれば、台州に残る親戚の家まで往復する便宜を明朝側が図ってくれたことであろう。帰りは、遣明船でも中国海商の交易船でも、どちらでも可能であったはずだ。民間の交易船は、すでに定期便のように東シナ海を往来するという時代になっていた。

中国の「明」という時代は、西欧では大航海時代にあたる。一四九二年にはコロンブスがサンサルバドル島に上陸し、一四九七年にバスコ・ダ・ガマがアフリカ南端の喜望峰を回った。そして、ついに一五二二年、マゼラン遠征隊は西回りの世界一周航路を開拓してスペインに帰国している。このときから、人々は世界地図の上を自由に行き来できる時代に入り、ポルトガルやスペインが東西の海原に飛躍した。そして、世界の極東に位置していた日本列島も、室町時代から安土桃山時代を経て江戸時代の初期まで変化に富んだグローバルな時代となった。

---

(10)「康熙」とは清王朝第四代皇帝康熙帝（一六五四～一七二二）のこと。外征をたびたび行って、国境周辺を安定させた。内政でも倹約を進め、減税も行ったため、中国史上最高の名君と言われる。

日本の海商も中国や東南アジアに進出して、盛んに唐物を輸入していた。また、日本から多くの留学僧が渡明して中国の先進文化を日本へもたらし、戦乱の世の中でありながら唐物を愛でて、能楽や茶道など独自の洗練された日本文化を生み出していった。日本も含めて東アジア全体が、地球的な海の時代という大きな潮のなかにあって、自由で活力に満ちていた時代であった。

大陸から日本へ渡ってきた外郎家もまた、大陸との関係を維持しながら京で「透頂香《とうちんこう》」を売る医薬業を家業として日本に根づいた。小田原に移ってからも、薬の原材料の輸入のために大陸との関係は維持していかねばならない。小田原には外国船が入港できるような港がなかったので、厚木の川湊などを陸揚げ地として利用していたという。

江戸時代の鎖国政策以前は、博多や堺を経由して大陸の文物は盛んに輸入されてきた。鎖国政策がとられてからは長崎の出島だけが世界に開いた小さい窓となってしまったが、その小窓からは、清朝やヨーロッパの最新情報と文物が途切れることなく流れ込んでいた。そして、それらが小田原にまで至っていたことを、外郎家の敷地から発掘された「大清・康熙年製」の皿が示している。

前述したように、小田原の街中に「唐人町」という不思議な地名が現在にまで引き継がれている。それは、異国の文物に憧れて、我が物に同化してしまいたいと願う日本人の強い想いが、時代を経てもつながって来たことを表しているようにも思える。

第6章 一夜城

ご存じのように、豊臣秀吉の天下統一の最後の戦いとなった「小田原攻め」によって北条家の一族家臣はすべて小田原を去った。これは、外郎武氏がインタビューでも話していたように外郎家にとっては最大の危機であった。というのも、北条家の家臣であった外郎宇野藤右衛門光治が小田原城の籠城戦に参加していたからである。

以下では、小田原攻めの様子と、その舞台となった一夜城を紹介していくことにする。

1 秀吉の小田原攻めと一夜城

一五九〇（天正一八）年、真の天下人を目指す豊臣秀吉が大軍を率いて小田原へ押し寄せてきた。秀吉の目的は全国制覇であり、「小田原を潰せ！　北条を滅ぼせ」が必要条件であった。開戦の理由は何でもよかった。秀吉は北条氏に言い掛かりをつけて、北条氏討伐の勅許を得た。水

Column 小峯御鐘ノ台大堀切

北条氏の小田原は、戦国時代最大の城郭都市であった。小田原城は地形を巧みに利用した内城（本丸、二の丸、三の丸など）と城下町を囲む大外郭で構成され、城下町を戦禍から保護するとともに、城外に雄大な防禦線を張った構えであった。一番外側の外郭を「総構《そうがまえ》」と呼び、土塁と堀とで造られ、堀は仕切りを伴う「障子堀」であった。総構は３代北条氏康の永禄年間から造りはじめられ、５代氏直の時、豊臣秀吉の小田原攻めがはじまる直前の1590（天正18）年早春に完成した。

「小峯御鐘ノ台大堀切」は、小田原城中にある三丘陵（谷津、八幡山、天神山）の分岐点に造られた小田原城の最も重要な防禦線である。総構の内側に造られ、現在も土塁が残されている。総構としては、南東部の「蓮上院土塁」、南西部の「早川口遺構」、北西部の「総構山ノ神堀切」と「総構稲荷森」などが残っており、壮大な規模の一端を実見することができる（280ページのコラムも参照）。

小峯御鐘ノ台大堀切東堀の遺構

軍も含めて、推定一八万もの大軍であった。

　駿河方面からの箱根山の入り口に築かれた山中城を一日で陥落させて箱根を越え、秀吉軍は湯本にある早雲寺に本陣を構えた。小田原城攻めの戦術はできあがっていた。秀吉は、小田原から三キロしか離れていない笠懸山《かさかけやま》の中腹に本格的な石垣の城を築きはじめた。築城中は木立で隠し、完成後に木を切り倒して一夜で出現したように見せたため、「一夜城」という呼び方で伝わっている。

　関東は平城《ひらじろ》がほとんどである。一夜城はこの地域で初めて石垣をもった城となった。そのことから笠懸山は「石垣山」と呼ばれるようになり、城も「石垣山一夜城」と呼ばれるようになった。石垣は、野面積《のづらつみ》と呼ばれる、あまり加工されていない石を用いて積み上げられている。一見すると不安定に見えるが、石の形が均一でないため石垣の内部に荷重がかかり、崩れにくいという特徴がある。その技術の優秀さは、石垣の遺構が江戸時代からの幾多の大地震にも耐えて現在まで残っていることからも分かる。

　この石垣を積んだのは、近江坂本の「穴太衆《あのうしゅう》」と呼ばれる石工集団である。安土城をはじめとして、戦国時代から江戸時代にかけて多くの城を手がけてきた。最近、「天空の城」として有名になった竹田城も彼らによって施工されている。また、映画『火天の城』（原作：山本兼一、監督：田中光敏、東映、二〇〇九年）でも描かれているので、ご存じの読者もいるかもしれない。

ちなみに、穴太衆《あのうしゅう》の末裔が、現在でも滋賀県大津市坂本で株式会社粟田建設として続いている。

秀吉が小田原攻めのために引き連れてきたのは武士だけではなかった。築城するために、このような石工や大工などの職人たちを多数伴って進軍してきたわけである。

石垣山の西側面に石を切り出した「早川石丁場」(1)があり、その場に残された石から加工方法が分かる。大石に鉄の矢を打ち込むための矢穴《やあな》を一列に彫り、その矢穴に鉄の矢（くさび）を打ち込んで大石を二つに割った。

一夜城の入り口から坂道を登っていくと二の丸跡に出る。そこは、広々とした草地となっている。山の上にこのような広場があるとは……想像をはるかに越えている。山を削って整地したのだろうが、その手間もさぞかし大変だったことだろう。

石垣用の石に残る「矢穴」跡

二の丸跡の北側（小田原側）に小さな台が築かれている。見ると、「櫓台跡《やぐらだいあと》」という石碑が立っていた。二の丸の崖縁に建っていた見張り台であることが分かる。櫓台から下は山の斜面が急激に落ち込んでいるので、この櫓台からは侵入者がよく見えたことであろう。

二の丸の南西側が本丸である。本丸跡は小高い丘のようで、本丸の崖側面を支えた石垣も多数残っている。本丸に登ると、そこも広々とした平地の林であった。本丸跡の奥に一段高くなった「天守台跡」があるが、頂上はそれほど広くないので大きな天守閣が建っていたとは思えない。事実、礎石などの痕跡は何も残されていない。

二の丸の櫓台跡の下、一夜城の北東斜面に井戸曲輪《いどくるわ》がある。曲輪とは、城内の土塁や石垣などで囲われた区画のことであり、一夜城には本丸の下に西曲輪と南曲輪がある。井戸曲輪とは、一夜城の水源となった井戸があった区画のことである。籠城の際には水の確保がもっとも重要であることから、井戸の周囲を石垣で補強するほど強固に造られている。もともと沢のような地形であったようで、二の丸から二五メートルも下った所にある。

井戸曲輪の石垣遺構の保存状態は極めてよく、見事な野面積《のづらづみ》の造作がよく見える。今では井戸穴の底にチョロチョロと清水が流れる程度だが、当時は満々と水をたたえていたという。淀殿《よどどの》（一五六九～一六一五）がこの池のような井戸で沐浴をしたと伝わることから、「淀君化粧井戸」とも呼ばれている。

（1）早川に注ぐ関白沢の東側にある石垣用の石を切り出した岩場。箱根火山により生成された安山岩を産出する。江戸城の石垣造営にも使用された。

写真で見る一夜城

碑が立つ入り口

本丸の石垣

「二の丸」跡。正面が「本丸」跡

「井戸曲輪」の山斜面を囲む石垣

天守台跡

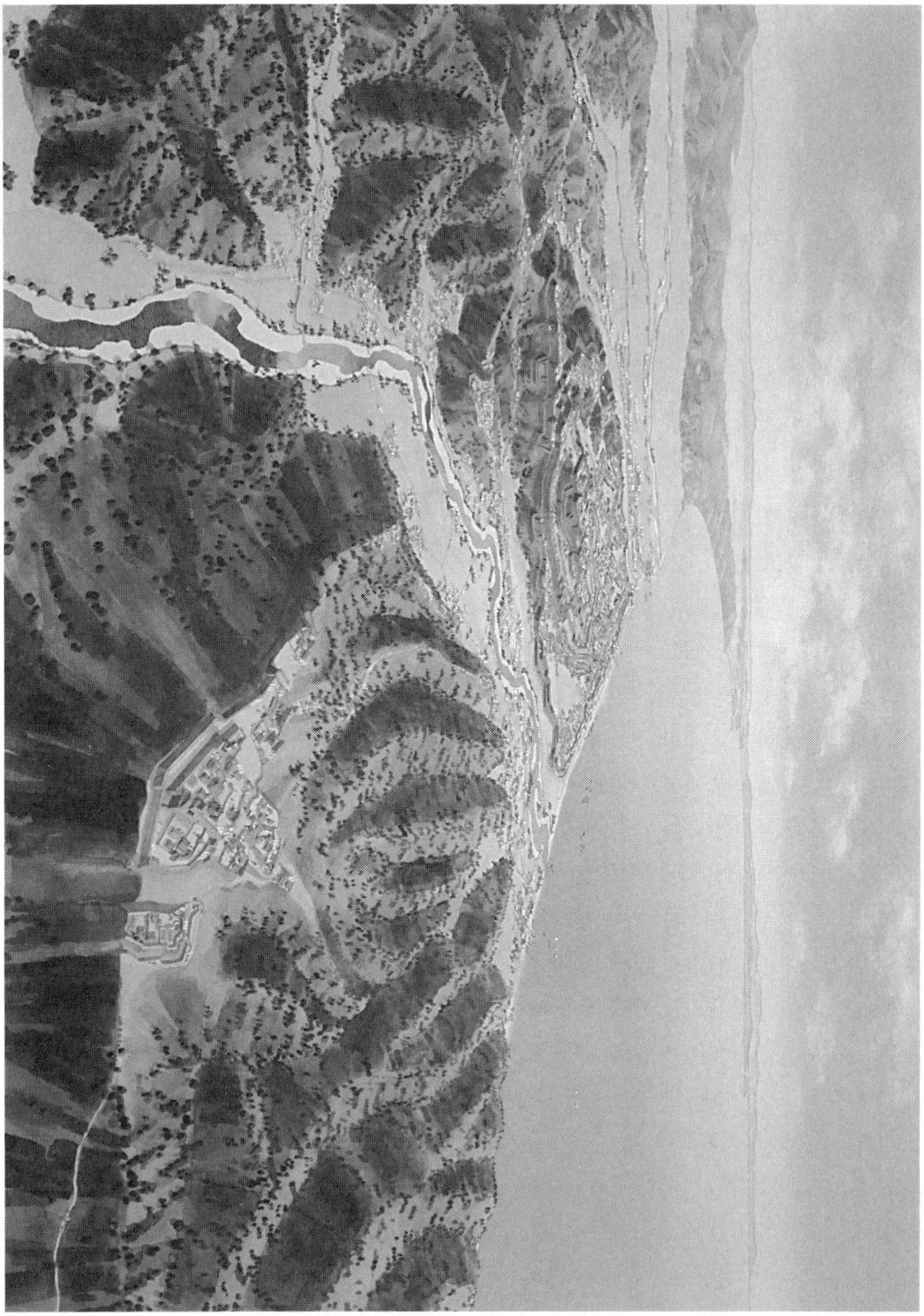

一夜城から見た小田原城総構の俯瞰図（作画：藤井尚夫）

標高二五七メートルの本丸跡の展望台からは小田原市街が一望できる。石垣山の北面側は大きく足柄平野が開けているので、相模湾の海岸線が緩やかに弧を描いているのが見え、晴れた日には遠く三浦半島や房総半島も望むことができる。一方、小田原駅方面を眺めると、眼下に小田原城が丸見えとなる。小田原城内の動きが手に取るように見えるわけだから、天下の名城と謳われた小田原城も裸同然と言える。

小田原攻めの最高のポイントを押さえたわけだから、やはり秀吉は優秀な参謀たちを抱えていたようだ。小田原城内で深刻な小田原評定《おだわらひょうじょう》(2)が繰り返されていたころ、秀吉は戦《いくさ》を軍師たちに任せて、日々茶の湯を楽しみ、優雅に淀殿《よどどの》と過ごしていたという。

改めて石垣山一夜城の遺構を訪れると、急な山

本丸跡の展望台から見た小田原城（○内、位置は江戸時代以降）

斜面でありながら本格的に石垣を積んで築城されたことに驚かされる。小田原城を攻めるために、これだけの大工事をする城が必要だったのかと、疑問に感じたほどである。やはり、秀吉は天下統一の最後の戦いである小田原攻めを簡単に終わらせるつもりがなかったのかもしれない。

一夜城は、長期戦に備えたとか、威信を天下に示すために築城したと言われているが、目的はそれだけではなかったように思う。秀吉は全国の大名に小田原まで大部隊を出陣させ、土木工事を請け負わせ、戦費を浪費させたのだ。さらに、秀吉が淀殿を伴ったことに倣《なら》わせて、諸大名にも奥方や側室を呼び寄せさせたという。小田原攻めが長引けば長引くほど、動員された大名たちの財政は疲弊する仕組みとなっている。秀吉は天下の先を見据えて、したたかにも諸大名の弱体化を狙っていたのかもしれない。

秀吉の大軍を迎え撃つことになってしまった北条家の対応もまずかったと言える。大軍を迎えながら、重臣による評定では籠城派と出撃派に分かれて軍略がまとまらず、三か月にわたる籠城のすえに和議を結んだ。

五代北条氏直は、前述したように徳川家康の計らいもあって高野山に蟄居《ちっきょ》となったが、籠城・抗戦を唱えて、関白となった秀吉を「猿冠者」と呼んで憚らなかった四代氏政《うじまさ》は、三代氏康の三

（2）北条氏における評定衆による重臣会議のこと。北条家では、家臣も軍略会議に出席させていたし、議論をする際には積極性が望まれていた。

男である北条氏照《うじてる》（一五四〇〜一五九〇）とともに切腹させられている。小田原駅近くの繁華街に、大大名にしては小さなこの二人の墓がある。

さて、籠城に加わった外郎家の八代光治はどうなったのだろうか。第1章のインタビューで外郎武氏が答えているように、無事に解放されている。秀吉にとっても、小田原を支配するためには京からつながる伝統と格式のある外郎家のような存在が必要であったにちがいない。

筆者の勝手な推論であるが、朝廷へ外郎家の存続を働き掛けた公家がいたのかもしれない。京の公家社会や京町屋に強力なネットワークをもつ外郎家は、秀吉が全国の有力武将を従え、最新の武器を携えて京を

繁華街の裏通りにある氏政と氏照の墓所

発ったという情報をいち早く入手していたはずである。よって、秀吉軍が京を出陣した時点で、戦いの行く末を見通した外郎家が朝廷中枢の公家たちにあとを託したとも考えられる。

征夷大将軍になれなかった秀吉にとっては、朝廷での高位高官は熱望した地位であった。その弱みを突くことなど、手練手管の公家にとってはお手のものだったと思われる。

いずれにしろ、秀吉は外郎家が小田原に残って存続することを許した。外郎家は、武家の役割は捨てて医薬業に専念することで、最大の存亡の危機を乗り越えることができた。

後年、徳川家康が天下を取って江戸時代になっても、外郎家は小田原藩主大久保家の庇護を受けている。外郎家は、小田原宿の町衆を束ねる宿老《しゅくろう》（一五ページの注参照）を担う名家として栄え続けた。そして、幕末・明治維新の動乱も乗り越えて、現在まで小田原で五〇〇年の歴史を積み重ねてきた。

2 千利休から山上宗二《やまのうえそうじ》へ

秀吉の小田原攻めにおいて一人の茶人がかかわっている。千利休（一五二二～一五九一）の高弟であった山上宗二（一五四四～一五九〇）である。小田原の茶の湯の歴史は、戦国の北条時代まで遡る。北条家一族や家臣たちは、戦《いくさ》の合間に茶の湯を楽しんでいたと伝わっている。北条時代の末期、北条家の人々へ茶の湯を指導したのが山上宗二であった。

　豊臣秀吉が権力を確立する時期に、山上宗二は千利休のもとを離れて小田原に下向している。権力のただ中にいた宗二は、いったいなぜ京を離れたのであろうか。そして、小田原攻めの折、宗二は利休の取り成しによって陣中で秀吉に接見しているが、秀吉の逆鱗《げきりん》に触れて鼻と耳を削がれ、斬殺されるという壮絶な最期を遂げたと言われている。宗二は、秀吉に何を直言したことで逆鱗に触れてしまったのであろうか。このような茶人・山上宗二の生きざまを簡単に辿ってみたい。


　宗二が著した『山上宗二記』（以下『宗二記』）の冒頭に、茶の湯が盛んとなった経緯が書かれている。簡単に要約しておこう。

「東山での遊興に飽きていた第六代将軍足利義政へ、同朋衆《どうぼうしゅう》の能阿弥《のうあみ》が茶の湯というものがあると教え、村田珠光《むらたじゅこう》を紹介した。義政は茶の湯が気に入り、珠光を師匠と定めて、茶の湯だけを一興として楽しんだという」

　しかし、このような経緯は能阿弥の生没年とあわないため、現在の学説では否定されている。経緯は別にしても、世の中は茶の湯が大いに盛んとなって、『宗二記』にも「その比《ころ》、天下に御茶湯仕《つかまつ》らざる者人非仁《にんぴにん》に等し」と書かれているほどの様子となっていた。大名から町人以下まで茶の湯にのめり込み、茶の湯を極めて名物を所持する者は、誰でも将軍の茶の湯座敷に召されて御咄《はな》しに加えられたというわけだ。

このような機会が得られることから、京や堺の金のある町人は競って名物を買い求めて所持した。茶の湯をやらなければ「人でなし」というのもずいぶんな話だが、それほど身分の差を超えて大流行したということである。

室町時代中期に村田珠光がはじめた「侘び茶」は、武野紹鴎《たけのじょうおう》(3)、千利休と引き継がれて洗練されていった。宗二は、一五四四年、堺の豪商「薩摩屋」に生まれた。父親は山上宗璧《そうへき》といい、和歌や茶の湯など風流を好む数寄者《すきもの》であった。

宗二は若いころから、父宗璧と京の辻玄哉《げんさい》(4)に茶の湯の手ほどきを受けた。一五六五年、二一歳の宗二が、堺の豪商で茶人である今井宗久《いまいそうきゅう》(5)を招いて茶会を開いた、と『今井宗久日記』に書

(3)（一五〇二～一五五五）堺の武具を扱う豪商で茶人。京都の別邸に住んで、若くして三条西実隆に和歌や連歌を学んだ。三〇歳まで連歌師だった、と『宗二記』にある。三一歳で出家して大徳寺に参禅し、堺に南宗寺が建てられて大徳寺禅を広めた。村田珠光の弟子である藤田宗理に茶を学び、和歌の精神を茶の湯にもち込み、茶道の侘び寂びを確立した。「侘敷《わびしき》」という三畳半の茶室を考案し、千利休の侘び茶に大きな影響を与えた。

(4)（?～一五七六）安土桃山時代の京都の呉服商で茶人。武野紹鴎の弟子で、松尾流の流祖。千利休に村田珠光以来の台子点前を伝授したとされる。三条西実隆から歌学も学んだ。

かれている。宗二の茶道界へのデビューである。そのころから、宗二は千利休のもとで茶道を学び、茶の湯の技に磨きをかけていたと思われる。

八年後の一五七三年、二九歳のときに茶道界の中央である京に現れた。京に入って天下人の歩みをはじめていた織田信長が、妙覚寺（京都上京区）で一一月に開いた茶会に今井宗久らとともに招かれたというから、すでに宗二の名は茶人として通っていたと考えられる。

茶の湯が盛んであった堺は、会合衆《えごうしゅう》と呼ばれる三六人の堺商人たちによる合議制で統治されており、大名の支配を受けずに自治制を敷いて、独立政権の様相を呈していた。海外貿易港を抱えていた堺は、戦さに必要な武器などの軍事物資を独占的に調達・製造・販売もしていた。堺の豪商は戦国武将たちの戦《いくさ》を支え、膨大な利益を上げていたわけである。

堺の経済力に目を付けた織田信長は、一五六八年、堺へ二万貫の矢銭《やぜに》(6)を要求した。会合衆は抵抗したが、今井宗久だけは信長の要求に即座に応じている。今井宗久という人は、時代を読み、人物を見分ける先見の明があったのかもしれない。このとき宗久は、武野紹鴎《たけのじょうおう》伝来の「松島茶壺」と「紹鴎茄子」という唐物茶入れを献上して、信長に茶の湯を教えたと言われている。

堺は堀で囲まれた城郭のような町であった。堺の会合衆は堀の内に籠って信長に抵抗したが、結局、信長軍に町全体を包囲されて、翌一五六九年に二万貫を差し出して降伏した。もとより堺の取引・流通機能の重要性を認識していた信長は、堺を重要拠点として保護するようになった。

先立って信長に接近して鉄砲の独占販売権を得た今井宗久は、これによって堺一の豪商に成り上がった。

このような経緯のもと茶の湯の面白さを知った信長は、今井宗久と津田宗及《つだそうぎゅう》を「茶頭《さどう》」と呼ばれる指導者として取り立てた。そして、一五七四年ころ、宗久の紹介で千利休が信長の茶頭となった。宗久の世渡りの才覚によって利休が世に出たとすれば、先を読むという宗久の生き様は利休の生き方にも反映されていたにちがいない。

一五八二年、誰もが想像もし得なかった大事件が起きた。本能寺の変である。茶の湯にのめり込んでいた織田信長は、出陣にあたっても愛玩の茶道具を多数携え、戦場においても茶の湯を楽しんでいたが、目的はそれだけではなかった。軍功を上げた武将へ、数百貫、数千貫もする茶道具を褒賞として惜しげもなく与えていたのだ。

茶道具を名物であると評価したのは、足利将軍時代は同朋衆であったが、信長の時代になると茶頭がその全権を握っていた。つまり、千利休が「よい」と言えば、それだけで価格が暴騰する

（5）（一五二〇～一五九三）納屋衆、つまり堺の自治組織で町政を仕切った集団の一人。茶を武野紹鴎に学び、織田信長と豊臣秀吉に仕えた。千利休、津田宗及とともに「三宗匠」と呼ばれる。

（6）戦国時代に幕府や大名が臨時に賦課した軍用金のこと。室町時代の貨幣単位は「貫」「文」「疋」で、一貫≒一〇万円という試算があるので、二万貫は約二〇億円となる。

ほどの影響力があったわけである。ある茶入れが転売されることによって価値が倍以上になるというのも当たり前となるほど、戦国時代の茶道具狂いはバブルの様相を呈していたと言える。換言すれば、目利き《めき》の一言が茶の湯を嗜む人の資産価値を左右したとも言える。

利休が切腹させられたのは、利休を妬んだ者が秀吉に讒言《ざんげん》したからだという説がある。利休の罪状には、大徳寺山門木像事件(7)のほかに「茶器売買の不正行為」があった。勝手に法外な値段を付けて裏で大儲けしていたというわけである。言い掛かりと取れなくもないが、利休の評価によって損得が決まるわけだから、大儲けした人もいれば大損をした人もいたということだろう。一介の茶坊主のくせに、と妬まれても不思議ではない。

さて、本能寺で織田信長を襲った明智光秀を「中国大返し」で滅ぼして、後継者となったのが豊臣秀吉であったことはよく知られている。その秀吉の茶頭には、引き続き千利休が取り立てられた。秀吉には「お茶頭八人衆」(8)と呼ばれた茶頭が八人いた。利休の弟子である山上宗二も、その茶頭の一人として選ばれている。

しかし、茶人としての地位を極めた利休の心境は複雑なものであったと思われる。侘び茶をめざす利休が、なぜ「黄金の茶室」で茶を点てたのか。成り上がり者で黄金好きである秀吉は、利休が嫌悪することを承知のうえで造らせたのだとも言われている。利休は秀吉の権力の前に跪か《ひざまづ》されたのだ、と。

だからといって、秀吉の前で利休が媚びていたとは思えない。秀吉は百姓から関白まで成り上がった男であるから、おもねる人間の心理は手に取るように見えたはずである。利休は秀吉にへつらうこともなく、冷静に対応していたと思われる。

侘び茶が大成される前の室町初期、「婆娑羅《ばさら》者」と呼ばれた大名が室内を唐物で飾り立て、その豪華さを競って自慢していた。派手な着物を着て馬鹿げた騒ぎを楽しむなど、婆娑羅者は豪奢で破壊的な美を追求した。その時代の茶の湯は「闘茶《とうちゃ》」呼ばれたもので、数種の茶を飲み比べて産地を当てるという賭け事であった。それもまた文化であり、文化のありようが時代を反映しているとも言える。

確かに、侘び茶だけが茶の湯ではないだろう。現在の茶の湯は、婆娑羅の茶が侘びの茶に発展してきた結果であろう。日本的な美意識には「侘びの文化」と「婆娑羅の文化」があり、その二つの流れが互いに交錯しながら発展してきたのではないかと思う。そう考えれば、秀吉が造った「黄金の茶室」などは婆娑羅文化の典型であると言えるかもしれない。

（7）大徳寺の三門「金毛閣」を造り替える際、利休が資金を出している。三門が完成すると、大徳寺住持が謝意を表すために利休像を造って三門の上に祀った。それを秀吉は、高貴な方が通る三門の上に草履をはいた利休像を置くとは、高貴な方の頭を踏みつける行為と同じだと怒って切腹を命じたという事件。

（8）今井宗久、津田宗汲、千利休、山上宗二、重宗甫、山岡宗無、万代屋宗安、千道安の八人。

侘び茶を大成した利休は、冷徹に柔軟であったのではないだろうか。利休は、秀吉の求める成り上がりの美にも、そこに生身の人間のより根源的で原始的な美的欲求を見いだしていたのかもしれない。山上宗二は、そんな利休のもとで二十数年にも及ぶ稽古を続け、利休の奥伝《おくでん》を授けられ、茶道の思想までも身に着けた第一の高弟と評されるまでになった。そして、利休の引き立てで秀吉の茶頭となったわけである。

③ 天下の「別天地」

宗二は茶の湯の世界で順調に出世し、お茶頭八人衆では四番目に位置づけられるまでになったが、一五八三年一〇月、突然秀吉の怒りを買い、牢人となってしまった。何が原因で秀吉を怒らせたのかは定かでない。一〇月九日夜、津田宗及の餞別茶会を最後にして、宗二は加賀前田家を頼って堺を後にしたという。

とはいえ、翌年の五月には堺に戻っているから、秀吉の怒りは解けたのかもしれない。しかし、一五八六年一〇月、秀吉の弟で大和郡山城主の豊臣秀長（一五四〇～一五九一）に茶席を設けたあと、「茶会記《ちゃかいき》」(9)からその名は見られなくなった。恐らく、秀吉の怒りは解けていなかったのだろう。

翌年は高野山で過ごした宗二だが、いよいよ関西には安住の地がなくなってしまったのか、一五八八年二月に東国へ旅立った。目指す先は関東である。もっとも、宗二の辿った背景に何があったのかを明確に示す資料は残されていない。それゆえ、秀吉の怒りを買って逃げ回っていたというのも一説にすぎない。研究者によっては、加賀へ行ったのも、秀長の茶頭を担ったのも、すべて秀吉の指示であったとする人もいる。まったく真逆の学説が存在しているわけだが、最期は秀吉に斬殺されてしまっているのだから、宗二が前田家などと秀吉のつなぎ役をしていたという説は説得力に欠ける。

一五八七年、秀吉は九州を平定した。残すは東国のみとなった。この時点で秀吉への恭順を示さないのは、関東の北条氏と東北の伊達氏だけである。天下をほぼ掌握していた秀吉の影響が及ばない所、その場所が関東であった。関東は「天を別にする天下の地」、すなわち「別天地」であったのだ。そして、その中心に小田原があった。

戦争が起きれば必ず敗者が出る。敗者が勝者に恭順して許されれば、部下となって傘下に入る

（9）茶事を記録した日誌のこと。茶会の日時、場所、道具立て、会席膳の献立、参加者名などが記されている。歴史学では、日時・人が分かる重要な資料となっている。

こともできるが、「二君に仕えず」と亡き主君への忠心を最期まで示す武者もたくさんいた。日本各地で、秀吉に敗北して牢人となった武士が巷に溢れていたことであろう。彼らは征服者である秀吉から逃れて、秀吉の影響下にない地を求めたのではないだろうか。戦さに敗れて恨みを抱えながら再起を期待した牢人たちは、別天地の小田原を目指したことだろう。

　敗者となった武士のなかには、武士を諦めて商人になった者もいた。小田原に四五〇年の歴史を誇る老舗商店「みのや吉兵衛」[10]である。「みのや吉兵衛」を創業した浅井吉兵衛は、浅井長政（一五四五～一五七三）の一族で、浅井氏の領地であった美濃国《みののくに》で仕えていた。浅井家が織田信長に滅ぼされると武士を捨て、京に出て商人となったそうだ。美濃国の出身であるから、屋号を「みのや」としている。

　外から来て京の商人となった武士には、秀吉天下の都は住みづらかったと思われる。嫌でも、

「みのや吉兵衛」の店頭

敵《かたき》である秀吉の豪奢な日々の噂が耳に入ってくる。耐え難い心情に晒されていたであろうことは想像に難くない。それゆえ、京出身の小田原「ういろう」を頼って小田原へ移住した。「みのや」以外にも、秀吉の天下から逃れて別天地の小田原を目指した人々が数多くいたことだろう。

山上宗二もまた、いづらい関西を後にして関東を目指した。北条氏が武骨な田舎侍《いなかざむらい》であったならば、宗二は小田原に留まることはなかったであろう。幸いにして北条氏は五代を重ねて、歴代当主は勇猛な武将でありながら文芸も嗜んでいる。才能を磨く環境としては申し分がなかった。それは、初代の北条早雲が書き残したとされる「早雲寺殿廿一箇条」（六一ページ参照）を読むことで証明されただろう。

京の文化人が小田原に立ち寄れば、北条家は敬意をもって歓待した。そして、文芸の指導を求めたことであろう。彼らは当主・家臣たちと連歌の会や茶席を設け、北条氏から指導の対価として多額の謝礼を受け取った。北条家は、早雲が蔵に針を積んでも戦《いくさ》には宝を惜しまなかったのと同じように、一流の文化に金を惜しむことはなかった。

先にも述べたように、武骨な武将のイメージでしか描かれない北条五代であるが、決して好戦

---

(10)（株）美濃屋吉兵衛商店。一五五〇年頃に創業され、四五〇年以上の歴史ある小田原の老舗。当初は「たたき」「梅干」など漬物商として出発して、現在は二三代目となっている。名物は三五〇年前から続く「糀入りいかの塩辛」で、水産練製品や蒲鉾、塩辛、干物、梅干などのほか、皇室献上賜品の蒲鉾「美濃」を扱っている。

的なだけの一族ではなかった。文化を大事にした北条家の小田原城下には、全国から商人や文化人が集まり、大いに栄えていたのだ。

成り上がり者の豊臣秀吉を忌み嫌って小田原へ流れて来た人々は、上杉謙信や武田信玄が一〇〇年もの間落とせなかった小田原城を、天下の別天地を守る強固な要塞であると世の中に流布したことであろう。何度も秀吉の逆鱗に触れながら、そのたびに逆境を切り抜けてきた宗二もいよいよ覚悟を決めたと思われる。宗二は、秀吉の天下から逃れてフロンティアを目指したわけである。

とはいえ、いつ頃、どのような経路を辿って宗二が小田原に入ったのかは明らかではない。『宗二記』の「天正十六年（一五八八）二月二十七日付」の奥書に、「今日東路ヲ指テ罷下候」（今日、東路をさしてまかり下りそうろう）とある。そして、「牢人之難儀者雖其数々候、少ハ楽モ御座候、国々名所旧跡可令一見候、其上富士浅間武蔵野奥州松島平泉迄と任□候、」（牢人の難儀は数々あるが、少しは楽しみもあろう。国々の名所旧跡を一見してみよう。さらに、富士、浅間、武蔵野、奥州松島、平泉まで行ってみよう）と続けている。

当時としては、京を離れて東国へ向かうことは都落ちの最たるものであった。東国には、うら寂しい枯野の広野がどこまでも広がっているというイメージでしかなかった。それを、「古来和歌に詠われた名所を回る楽しみがある」と書いている宗二の心境は、無理をして気張っているようにも感じられる。しかし、『宗二記』の裏書に書いたような東国への旅を宗二はしていない。東国の入り口へ着いたばかりの宗二は、小田原に留まることにしたのだ。

4 山上宗二と小田原の茶の湯

東国へ旅立つ前、宗二はこれまで培ってきた茶道の知識と体験を『山上宗二記』に著した。茶道の秘伝書である。「天正十六年（一五八八）正月」という奥書のある本は息子の伊《い》勢《せ》屋《や》道七《どうしち》(11)に与えられ、「正月本」として伝わっている。表千家に伝わる自筆本は、裏書が二月となっていることから「二月本」と呼ばれている。これらの諸本は、当時の書物としては珍しく数多く伝わっている。それだけ、茶の湯を心掛ける後世の人々にとっては大事な書物なのだろう。

一五八九年二月に小田原で茶会という記録があるから、前年二月初めに出立して、年末までに小田原へ定着したと考えられる。小田原に着いた宗二は、さっそく北条氏家中の人々へ『宗二記』の伝授をはじめている。同年二月に、北条家臣である板部《いたべ》岡江雪《おかこうせつ》に『宗二記』を書き与えたほか、

(11) 生没年不詳。安土桃山時代の堺の商人・茶人。宗二の子であるが、伊勢屋の養子となった。徳川家康の茶頭を務め、のちに藤堂高虎に仕えた。「天王寺屋会記」に一五八四（天正一二）年の秀吉茶会に、千利休・今井宗久らとともに招かれたと記録されている。

翌年には、下野国《しもつけのくに》長沼城主・皆川山城守広照《みながわやましろのかみひろてる》(12)にも伝授している。皆川山城守は、雲行き不穏な情勢下で北条氏を支援するため小田原に来ていたのだ。

宗二は利休の間近にいて、秀吉から利休に示される無理難題のやり取りを見聞きしていたにちがいない。利休が求道する「侘び」が、秀吉には理解を超えた世界であることも知っていたであろう。一方、その苦悩をおくびにも出さない利休の姿を見て、宗二はどのように思ったことだろうか。

従来、宗二の人物像は強面《こわもて》で口が悪かった、と伝えられている。たとえ秀吉の前であっても諫《かん》言《げん》を憚らなかったので、秀吉の怒りを買ったのだ、と。しかし、利休が第一の高弟として育ててきた宗二である。それほど単純な人物であるとは思えない。利休は秀吉の前では自ら身を低くして、「関白様の前ではこうせよ」と幾度となく宗二に教えたにちがいない。師匠の身体を張った姿を目にして、宗二は利休の教えを身体に刻み込んだことであろう。だが、秀吉の意向に逆らえない利休の立場と、秀吉と真逆の茶道の心を求める利休の精神の葛藤を、宗二自身は受け入れることができなかったのではないだろうか。

利休のもとに居続ければ、利休と同じように天下人・秀吉との葛藤に満ちながら粛々と茶の湯をこなすという生き方をせねばならない。宗二が実直で純粋な人物であったとすれば、利休ほど冷徹に秀吉に仕えることはできなかったと思われる。口の悪い性格から秀吉に逆らったというよりも、その純粋さゆえに、茶の湯の真髄だけを追求する生き方が許されない状況に耐えられない、と宗二は考えたのではないだろうか。

『宗二記』には、宗二の茶道への考え方が示されている。茶人がもつべき心得として、「茶湯者の覚悟十体《じってい》(13)の事」を提示している。「心得」などという生易しい表現ではなく、「覚悟」としているところに宗二自身の覚悟が感じられる。「十体」では、目上の人へ接すること、日々の生活のありようなどを示している。この内容そのものは、村田珠光から武野紹鴎《たけのじょうおう》へとつながる奥義で、それを宗二が「覚悟十体」としたのである。

このなかで興味深いのは、「きれい数寄。心の中猶以専也《なおもってもっぱら》」という一体である。茶人は「きれいずき」でなければならないが、心の中からこそ「きれいずき」でなければならない、としているのだ。名物を集め、茶の湯の作法が上手なだけの数寄者《すうきもの》では真の茶人とは言えない、日々の生活でも人間関係においても「きれいずき」でなければならない、と宗二は言っている。

さらに、「覚悟十体」に続いて「また十体の事」を追加している。こちらのほうが詳しく長い文章となっている。そのなかに、次のような一体がある。

---

(12)（一五四八～一六二八）織田信長に名馬を贈り懇意にして、関東に赴任した信長の家臣滝川一益に仕えたが、北条氏に敗れて家臣となった。小田原攻めでは早々と徳川家康に降伏して、所領を安堵された。

(13)十種類の意味。漢字の十種の書体、漢詩の十種の風体、和歌の十種の様式「和歌十体」などと用いる。

「常の茶湯成共《なりとも》、路地にはいるから立つ迄、一期に一度之参会之様に、亭主をしつして威《お》づべきと也」

簡単に要約すれば、茶会に臨む際には、その機会は二度と繰り返すことのない一生に一度しかない出会いであることを心得て、亭主と客が互いに誠意を尽くして接する心構えを示すべき、ということであろう。

茶道では、「一期一会」が大事にされている。現在この語は、幕末の大老であった井伊直弼（一八一五～一八六〇）の言葉として知られている。宗二は直弼の二五〇年も前に、まったく同じ意味を「一期に一度」と言っていたのだ。日常的な茶の湯であっても、亭主たる者は「一生に一度」の機会と考えて客人に接しなければならないというのは、もっとも重要な覚悟であろう。命が明日をも知れない戦国時代であればこそ、その日の茶事は今日が最後であるかもしれない。「一期に一度」という言葉は、より一層生々しい覚悟に感じられる。

宗二には独創的な才能があった。利休の黒楽茶碗は有名だが、実は、宗二が初めて楽長次郎(14)の「赤楽茶碗」を茶の湯に用いている。宗二が最初に用いた長次郎の楽茶碗は、その後利休の常用するところとなり、楽家は千家十職《せんけじっそく》(15)として今日に至るまで千家の茶道を支えてきている。また、天下一の高麗茶碗とした「井戸茶碗」は、宗二が自ら見いだしたと『宗二記』に記されている。

宗二が催す茶席では禅宗高僧の直筆である墨跡の掛け軸を多用したが、それまでの唐物水墨画に代わって墨跡がその後の茶席の標準となった。茶席の水指、花入れ、建水《けんすい》のすべてに備前焼を用いて、侘び茶を視覚的に表現した。このような宗二の創造的で先進的な才能を、利休は高く評価していたはずである。利休が茶道を完成させていく過程において、その卓越した独創的な発想をする宗二は欠かすことのできない人材であった。

一方、宗二自身はどのように感じていたのであろうか。宗二が小田原へ留まったのは、北条氏に歓待されて強く引き留められたからかもしれない。しかし、まったくの仮説だが、天下の別天地たる小田原の地ならば、秀吉の顔色をうかがうこともなく、思う存分茶の道を創造できると宗二は考えたのではないだろうか。小田原に来て、自分の茶の湯を考えられる自由を得たとすれば、宗二はかぎりない開放感を感じたことであろう。そこには、もはや秀吉への反発もなく、利休への思慕もなかったと思われる。

(14)（?～一五八九）安土桃山時代の京都の陶芸家で、楽焼を創始した。楽家の楽吉左衛門の初代。父は明国の工人が渡来したと云われる。轆轤《ろくろ》を使わず、へらと手だけでつくる「手捏《てづく》ね」の茶碗は侘び茶を求める千利休に好まれた。現代まで千家十職の一つとして歴史を重ねている。

(15)千利休を始祖とする三千家に出入する十の職の家を示す尊称。千家好みの茶道具を制作する。現在の十職は、茶碗師：楽吉左衛門、釜師：大西清左衛門、塗師：中村宗哲、指物師：駒沢利斎、金物師：中川浄益、袋師：土田友湖、表具師：奥村吉兵衛、一閑張細工師：飛来一閑、竹細工・柄杓師：黒田正玄、土風炉・焼物師：西村善五郎。

宗二は茶の湯の本流のあるべき姿を独自に求めて、北条家家中への茶道指導と秘伝本の伝授を通して、利休とは異なる茶人の人生を模索したかったのではないだろうか。となると、自由な創造の喜びをもって日々を過ごしていたと思われる。小田原の人々は、そのような宗二の姿を見て、創造的な茶の湯の何たるかを学んでいったことであろう。それがまた、宗二の喜びとなったはずである。

5 山上宗二の最期

一五九〇年四月五日、秀吉軍は早雲寺に本陣を設けたということは先に述べた。宗二が『宗二記』を書き与えた長沼城主皆川広照《みながわひろてる》は、早々と四月八日に徳川家康へ投降している。北条氏に攻められて家臣となった立場であれば、北条氏の滅亡に付き合う気などさらさらなかったのであろう。宗二も皆川広照に従って小田原城を出たと伝わっている。

千利休は宗二のことを常に気に掛けていた。とはいえ、権力者のもとで放逐された者を復活させることは容易ではない。利休は、小田原攻めの勝利を目前にして上機嫌の秀吉に宗二を取り成した。会見場所が早雲寺であったのか、一夜城であったのかはいまだ研究課題のままとなっている。

宗二が秀吉に拝謁しようと思ったのは、再度秀吉に仕えるように取り計らった恩師の顔を立てたからかもしれない。にもかかわらず、秀吉の前で再び余計なことを言って激怒させたというのが通説となっている。しかし、別天地としての小田原の文化を何とか残したいと秀吉に訴えたと考えたほうが、勝負の行方が見えている状況下であるだけに純粋実直な宗二のやりそうなことのように思える。

北条家家中の人々は、宗二の追い求める侘び茶に感服して茶道に傾倒したのではないだろうか。秀吉の求める豪奢な茶と宗二の理想とする侘び茶が相容れるはずもない。京に戻って、「わしに仕えろ！」という秀吉の命令を慇懃に拒絶して、「私は小田原

早雲寺の本堂

にて真の侘び茶を追い求め、この地に骨を埋めとうございます」と、自らの創造的な茶道を確立したいと訴えたのではないだろうか。

だとすれば、茶道も自分の支配下にあると信じる秀吉の逆鱗《げきりん》に触れてしまったと思われる。当然、「何をほざくか！」、「何が真の茶の湯だ！」と、宗二の耳と鼻を削いで身体を刻んだのだろう。「わしに従わぬ者はこうなる」という見せしめでもあったのだろう。山上宗二の凄惨な最期であった。

今日まで、山上宗二の墓はどの地にも伝わっていない。斬殺されたあと、どこかへ打ち捨てられたのだろう。早雲寺（一七五ページの注参照）にあるのは、一九八〇年に建立された山上宗二の追善碑である。早雲寺は北条早雲の菩提を弔うために、二代北条氏綱が建立したものである。以降、北条家の歴代当主が寄進して、広大な敷地と多くの塔頭を抱えた寺院となっていた。

秀吉は、一夜城が完成して本陣を移すとき、早雲寺を焼き

山上宗二の追善碑（正面）

尽くしている。信長の比叡山焼き討ちを間近に見た秀吉は、領地確保のためであるならば神社仏閣であろうとも容赦はしないという残酷さを学んできた。

本格的な城である一夜城を、たった八〇日間で完成させるためには、地元からも大量の職人や人夫を強制徴発しなければならなかったはずである。小田原城に籠っていても、城外では領民が次々と大量動員されているという情報は北条側へ容易に伝わっていたであろう。ゆえに、一夜城の築城中は木立で隠し、完成すると木を切り倒して一夜で突然出現したように見せたことで北条軍が驚いたという話は、北条氏を嘲るための後世のつくり話だと思われる。

小田原城から箱根方面を眺めていた北条氏と家臣団は、一夜にして出現した「一夜城」に驚いたのではなく、劫火《ごうか》に包まれた早雲寺を目にして、仏を仏とも思わない秀吉の暴虐に怒り嘆いたのであろう。

歴代当主を祀る早雲寺を焼かれたことは、結束の固い北条

山上宗二の追善碑（裏面）

家一族・家臣にとっては精神的な打撃になったと思われる。もちろん、そのような効果を狙った豊臣軍の心理作戦であろう。当時、最大級の規模を誇り、天下の名城と言われた小田原城に籠りながら、決戦に至らず降伏した北条氏は、この時点でもはや戦意喪失の状態となっていたのかもしれない。

小田原城天守閣から石垣山を見る

第７章 外郎家の役割と小田原

　駿府から伊豆へ、さらに箱根山を越えて小田原に進出した北条早雲は、寒村でしかなかった小田原を、どのようにイメージして城下町を形成しようとしたのだろうか。早雲の時代に、現代のような文化条例があるはずもないが、家法となる「早雲寺殿二十一箇条」を早雲は残している。その全文を先に紹介したわけだが（六一ページ参照）、これは早雲の考える「人の生き方」を書き記したものであると同時に、文化についても書き残している。

　早雲が考えていた文化について調べてみるとともに、北条氏が支配する小田原で大店《おおだな》を営んでいた外郎家における文化の伝承についても調べていきたい。そこに、現代における文化のあり方を考えるヒントがあるかもしれない。

「ういろう」本店

1 北条早雲が小田原に残した文化

「早雲寺殿二十一箇条」の第一条は、先に紹介したように「第一仏神を信じ申すべき事」である。何よりも第一に仏や神を信じることだというのは、下剋上の権化と流布された早雲のイメージとはかなりかけ離れたものである。しかし、北条氏の歴代当主たち[1]は、遺訓を忠実に守って寺社へ膨大な寄進を行っている。北条早雲の菩提を弔うために早雲寺を創建し、箱根権現や鶴ヶ岡八幡宮などの再建にも尽力した。

早雲の願いは北条五代を通じてしっかりと根づいていたわけである。もちろん、関東武士からあつく信仰されていた箱根権現や鶴ヶ岡八幡宮を崇敬することで、彼らからの信頼を得るという打算があったのかもしれないが、それでもなお北条一族の神仏信仰はあつかったと言える。

第五条では「拝みをすること、身のおこないなり」と述べ、早寝早起き、朝夕の家の周囲の見回りと掃除の指示、刀・衣裳は人より結構にするな、神仏を拝み、規則正しい生活と質素倹約に努めよ、と記している。信仰と質素倹約が、戦国の世において北条氏が五代も続いた基盤をつくったのかもしれない。そして、第十六条には「奉公の隙には馬を乗りならうべし」とあり、武士として当然のことながら、暇を見つけては武芸を磨けと奨励している。

「早雲寺殿二十一箇条」の大きな特徴は、このような武芸奨励の条文よりも文化奨励に関する条文が多いことである。まず、第十二条には「少の隙あらば、物の本をば、文字のある物を懐に入、常に人目を忍びみべし。寝てもさめても手馴れざれば、文字忘る、なり。書くこと又同時」とある。暇を見つけては本を読め、と言っているのだ。寝ても覚めても修練しなければ文字を忘れてしまう、とまで言われてしまうと、スマホをなぞるだけの現代人にも耳が痛い説教となる。

また、第十五条には、「歌道なき人は、無手に賤き事なり。学ぶべし」と書かれている。歌道、すなわち和歌を詠むことは当時の文化人にとっては必須の教養であった。それは、五七五七七の和歌をただ詠めばすむという話ではない。『古今和歌集』や『源氏物語』などといった古典に通暁していなければならなかった。

自分の素朴な感性だけで和歌を詠むのではなく、古典の和歌から「本歌取り《ほんかど》」をして、そのイメージと重ね合わせることが重要とされた。つまり、古典の歌の語句や趣向を取り入れて新しい歌を詠み、本歌を聯想させて趣《おもむき》を深めていく必要があった。そうして初めて、古典教養を踏まえた歌道の世界が展開されるというのだ。

（1）神奈川県足柄下郡箱根町湯本にある臨済宗大徳寺派の寺院。山号は金湯山。一五二一年に北条氏綱が早雲の遺言により、大徳寺第八三世の以天宗清を招いて創建した。豊臣秀吉の小田原攻めの当初本陣が置かれたが、石垣城が完成して本陣が移されると、秀吉は早雲寺伽藍全体を焼き払ってしまった。その直前、住職の菊径宗存が寺宝を持って小机城に逃れたため寺宝の一部が伝わった。一六二七年に菊径宗存によって再建された。

和歌に通じる人というのは古典に通じる人であり、そのような人になるためには古典を勉強しなければならない、だから「学ぶべし」なのだ。「無手《むて》に賤《いやし》き」(2)とは手厳しい表現である。逆に言えば、人として貴ばれたいのなら歌道を学ぶことこそが条件だ、ということである。

これほどまで和歌に対して思い入れが強かったのは、やはり早雲が京にいて貴人たちと接していたからであろう。貴人が貴人としてあるのは、彼らが古典に通暁して自在に和歌を詠むだけの能力をもっていたからである。都人の信頼を得るためには古典の教養を身に着けていなければ相手にもされないという貴族社会を知り尽くしていた早雲は、東国の小田原だからこそ、その必要性を重視したのかもしれない。それでなくとも関東の男たちは、野蛮で無教養な「東男《あづまおとこ》」などと蔑《さげす》まれていたのだ。

続けて第十六条には、「善き友を求めべきは、手習い、学問の友なり」と、友人関係のあり方にまで文化に関連して言及している。悪友として避けるべきは、碁、将棋、笛、尺八の友で、これらは暇つぶしにやるもので、知らないと言っても恥にはならない、遊び仲間は悪友だから避けろ、とまで言っている。早雲の求める友とは、遊び友達ではなく、学問の師となるような「善友」であった。

ここで面白いのは、早雲の四男である北条幻庵は、尺八の前身である一節切《ひとよぎり》の名手であったことだ(一七八ページのコラム参照)。父が尺八などで交友関係を結ぶなと遺言しているにもかかわらず、幻庵は一節切を好んで何本も自作したという。一人で楽しむ分には構わない、と幻庵は考えたのだろうか。

早雲という人は天才肌の人ではなく、まじめにコツコツと積み上げていく努力型タイプであったのだろう。最後の第二十一条は、「文武弓馬の道は常なり。記すに及ばず。文を左にし、武を右にするは、古の法、兼て備へずんば有べからず」という言葉で締めくくっている。文武両道を常に鍛えて、いざというときに備えておかなければならないと自分自身を戒めていたと思われる。

早雲の小田原進出までの経緯を辿ると、実に慎重確実であることが分かる。勝てない戦《いくさ》は避け、勝てるにはどうしたらよいかを考えてから戦に臨んでいる。そのため、常に戦う時期を慎重に狙っていた。そして、いざ戦となれば、果敢に攻めて一気に相手を滅ぼしてしまう。努力型だけでなく、慎重・果敢型であったとも想像できる。

駿府の今川家に嫁いだ早雲の姉（妹？）が産んだ嫡男の今川氏親（四三ページの注参照）は、中御門宣胤《なかみかどのぶたね》(3)の娘を正室に迎え、駿府へ京文化を積極的に取り入れている。もちろん、氏親自身

---

(2)「無手」とは、手に何も持っていないことであり、転じて「とりえのないこと」となる。「賤き」とは、社会的身分が低いという意味であるが、同時に上品さ・教養・趣がないさまを言う。

(3)（一四四二〜一五二五）藤原着丈勧修寺流中御門家当主。一条兼良から有職故実を学び、書道・歌道に通じた。氏親に嫁いだ娘「寿桂尼」は氏輝、義元を産み、孫の氏真の後見役として影響力をもった。

Column 北条幻庵（1493～1589）

北条５代の歴代当主の陰に隠れてあまり知られていないが、北条家において極めて重要な人物が「北条幻庵」である。幻庵は北条早雲の四男で、２代北条氏綱の弟である。1493年に生まれ、幼名を「菊寿丸」（通称・三郎）、長じて箱根権現別当となり法名を「長綱《ちょうこう》」といった。隠居後は、「幻庵宗哲《そうてつ》」と号している。当時としては極めて長命な人で、北条家の４人の当主すべてに仕えて、北条家100年の歴史とともに歩んだ人物である。

幻庵は「馬上の達人」と呼ばれたほどの勇猛な武将であったが、同時に小田原城下の文化形成に活躍した。尺八の前身である「一節切《ひとよぎり》」という一節の竹製縦笛の名手であったほか、鞍づくりが得意で「鞍打幻庵」と称されたほど手先が器用で、自ら一節切をつくっていた。城下の侍衆は、幻庵のつくった一節切を手元に置いていたという。

若くして三井寺（滋賀県大津市）で修業した幻庵は、京都の公家や僧侶といった当時の文化人と親しく交流した。小田原市久野にあった幻庵屋敷には、連歌師宗長や京都の公家・冷泉為和などが度々訪れており、連歌会などが催されたと記録されている。幻庵屋敷跡には、現在でも庭園の池が残されている。

1589年11月、幻庵は97歳で亡くなった。その３週間後、豊臣秀吉の発した軍勢によって小田原城は包囲され、その半年後に北条氏は滅亡した。幻庵の一生は、小田原とともにあったと言える。

も和歌と連歌を好んだという。

京文化は地方大名の憧れであった。応仁の乱で荒廃した京から下向してきた公家たちを、駿府の今川家は鄭重に迎えた。さらに駿府出身の連歌師宗長は、宗祇《そうぎ》の跡を継いで連歌界の第一人者となっている。駿府は荒廃した京に取って代わるように、京文化を花開かせていたと言える（七六ページのコラム参照）。

京に続いて駿府でも、早雲は豊かな文化を育む地に身を置いたことになる。京の都で、そして駿府で、早雲は京文化への理解と文化的教養を身に着けたと思われる。そのような視点で「早雲寺殿二十一箇条」を見ると、早雲が単なる武芸に秀でた武将でなかったことがうかがえる。自らを律することに厳しい早雲は、一族郎党にも武芸に励んで質実剛健で質素倹約な生活を送ることを求めながら、文化と学問を奨励したのだ。そこに、当時の戦国大名たちの生き方が垣間見えてくる。

織田信長や豊臣秀吉が、個人的な趣味だけで茶道にのめり込んだわけではない。戦国大名同士が血を血で争う戦いのなかにあっても、自国では文芸を嗜み、文化を奨励していたという流れがあった。その代表格が、東国の今川家、西国の大内家であった。

一方、文化的な環境下に育たなかった秀吉は、その生い立ちを蔑まれることに耐えられなかったと思われる。秀吉は、一流の文化人を側に置いて芸を学んだ。黄金の茶室を御所にもち込んで、天皇の前で点前を披露している己の姿は、文化人として認められる晴れ舞台であったのかもしれない。もっとも、陰に千利休を侍《はべ》らせて点前をまちがわないようにしていたというから、当人は緊張のあまり茶碗をおさえる手がガタガタと震えていたのかもしれない。

中世の文化とは、ステータスでもあった。そのため、戦国大名は戦勝の褒美に城よりも名物茶器を拝領したかったともいう(4)。極端な言い方をすれば、文化に命がかかっていたということである。中世は、文化が人の生き方を左右した時代でもあった。

室町幕府の権威がなくなり戦国時代となっても、社会における文化の役割は変わることはなかった。二代北条氏綱は、商家や職人を誘致して小田原の経済基盤を形成しただけでなく、文化も奨励した。北条家当主自らが歌道や連歌、茶道などの一流文化人を小田原に招いて文化に熱中していたわけだから、家中がそれに倣ったのは当然であろう。連歌師の宗長や茶人の山上宗二など、当時の超一流の文化人が小田原に来たのは決して偶然ではなかった。

京の文化人にとっても、小田原は魅力ある町であったのだろう。北条当主から家臣までが文化人を大事にし、指導料も惜しげない額が拝領できるとなれば、招聘を断る理由がない。それに、小田原での文化の流行は武家社会だけに留まることがなかった。小田原城下では、一般庶民の間でも連歌や一節切《ひとよぎり》が流行っていたと記録されているので、小田原の町全体が「文化の町」であったと言える。

南足柄市出身の友人が、「子どものころに一節の竹の笛で遊んだ」と、幼いころの記憶を話してくれた。彼の実家は、矢倉岳《やぐらだけ》（八七〇メートル）の山裾にある怒田《ぬた》地区の農家である。いつの時代のものかは分からないが、農家にも一節切が残っていたという事実は、庶民にもそれを楽しむ文化が足柄平野に広く浸透していた証しとなる。

さて、これまでに述べてきたように、外郎家が小田原文化の形成に影響を与え続けてきた一族であったことに疑う余地はないだろう。前述したように、京都の祇園祭の山に、外郎家が製作した「蟷螂山《とうろうやま》」がある。そして、今川氏が支配した遠州森町(5)にも外郎家が伝えたとされる「蟷螂《とうろう》の舞《まい》」が残っている。京都、静岡、小田原と、外郎家の文化の流れを辿ってみることにする。

(4) 茶道で用いる茶道具で、目利きの同朋衆などがとくに優れたものを選んでこう呼んだ。茶道でいう「大名物」は、松平不昧によってもっとも価値があると評された室町東山時代の道具のこと。千利休時代の道具を「名物」、小堀遠州の選定した道具を「中興名物」と分類された。松永久秀が所有した稀代の名物「古天明平蜘蛛の茶釜」を信長が欲しがったという逸話がある。信長に攻められて信貴山城に立て籠もった松永久秀は、茶釜が信長の手にわたるのを嫌い、天守閣で爆薬を仕掛けて茶釜を抱いて爆死したという。

(5) 静岡県西部周智郡の太田川沿いにある町。人口一万八〇〇〇人。縄文時代の遺跡が出るほど古くから集落が形成され、奈良時代から「遠江国」と呼ばれた。明治初期に氷砂糖を発明し「日本の製糖業の父」と呼ばれる鈴木藤三郎や、幕末期の侠客清水次郎長の子分「森の石松」の出身地である。

2 京都の祇園祭で巡行に参加――蟷螂山保存會との出会い

二〇一五年七月一六日、小田原を発って京都へ向かった。外郎武氏の計らいで、祇園祭の山鉾巡行に取材同行することが許されたのだ。取材対象は、京都市中京区西洞院通り四条上ル蟷螂山町で保存管理されている「蟷螂山《とうろうやま》」である。これまでに述べたように、「蟷螂山」は室町時代に外郎家によって製作されたと伝わっている。

足利将軍に招かれて博多から京に来た二代陳外郎大年宗奇《ちんういろうたいねんそうき》の屋敷が、現在の蟷螂山町の一画にあった。蟷螂山町は、かつて「外郎町」と呼ばれたこともあったという。

その蟷螂山町近くのホテルにチェックインして、さっそく蟷螂山保存會のみなさんに挨拶をするため伺った。保存會の常任幹事を務めている本井元康《もといもとやす》氏は、これまで「蟷螂山」の保存に尽力されてきた方である。蟷螂山収蔵庫の中で、本井氏から蟷螂山保存會の歴史や祇園祭の現状の話をうかがった。

京都の祇園祭といえども、伝統文化の保存が難しい時代になっているという。昔ならば、京都の糸偏《いとへん》の大店《おおだな》、つまり紡績、合織、織布など繊維産業の旦那衆が大枚を寄付して祇園祭を支えてくれたが、もはや京都の染織業の衰退が言われて久しい時代である。山の材料、備品類の保管一つとっても、その収蔵庫の確保が容易ではない。京都市が円山公園《まるやまこうえん》内に建設した「祇園祭山鉾館」

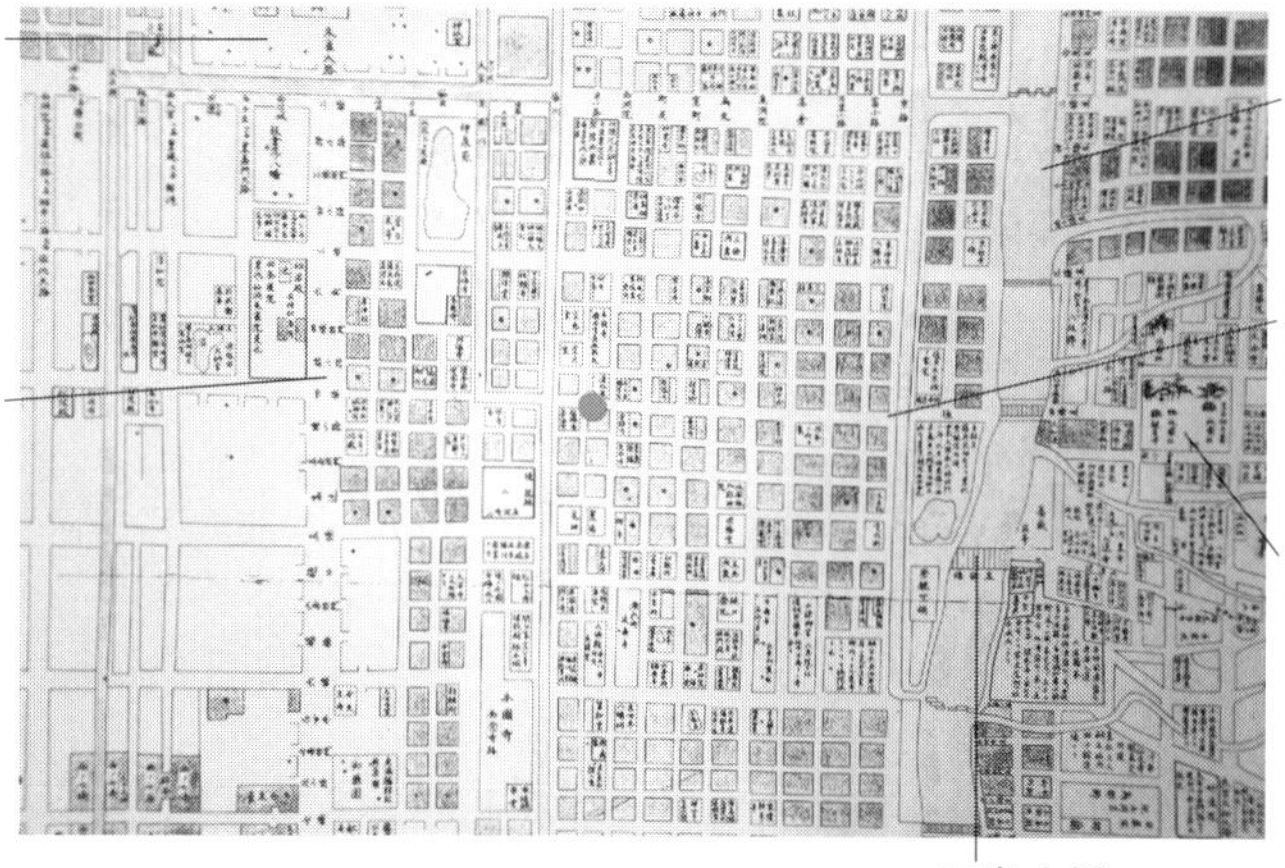

「此中昔京師即是時代之図」1753年、森謹斎幸安という人物が、時代考証のもと戦国時代における京都の地図を復刻した。●印が外郎家のあった所

町會所に展示された「大カマキリ」（左）と「先代さん」（右）の前で話す、蟷螂山保存會の本井常任幹事（左）、村林会長（中）、外郎武社長（右）

という収蔵庫を、自前での保管が困難となった保存会が利用しているというのが実状である。「蟷螂山《とうろうやま》」が再興されたのは一九八一（昭和五六）年で、三五年前のことである。その再興には、郷土史家であった津田菊太朗《つだきくたろう》氏という保存會の元会長の尽力があったそうだ。一一七年間も居祭り（巡行に参加せず、御神体や懸装品を飾って公開すること）をしてきた町内では、九五パーセントの人が「今さら何を言っているの」と反対したという。それでも津田氏は諦めず、「蟷螂山」の歴史を探り、逸していた昔の懸装品《けんそうひん》(6)を買い集めるなどして遂に再興させたという。津田氏なくして「蟷螂山」の復活はなかった、とも言われている。

ところが、一九八〇年代に入ると、「蟷螂山町」を取り巻く社会環境が変わってきた。「再興した一九八一年ごろの蟷螂山町の世帯数は六五世帯でしたが、バブルが弾けた一九九〇年代になると世帯数一二軒、男五～六人と激減してしまいました」と、本井氏が当時の状況を説明してくれた。バブル経済は京都市内も席巻して、昔からの人は出ていき、デベロッパーが伝統的な街並みを解体していったのだ。

「蟷螂山」の存続は風前の灯となった。バブル崩壊後、整理回収機構が土地を半値で買ってマンション事業を展開した。そのような状況を前に、五代会長の小谷氏を中心とした保存會は、都市化の動きに反対することを止め、流れを受け入れる方針を取ることにした。デベロッパーに働き掛けて、マンションの住民も強制的に町内会と保存會の両方に入会する条項を入居契約書に記載させるという合意を取り付けた。そして、マンションの一階エントランス部に町會所[7]と収蔵庫を造るように持ち主と交渉したのだ。

　これらの活動の結果、蟷螂山保存會は他の山鉾保存會とは異なる特徴をもつこととなった。つまり、マンションに住む「新住民」と呼ばれる人たちも祭りの担い手となり、地元に根を張る地場産業の旦那衆だけの集まりではなくなったのだ。現会長の村林氏もサラリーマンである。村林氏は、「祇園祭山鉾連合会[8]の集まりでは、若年

（6）祭りの山、屋台、神輿などを装飾するための豪華な幕地。祇園祭の山鉾は室町時代から豪華さを競うように飾られた。西陣織が多いが、ゴブラン織りのタペストリーなど歴史的に価値のある作品も多い。蟷螂山は友禅を新調した。

（7）會所（会所）とは、人が寄り集う場所のこと。室町時代では、建物内の部屋だけでなく独立した専用の建物が造られた。会所は遊びの場であり、唐物で部屋が飾り付けられて、闘茶会、連歌会などが開催された。現代の町会所は、町内会や伝統芸能保存会の集会所のことを指す。

（8）一九二三年に任意団体として設立され、一九九二年に財団法人となり、二〇一二年に公益財団法人となった。祇園祭で山鉾を出す各町の保存会が集まって、行政や各種団体との調整や補助の受け口を担っている。

マンション１階の蟷螂山町會所

マンション１階の蟷螂山収蔵庫

ですから隅に小さくなっていますけれどね」と笑いながら話してくれた。今では、蟷螂山町に住めば祇園祭に参加できると、わざわざ町内のマンションを選ぶ住民も現れているという。

蟷螂山町の住民数は増加傾向にあり、新旧住民が共生して「蟷螂山《とうろうやま》」を支えている。このような保存會のあり方が興味をもたれ、問い合わせがかなりあったと言うが、「他の祇園祭の保存会で同様な動きはありません」と本井氏は言う。

祇園祭の全体から見れば、蟷螂山保存會は特殊な例で、ほとんどの山鉾はまだ旧住民の力によってのみ支えられているようだ。

保存会のあり方は町によってさまざまだが、「祇園祭があるからこそ、町民たちがまとまっている」ということに関しては、どの町にも同じような効果が生まれているという。祭りが終われば、直ちに来年の祭りの準備に入る。「ハレ」である祭りの期間よりも、「ケ」つまり日常の生活における準備期間のほうが圧倒的に長い。そこに、祇園祭を住民の集団形成の触媒とする規律が生まれている。

マンションの新住民は、保存會に所属することによって地域に溶け込むことができる。都会化する地域において、伝統的な旧住民とマンションに住む新住民との融合のあり方のモデルが、蟷螂山保存會の取り組みにあると感じられた。

３ 宵山《よいやま》

七月一四日から一六日までが祇園祭の宵山である。幸い、夜には雨が小降りになったので、山鉾の見学に出掛けることにした。山鉾は、各町会所の前の通りに置かれている。雨のため、山鉾はビニールで包まれ、飾りは外されて町会所内に展示されていた。祇園祭の山鉾は、中国故事をもとにしたものが多くある。「伯牙山《はくがやま》」や「白楽天山《はくらくてんやま》」の町会所をのぞいたあと、「鶏鉾《にわとりほこ》」の町会所に入った。その二階には、鶏鉾の懸装品が展示されていた。山鉾の周囲を飾る豪華な懸装品は、祇園祭の魅力の一つでもある。

山鉾の懸装品は重要文化財に指定されているものも少なくなく、懸装品が「動く美術品」と賞される所以である。美術館ではガラス越しでしか見られないが、町会所ならば懸装品を間近に見ることができる。これも宵山の魅力であろう。

海外ではすでに失われてしまった美

鶏鉾

術工芸品が、今日まで日本に残されている。中国だけでなく、遠くヨーロッパや中近東から伝わった懸装品《けんそうひん》を見ていると、世界とつながっていた当時の日本を実感することができる。

山鉾という「動く博物館」は、常に新奇なものを求め、それを新しいやり方で自己へ取り込んでいく日本人の感性を示していると言える。日本の位置は先進文明が最後に流れ込む極東の地にある、という地理的な理由によるのかもしれないが、温潤で自然豊かな風土が自ずと豊かな文化的感性を育てたとも言えるのではないだろうか。

この日、蟷螂山《とうろうやま》保存會の「からくり蟷螂おみくじ」は子どもたちだけでなく大人にも大人気であった。カマキリが羽を広げてクルリと回り、八坂神社に見立てた「お宮」からおみくじ札を持ってくるという動きを見ていると筆者も楽しくなってくる。こんな配慮が、次世代を育むのかもしれない。

翌一七日は山鉾巡行である。しかし、台風が四国・中国地方に上陸するとニュースが伝えていた。巡行が実施されるの

大人気の「からくり蟷螂おみくじ」

かヤキモキしていたが、外郎武氏はいたって落ち着いた表情で「やりますよ」と断言した。山鉾巡行は、町内にいる悪霊や厄神を山鉾が集めて町を清めるために行われるものである。「暴風雨も悪霊の一つですから、多少の雨でもやるんですよ」と、祇園祭の由来に絡めて説明してくれた。

今では、祇園祭と言えば山鉾巡行のほうがすっかり有名になっているが、本来は八坂神社（地元では「祇園さん」と親しみを込めて呼ぶ）の「神輿御渡《みこしおわたり》」(9)が本番である。山鉾巡行とは、神輿が渡るために、鉦や笛、太鼓で囃して荒ぶる厄神や怨霊を鎮めるための清祓《きよはらい》なのである。

4 山鉾巡行

外郎武氏の言葉どおり、明朝六時に実施が決定がされた。集合時には雨も小降りになっていたが、さすがに「蟷螂山」に大カマキリを乗せることは中止とされた。実物の写真を撮ることができなかったので、ここでは数年前に撮られた「蟷螂山」の晴れ姿を見ていただこう。江戸時代以来の蟷螂は痛みが進み、作動部が壊れる恐れがあるということで新しい蟷螂がつくられた。名古

（9）八坂神社の祭神である、中御座：素戔嗚尊、東御座：櫛稲田姫命、西御座：八柱御子神の三神の神霊を神輿に移して、氏子地域内や御旅所に御幸すること。七月中旬の「神幸祭」と、七月下旬の「還幸祭」で、それぞれのルートは異なる。

屋の職人「玉屋庄兵衛」がつくったという。とはいえ、「先代さん」と親しまれている江戸時代の蟷螂は文化財の指定を受け、宵山期間中は町會所に公開展示されている。

早期、ホテル前の四条通に出ると、煙る通りの遠くに鉾が二基見えた。なぜか、鳥肌が立った。ビルの谷間に堂々とそびえ立つ高さに圧倒されたのだろうか。ひょっとしたら、小雨に煙る空気のなかで、お囃子もない静けさに荘厳な神々しさを感じたのかもしれない。

九時、「蟷螂山《とうろうやま》」が町内を出発した。小雨のなか、裃姿《かみしもすがた》の保存會の人は紫の蛇の目傘を差している。すっぽりとビニールに覆われている「蟷螂山」を見ると、辛うじて御所車の姿が透けている。後ろに、「木賊山《とくさやま》」[10]「山伏山」「菊水鉾」が続く。

巡行の順番は「くじ取り式」で決められている。とはいえ、例外がある。[11]古来より「くじとらず」と言って、「長刀鉾《なぎなたほこ》」など九基の山鉾はくじを引くことがない。毎年、必ず巡行の先頭に立つのが「長刀鉾」である。また、生稚児《いきちご》が乗るのも

数年前に撮影された蟷螂山

この鉾だけである。長刀鉾に乗った稚児が注連縄《しめなわ》を切る儀式で結界が切られ、巡行が開始される。

「蟷螂山」の順番は一〇番であった。「蟷螂山」の総代として外郎武氏が裃姿で巡行に参列し、先頭を行く「ちりん棒」の担当を「ういろう」の社員二名が務めた。

山鉾巡行では、いくつかの儀式が行われている。なかでも、四条通堺町で行われる「鬮渡《くじわた》し（くじ改め）」は人気の高い儀式となっている。「くじ渡し処」では、山鉾の正使と二人の副使が静々と京都市長が扮した奉行の前に進む。正使は、黒漆塗の文箱《ふばこ》の結び紐を、扇子を使って手際よく解き、蓋を

(10) 山鉾の先陣争いが絶えなかったことから、巡行の順番をくじで決める方式が応仁の乱後の復興時一五〇〇年にはじまった。一九五三年から市議会議場を会場にして行われている。
(11) 京都の祇園祭で巡行順を決める「くじ取り」を引かない山鉾は、「先祭」では、長刀鉾、函谷鉾、放下鉾、岩戸山、船鉾の五基で、「後祭」では、橋弁慶山、北観音山、南観音山、大船鉾の四基である。

四条通りを進む「蟷螂山」の一行。先頭を行く「ちりん棒」の担当2人は「ういろう」の社員

「蟷螂山」総代として歩く裃姿の外郎武氏

「くじ渡し」で、文箱を奉行に差し出す蟷螂山保存會前会長の城野氏

開けて中のくじ札が見えるように片膝を落として奉行にさっと差し出す。奉行は朗々と番号を読み上げて、くじ順のまちがいがないことを告げる。切れのよい所作《しょさ》が求められるこの役は、緊張のあまりよろけてしまう人が出るほどの大役という。

巡行は四条通から河原町通を北に向かって進む。途中、舞妓さんが山鉾を出迎え、妖艶な笑顔で一行をねぎらうというのも祇園祭ならではの風景である。河原町通から御池通に曲がるころから雨が激しくなってきた。身体よりカメラが心配になった。コンビニのビニール袋で包んで、撮影のたびに取り出していたが、ついに袋の中まで雨で濡れはじめた。邪魔になると思ってあえて持ってこなかったのだが、傘を差すしかないほどの降りになってきた。雨に濡れて、カメラが動かなくなるというリスクが現実味を帯びてきた。

「鉾の辻回し(12)」は祇園祭で一番人気となっている見所であるが、時間がかかるため、後ろの山鉾は辻回しが終わるまで待機しなければならない。御池通で渋滞したとき、たまりかねてコンビニに飛び込んで傘を買い求めた。

御池通には有料の観覧席が設けられている。多くの観光客が雨合羽を着て、蟷螂山《とうろうやま》が来るのを

---

(12)　山鉾が交差点で行う方向転換の作業。重量が十数トンある鉾の向きを九〇度変えるために、路上に竹を敷き詰めて鉾を乗せる。次に、曳き綱を車輪にわたし、水を打ち、音頭取りのかけ声と扇子さばきを合図に、一気に鉾を引き回して方向転換をする。四条河原町、四条御池、新町御池、四条新町、四条室町の各交差点で行われる。

待っていた。「カマキリはいないの？」と、渋滞で待っている間に観光客から尋ねられた。「すみません、今年は嵐のためカマキリを乗せていません」と頭を下げた。

晴れていれば、羽を広げて羽ばたいたり、鎌を振り上げたり、御所車の車輪が回ったりと、毎年、カラクリの動きに大喝采が送られる。ずぶ濡れになって山鉾巡行を待ち続けている観光客の姿を見ていると、雨だからといって巡行を中止するというような決断はとてもできないだろう、と思った。

御池通から新町通《しんまちとおり》へと左折する。このあたり、現在にまでその名前が残る三井家や松坂屋などといった大店《おおだな》が軒を連ねて、京都でもっとも繁栄していた。今では、その面影が辛うじて残っているという程度だが、両側に並ぶ商店の軒が迫るという通り幅は変化することなく狭い。鉾の囃子方がちょうど目の前となる商家の二階で巡行を楽しむ光景も、変わることがない。

新町通から四条通に戻ってきたころには土砂降りの雨となっていた。後ろの鉾が霞んで見えるほどであった。蟷螂山町に着

御池通の有料観覧席を通る「蟷螂山」

新町通を進む「蟷螂山」

き、収蔵庫の脇にある駐車場で巡行の終了を祝い、乾杯をして解散となった。山は直ちに解体された。清祓《きよばらい》で集めた悪霊を素早く退治するためだという。

夕方の五時半ごろ、八坂神社へ「神幸祭《しんこうさい》」を見に出掛けた。雨は小降りになっていたが四条大橋から見る鴨川は濁流と化し、川端の遊歩道も完全に水没して、京都の夏の風物詩でもある納涼床の脚元まで水が迫っていた。四条通の歩道は、観客であふれかえって進むこともままならないほどであった。そこに、騎馬武者や馬に乗った稚児《ちご》が通りを進んできた。

人混みをかき分けて辿り着いた八坂神社の西門前には、すでに神輿が三座集合しており、担ぎ手が腰を下ろして出番を待っていた。式が進むと、いよいよ「神輿御渡《みこしおわたり》」(13)である。八坂神社を起点に三座の神輿は町へ繰り出し、それぞれ別々のルートをめぐる。

神輿を担ぐ男たちの発する「ほいっと！　ほいっと！」の掛け声が何とも勇壮である。神輿の周りには大勢の担ぎ手が控えており、次々と担ぎ手が変わっていく。長く担ぎ続けられないほど神輿は重いのだろう。隣の人の肩に手を掛けているのは、担ぎ順がずれないようにしているのかもしれない。

---

(13)　八坂神社にある三基の神輿のこと。中央は六角の「中御座」で素戔嗚尊《スサノウノミコト》、右手は四角の「東御座」で櫛稲田姫命《クシイナダヒメノミコト》、左手は「西御座」で八柱御子神《ヤハシラノミコカミ》。八坂神社が祀っている三体の神霊を神輿に遷して、それぞれの町に御渡りする。ちなみに、八坂神社は日本全国に三〇〇〇の分社がある。

騎馬武者の行列

八坂神社前の三座の神輿

祇園祭前祭の山鉾巡行から神幸祭の神輿御渡《みこしおわたり》までを見て、その規模と豪華さに圧倒されてしまった。六〇〇年以上の歳月を積み重ねてきた迫力なのであろう。そこには、ただ昔のものが伝わっているというだけでなく、困難な時代に衰退したり、景気よき時代に盛り上がったりした浮沈の紆余曲折によって醸し出される重厚感がある。奇をてらった演出だけが目立つ現代のエンターテインメントとの違いを感じてしまった。

5 遠州森町に伝わる蟷螂の舞

外郎家の歴史を調べていると、京都から小田原までの間において不思議な縁を感じる。祇園祭の「蟷螂山《とうろうやま》」を制作した京都の外郎家は、静岡県森町で行われている「山名神社・天王祭」にも「蟷螂の舞」を伝えている。また、京都の蟷螂山町會所の看板は、書道家「杭迫柏樹《くいせこはくじゅ》」氏の書となっていた（一八五ページの写真参照）。この杭迫氏が森町の出身であるというのも不思議な縁である。

第1章でも紹介したように、二〇一四年七月一九日、外郎家の先代の初盆を弔うために小田原で山名神社天王祭舞楽特別公演が行われた。「蟷螂の舞」が、「ういろう」本店の駐車場に設けられた特設舞台で披露されたのだ。

静岡県森町は県の西部にあり、時代劇などで有名な清水の次郎長(14)の子分であった「森の石松(15)」の出身地と言われている。江戸時代は「火伏せの神」として秋葉山信仰(16)が盛んで、信州の諏訪大社までを結ぶ秋葉街道の宿場町として栄えた。また、森町北部を水源として遠州灘へ注ぐ太田川の水運によって交易も盛んで、太田川沿いの二か所に大きな「飯田・宇刈市場」と「森市場」が立った。森市場には数十軒の古着屋があって、全国の古着相場を左右したほか茶商も多くあった。森町は、遠州屈指の商業の町であったと言える。

天王祭特別公演ポスター（2014年）

二〇一五年四月初旬、「蟷螂の舞」を取材するために森町を訪れた。新東名高速道路の森掛川インターを降りて、森町の市街地に向かった。メインストリートであった「本町通り」には古い街並みが残っている。当時は賑わった街道も、今では通りを行き来する人とすれ違うこともない。しかし、商家の表を飾る連子格子《れんじこうし》は魅力的である。連子は、内からは外がよく見え、外からは内が見えないという機能性を備えている。京都にある町家の雰囲気が感じられ、建築文化も地方に伝播したことが分かる。

「蟷螂の舞」の舞台となる森町飯田山《やま》名《な》神社《じんじゃ》へ向かった。山名神社は、飛鳥時代の七〇六年の創建と伝わる神社で、主祭神は八坂神社と同じく素戔嗚尊《スサノウノミコト》である。江戸時代までは「飯田牛頭天王社」と呼ばれていたようだが、明治時代になって山名神社と称するようになった。地元では、「飯田の祇園さ

---

(14)（一八二〇～一八九三）幕末・明治の侠客で、本名は山本長五郎。清水湊の海運業者であったが、無宿人となって諸国を回った後清水湊に戻って一家を構え、各地の勢力と抗争を繰り返した。浪曲や映画で「海道一の親分」と取り上げられて有名になった。大政、小政など「清水二十八人衆」と呼ばれた屈強な子分がいたとされる。

(15)（?～一八六〇）義理人情にあつい一方で間抜けな面があり、仲間から「馬鹿は死ななきゃ直らない」と言われた。浪曲や映画などでは、陰の主役となっている。

(16)秋葉山本宮秋葉神社の秋葉大権現を信仰した。秋葉神社は七一八年に行基が開いたとされる寺院であったが、秋葉山三尺坊という天狗伝説があり、平安中期以降修験者活動して神仏混淆となった。

本町通りに残る町並み

山名神社の社殿

山名神社境内の舞屋

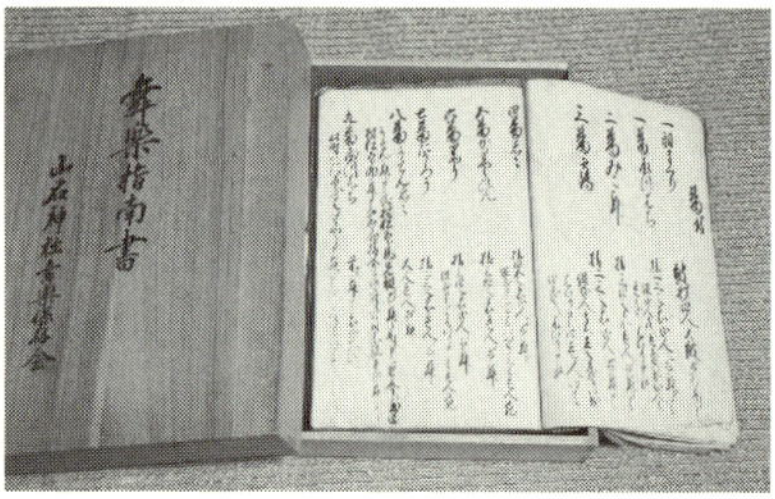

山名神社に伝わる「舞楽指南書」

山名神社の村松宮司（右）と原総代（左）

ま」とか「お天王さま」と古い名称で呼ばれている。

社殿は、「奉修造祇園牛頭天王社一宇」と記された棟札《むなふだ》が残っていることから一七三二（享保一七）年の建立と分かる。三〇〇年の風雪に耐えてきた建物である。森町は「遠州の小京都」と呼ばれていたが、それは太田川を鴨川に見立て、京都の八坂神社のように配置されたことからも想像できる。京都文化に倣おうとする地方文化は、神社の配置までも写していた。

山名神社では、「山名神社天王祭舞楽保存会」の会長であり、当神社の宮司でもある村松康彦氏に会う予定となっていた。村松氏は、衣冠束帯《いかんそくたい》(17)の正装で迎えてくれた。氏子総代《うじこそうだい》の原正芳氏も同席いただき、筆者が正式参拝できるように準備していてくれた。

社殿の前に、天王祭舞楽の舞台である舞屋《まいや》がある。天王祭舞楽は、京都祇園祭でも応仁の乱以前にあった風流舞の様相を今日に伝えるものと言われている。風流舞とは、室町時代にはやった芸能の一つで、鉦、太鼓、笛などの囃しものに小歌を合わせ、衣裳を着た人々が群舞する舞のことである。舞楽の演目は、「八初児《やつはち》」「神子《みこ》」「鶴」「獅子」「迦陵頻《かりょうびん》」「龍《りょう》」「蟷螂《とうろう》」「優填獅子《うでんじし》」の八段となっている。

(17) 天皇や公家の正装。束帯は衣を束ね整える帯の意で、朝廷での儀式の正装。衣冠は束帯と着方が異なり、下着を省き、袴をゆったりとした指貫とした略装。鎌倉時代以降、衣冠が宮中での勤務服となった。

山名神社には「舞楽指南書」（二〇〇ページ参照）が伝わっている。村松家へおじゃましたときに、桐の箱に入った指南書を見せていただいた。八段の解説がそれぞれ書かれており、七段の「蟷螂《とうろう》」は「たうろう」と記されていた。

天王祭舞楽は、小学生、中学生、高校生の男子が舞う。現地では見ることがかなわなかったが、先に述べた「ういろう」本店の駐車場で行われた舞の特別講演から、その様子を部分的に伝えたい。

一段目の「八初児《やつはち》」は小学生二人の舞で、八撥《やつばち》の異称である。八撥とは、胸前に付けて撥で打つ楽器の鞨鼓《かっこ》[18]のことである。子どもは紅の袴を穿いて天冠を乗せ、八撥を腹にくくり付け、撥を両手に持って舞う。「八」も「撥」（「はち」とも読める）も神聖な語であることから祓いの意味をもっているとされ、祇園祭でもお囃子に八撥が使われたとされている。

六段の「龍」の舞は、二人の子どもが龍の頭を被って舞う。舞のなかで、稚児《ちご》が紅白の布が巻かれた丸柱によじ登った。大人が後ろから支えているが、足で身体を支えて逆さになり、反り返らせて煽

一段の「八初児」の舞

六段の「龍」の舞

る動作を繰り返した。まるで曲芸のような舞に、大きな拍手喝采が送られた。

七段の「蟷螂の舞」は、カマキリを模《かたど》った被物を頭に乗せ、背中に四枚の羽根を背負った稚児が舞う。会場に飾られた濃緑と朱のコントラストが鮮やかな蟷螂の被り物のレプリカは、触覚、目玉、鎌と羽根などが付いており、見るからに精巧である。鎌には紐でつながれた「からくり」が仕込まれており、稚児が舞いながら紐を引っ張ると蟷螂は鎌を持ち上げて威嚇のポーズをとる。この蟷螂の舞は見ていて楽しい。京都の祇園祭で子どもたちに人気があるのもよく分かる。

最後の八段は、「優填獅子《うでんじし》」の舞である。優填とはインドの王で、釈迦の存命中に仏教を保護した王

(18)　雅楽で使われる打楽器の一つ。奏者の胸に置き、先端が丸くなった桴《ばち》で両面を打って演奏する。

「龍」で逆さになる

七段の「蟷螂」の舞

として知られている。優填王《うでんおう》は、知恵を司る文殊菩薩の脇《わき》侍《じ》(19)であるが、牛頭天王《ごずてんのう》、すなわち素戔嗚尊《スサノウノミコト》の化身となっている。朱布が巻かれた竹の輪を持った優填は、飛び跳ねて暴れる獅子を捉えようと舞う。舞の最後、優填が獅子を輪の中に捕えて幕裏へと退場する。

疫病の象徴とされる獅子を退治することで、疫病祓いの意味をもっているという。獅子役は高校生が演じている。何度も激しく飛び上がる舞は、体力のある高校生でないと務まらないのだろう。獅子を捕える優填を舞う役は唯一の大人で、村松家の世襲となっている。このときの特別公演ではなかったが、八段の途中から数台の屋台が舞屋《まいや》の周りを回り、お囃子の鳴り物が響いて賑やかになるという。

「ういろう」本店の駐車場で開催された特別公演の当日は、曇り空の途中から雨が強く降りだして、急遽テントを舞台に張っての公演となった。しかし、二〇〇人以上集まった観客は誰一人として帰ろうともせず、最後まで舞台を見守

八段の「優填獅子」の舞

っていた。また、雨を予想しての外郎家の配慮にも頭が下がる。テントの備えと言い、観客へすぐさまタオルを配るなど、スタッフの心配りに地域との共存という姿勢がうかがえる。それは、同じく小田原の老舗である「鈴廣」の鈴木智恵子会長（当時、小田原市観光協会会長）の挨拶にも現れていた。

「実は、旧本陣の大清水本家から、つまり私の父の妹が森町の森家へ嫁いでおります。今日、森町の蟷螂の舞を拝見して、こういう風なかかわりもあるんだなあとつくづく思っております。それゆえ、ここにお集まりになられたみなさま方は、小田原のことをもっと誇りに思っていただきたいと思います。最近は小田原の文化がだんだん沈下しておりますけれども、みなさま方のお力によって、小田原は掘れば掘るほどいろいろな宝物があるということを、もう一度みなさま方とともに喜びたいと思います。そして、みなさま方とともに

(19) 仏教彫刻で、中央の仏（中尊）の左右に控える菩薩や明王、天などをいう。中尊の教化を補佐する。釈迦三尊では、中尊が釈迦如来、左脇侍が文殊菩薩、右脇侍が普賢菩薩である。

鈴木智恵子さん

もにそれらを掘り起しながら、小田原の魅力を発展させていただきたいと思っております。

小田原はこんなにも素晴らしい所なんだということを、もう一度噛み締めていただきたいです。ここにいらっしゃる二〇〇人の方々だけでも、小田原をもっと歴史と文化の薫る街にするべくご尽力いただければうれしいです。そして、小田原の素晴らしさをみなさまが発信していただくことを私は願っております」


森町の舞楽を観ていて気付いたことがある。八段それぞれの舞は演じる年齢が決まっており、小学生から高校生まで一〇歳ほどの年齢幅がある。子どもは、年齢が上がるほどに舞の幅が広がっていくという仕組みになっている。子どもの舞は大人が主として指導するのだろうが、当然、高校生が小中学生を、中学生が小学生の指導の手伝いをしているのだろう。このような順々とした関係が集団のなかにあるということは、伝統芸能文化の世界だけではなく、文化の継続性においても重要な要素になっていると思う。

伝統芸能を継承する人々はみな、自分なりの芸をどうやってつくり出すかを一生かけて追究している。歌舞伎役者の中村吉右衛門が、あるテレビ番組で「受け継いだ形に、新しい息吹を入れる」と表現していた。継承されてきた伝統的な芸術文化は、時代によって、そして継承者によって変化し続けていくものと言えそうだ。文化は、生身の人間がつなげていくものなのである。

6 縁づくり

外郎家と強い関係から生まれた京都祇園祭の「蟷螂山《とうろうやま》」から遠州森町の「蟷螂の舞」へ、そして、小田原での「外郎売」へとつながる外郎家による文化の流れは、北条早雲の人生の流れと見事に重なっている。若き早雲が京で申次衆《もうしつぎしゅう》を担い、駿府で今川家に仕えて武将として成長し、そして小田原進出を果たす。同じ時代の流れに沿って、外郎家も京で医薬業や幕府朝廷の仕事を担い、小田原で店を構え、駿河の森町で取引したと思われる。

とはいえ、外郎家が森町とどのような関係があったのかを示す史料は現時点では発見されていない。外郎武氏は、「薬種の材料の陸揚げ港として太田川の森町を使用したのではないでしょうか」という仮説を述べている。それでもなお、なぜ内陸部の森町なのかという疑問に対しては次のように答えてくれた。

「外郎家は、厚木を荷揚げ場として相模川の河運を利用していました。重要な観点は、東海道からちょっと離れていることにあります。東海道は幹線街道であり、幕府の目が厳しかったのでしょう。一子相伝の漢方薬の原材料にあらぬ疑いをかけられないように、東海道から外れた厚木を利用したのではないかと思います」

そうであれば、遠州森町も地理的には同様の位置づけとなる。森町で上方から水運で運ばれた材料の荷を載せ替えて、小田原に運んだのかもしれない。そこに、森町という立地の意味があると考えられる。

外郎家は森町と経済的に結び付いていたと考えられるわけだが、そのことと天王祭の「蟷螂《とうろう》の舞」の伝播は関係あるのだろうか。そんな疑問には、「素戔嗚尊《スサノウノミコト》」や「牛頭天王《ごずてんのう》」を祀る八坂神社の地方伝播にあわせて舞楽も伝わった、と考えればよいのかもしれない。つまり、天王祭の八段の舞も、祇園祭の一連の舞楽として伝わったと考えるべきである。

仮にそうであれば、外郎家の役割は、京や小田原の大店《おおだな》として森町へ八坂神社信仰の支援をすること、すなわち「信仰」と「祝い」という文化へのパトロンであったと考えられる。京都で蟷螂山をつくって町の人々へ祭りの場を提供した二代大年宗奇《たいねんそうき》の心意気が、その後の外郎家当主にも引き継がれ、いつの時代か森町の人々への天王祭支援となったのではないか、と想像を膨らませることができる。

外郎家は、北条氏の小田原進出初期に小田原へ移住している。北条早雲が文化を大事にすべしとした、小田原の町づくりに対する考え方に共鳴したのかもしれない。京から森町とつながった縁は、小田原の文化形成にもつながっていったと思われる。二〇一四年の夏、小田原で森町の「蟷螂の舞」が外郎家の先代の初盆供養として上演されたのも蟷螂がつないだ縁であろう。代々当主は、京都と森町、さらに小田原までもつなぐ「蟷螂の縁」をつくり出してきたと言える。

「町づくり」とか「町おこし」という言葉がある。「地方創生」政策のなかで、地方都市の特徴を生かした町づくりが盛んに喧伝されている。また、その成功事例を記した書物が書店に山積みされている時代でもある。しかし、「町づくり」という言葉はどうも胡散臭い。そこには、「町」を建て直すという名目で、これまでと同じく箱物行政の臭いが漂う。

入れ物としての「町」をつくるよりも、そのなかで、どのような人々が何をするのかのほうが重要ではないだろうか。未来につながる継続性を担うのは人である。「町づくり」の前に「人づくり」であり、人々が生き生きとした人生を送ることが究極の目的であろう。生き生きとした人々がいるから商店街が賑わうのであって、行政の補助金によるプレミアム商品券を発行したからといって商店街が継続的に賑わうわけではない。それぞれの人がそれぞれの文化をもって、心豊かに生きていくことこそが真の町の活性化ではないだろうか。

文化とは「人づくり」である。文化振興とは「人づくり振興」であって、決して「町づくり振興」ではない。芸や職一筋で生きてきた人には、長い年数を重ねて磨かれた洗練さと品格が備わっている。そこに、文化振興による人づくりの意味がある。京で、森町で、そして小田原で外郎家が取り組んできた文化は、人々が集い、磨き、世代をつなげて今に至っている。人は代を重ねていくことで変わっていくが、いつの時代でも、生きる人々がその時代の文化を担っている。新しい人を拒否すると言われてきた京都でさえも、蟷螂山町では文化を継承する新しい担い手が生まれているのだ。

祇園祭の蟷螂山《とうろうやま》巡行では、高校生たちが山の舁き手《かきて》(20)を担っていた。新町通に入ると渋滞がひどくなって、山鉾巡行はしばしば停止した。雨に濡れるがままに、じっと待ち続ける高校生に「いつまで続けるの?」と話し掛けてみた。大学に進学したり、就職で京都を離れたりしたら、そこで舁き手は辞めるのだろうと思ったからだ。ところが、その高校生の答えは「死ぬまで!」であった。その言葉には、冗談で言っているとは思えない真剣さがあった。

十代の若者でさえも、このような覚悟で祭りに参加している。森町に伝わる蟷螂の被り物を付けた稚児《ちご》は、かつて祇園祭でも蟷螂山のあとに付いて、舞いながら一緒に巡行していたともいう。京都では失われた伝統文化が、森町の天王祭に残されている。伝統文化とは、命にかぎりがある人間が伝える以上、いつかは消え去る宿命にあるのかもしれない。しかし、それを新しい人々が苦闘のなかで創造し、再生を繰り返していくことによってつながっていく。それが文化の継承であり、文化がつくり出す「縁」ではないだろうか。

7 もう一か所あった外郎家ゆかりの地——大磯・鴫立庵《しぎたつあん》

小田原から東に一五キロ、大磯町に「大磯ロングビーチ」がある。大磯海岸沿いに巨大な屋外プールが並ぶリゾート施設で、夏は多くの家族連れでにぎわっている。海岸のすぐ側になぜプールがあるのかというと、大磯はその名のとおり急に海が深くなっていて、荒波が押し寄せる危険な海岸であるため海水浴には向いていないからである。海で泳げないならば、真夏の太陽がふりそそぐプールがあれば海水浴客はやって来る、と考えたのだろう。開業が一九五七年というのだから、六〇年も前に大胆な発想をしたものである。ちなみに、プール脇にそびえる大磯プリンスホテルは、一九六四年に開催された東京オリンピックのヨット競技に参加する各国選手の選手村として建設されたものである。

「湘南《しょうなん》」という地名は、誰もが知っていることだろう。湘南には、小説『太陽の季節』（石原慎太郎著）から茅ヶ崎の加山雄三、そしてサザンオールスターズなどに連なる真夏の華やかなイメージがある。そして、湘南と言えば、江の島を思い浮かべて強烈な陽射しに憧れる人も多いことだろう。しかし、湘南の地名の発祥地が、実は大磯であることを知る人は少ない。

その発祥にかかわる場所が、大磯町にある「鴫立庵」である。江戸時代の鴫立庵は、箱根の「東光庵」（二二四ページのコラム参照）と並んで俳諧を嗜む人々が寄り集まった庵《いおり》であった。二〇一五年の春めいてきた日差しのもと、鴫立庵を訪れた。

---

(20)「舁く」とは、モノを肩に乗せて運ぶこと。舁き手は、祇園祭で山鉾を曳いたり担いだりする男たちのこと。

鴫立庵《しぎたつあん》を訪ねる

国道1号線沿いのバス停「鴫立沢」の前に鴫立庵はある。国道の下を、大石が転がる谷間を下るように清流が走っている。そこだけ見れば、街中にいるとは思えない風情である。国道から石段を下りる右脇に、「旧跡鴫立澤」と彫られた新しい石碑が立っていた。山中の渓流のような爽やかさを感じるので、まさしく「沢」の名にふさわしい風景である。

石段の右側には、「志ぎたつさわ」という石碑が立っている。「三千風立之」と彫られているから、鴫立庵第一世庵主となった大淀三千風《おおよどみちかぜ》(21)によって江戸時代前期に建てられたものであろう。俳諧師として著名となっていた大淀三千風は、一六九五年に鴫立庵に入った。ここから、俳諧の聖地としての鴫立庵の歴史がはじまったと言える。

入り口付近だけでも五つの石碑が立っている。第三世庵主であった白井鳥酔《ちょうすい》（一七〇一〜一七六九）の追善句碑は、庵に集った俳人たちの句が碑面一面に散らして彫られている。「安永四年（一七七五）」とあるから、江戸中期の建立である。三千風の入庵からすでに八〇年を経ているが、鴫立庵は代々引き継がれて江戸中期になっても盛んであったことが分かる。

石段を下ると、長石を二枚つないで渡した石橋がある。一八二五年、鴫立庵第九世庵主であった遠藤雉啄《ちたく》によって造られたものである。雉啄は、箱根・芦之湯の「東光庵」に松尾芭蕉の「月花塚」句碑を立てている。この石橋は、鴫立庵と東光庵のつながりを示す証しとも言える。

石橋を渡ると瓦を葺いた鄙びた門があり、「鴫立庵」と書かれた扁額が掲げられている。黄檗高泉《おうばくこうせん》（?～一六九五）の書である。黄檗高泉は、江戸時代前期に黄檗山万福寺（京都宇治市）を創建した隠元禅師（一五九二～一六七三）の古稀《こき》（七〇歳）の祝いのために中国から渡来した禅僧で、宇治黄檗山万福寺の第五代住持《じゅうじ》となっている。鎖国していた江戸時代でも、中国の禅僧は海を渡り、京から遠く離れた大磯まで来ていたのだ。

門をくぐって庵内に入ると、右手に茅葺の建物がある。それが「鴫立庵室」である。「東住舎」と称して、初代庵主の三千風が建てたものである。現在の庵は、一九八七年に再建されたものである。この庵に歴代の庵主が住んでい

鴫立澤を渡る石橋。奥の藁葺家が鴫立庵

（21）（一六三九～一七〇七）伊勢飯野郡射和村《いざわむら》（現・松坂町）の商家に生まれた。本名は三井友翰《ともふみ》。三一歳で俳諧師となり仙台に住んだ。「大矢数」（俳諧のゲーム）で、一晩で三〇〇〇句を詠む記録を立て、以降「三千風」と名乗った。四五歳で諸国遍歴の旅に出て、五七歳で鴫立沢に住んだ。元禄一〇年の「西行五百年忌」を催し、詩歌の普及に努めた。六六歳で故郷に戻り、六九歳で没した。

Column 東光庵

室町時代から流行した文芸「連歌《れんが》」は、江戸時代になると「俳諧連歌《はいかいれんが》」、単に「俳諧」と呼ばれて一般庶民まで大いに流行した。

箱根には「箱根七湯」と呼ばれる七つの温泉場があり、江戸の人々は箱根まで湯治に出掛けた。なかでも元箱根へ通じる山中にある「芦之湯」は、効能が顕著な名湯として多くの文人墨客が訪れた。こうした人々が集まったのが、芦之湯の熊野神社境内にある「東光庵」であった。

当時の江戸では、狂歌好きが集う「狂歌サロン」が盛んであったが、東光庵はそのような俳諧や狂歌を嗜む文人の箱根サロンであったと言えるだろう。東光庵には、国学者の賀茂真淵や本居宣長、狂歌師の太田南畝、儒学者の山本北山、漢詩人の大窪詩仏などの著名文化人が訪れ、今でも彼らが残した句碑が東光庵を囲っている。

明治時代になると、文明開化の風潮に東光庵も忘れ去られてしまった。1965年、中曽根康弘、石坂泰三、棟方志功など政財界・文化人などが賛助し、芦之湯温泉の松坂屋主人・松坂康氏が会長となって「東光会」が結成された。そして、2001年になってようやく再建された。

東光庵に隣接して「薬師堂」がある。5代北條氏直の正室であった督姫《とくひめ》の霊堂である。知恩院にあったものを三井の大番頭・益田鈍翁が小田原に移築し、それが松坂屋へ譲られた。北条ゆかりの督姫の霊廟が箱根に戻ったのも何かの縁であろう。

た。今日まで、二二世代が引き継いでいる。現在の庵主は鍵和田《かぎわだ》柚子《ゆうこ》氏が務めており、二〇〇二年三月の入庵である。東住舎の室内は簡素で落ち着いた造りとなっており、棚を設えた丸窓が印象的である。

鳴立庵室に続いて、一段高いところに「秋暮亭」が立っている。秋暮亭には、俳句道場ではなく「俳諧道場」と書かれている。江戸時代は、現代で言う「俳句」ではなく「俳諧」と呼んでいた。一人で句を詠むのではなく、数人が集って俳諧連歌を楽しむという集団遊興であり、独立性を求める近代の俳句とはまったく異なる世界だった。

「連歌」という言葉がある。現代ではほとんど話題にされることもない文芸である。しかし、鎌倉時代から江戸時代初期までの間、連歌は天皇から庶民まで幅広い社会層に流行した遊興であった（七六ページのコラム参照）。そして、江戸時代の中期、連歌から派生した俳諧が盛んとなった。現在は普通に「芭蕉の俳句」という言い方をするが、正確には「芭蕉の俳諧」と言わなければならない。「俳句」とは明治になって正岡子規（一八六七～一九〇二）が創作した概念で、江戸時代に「俳句」という言葉はなかった。

では、連歌と俳諧と俳句、それぞれどのように違うのだろうか。連歌も俳諧も俳句も、定型詩を詠む文芸であることに変わりはない。それぞれの形式が流行した時代があり、時代ごとに変化してきた。

連歌は、和歌の五七五（長句）・七七（短句）の「三十一文字《みそひともじ》」から生まれ、通常一〇人ぐらいの作者が長句と短句を次々と繰り返し詠みながら連作していくという作詩形式である。すなわち、前の人の句を受けて自分の句をつくり、次の人に渡していくため共同で制作する作品と言える。多くの場合、一〇〇首をめどに一回の連歌会とされていた。

長句と短句はそれぞれ独立しているが、長句に続いて詠まれる短句は長句との継続性を保ちながら変化させていかなければならず、複雑に変転万化しながらも連歌全体でまとまりのある詩にもしなければならない。これを「付《つ》け合《あ》い」と言う。先に詠まれた前句《まえく》から次の付句《つけく》の展開と変化が重要となる。

江戸時代の連歌会では、逆に下の句である付け句のお題を用意して先に七七を詠み、続いて上の句である前句の五七五を詠んで技巧を競うような遊戯性のある形式も発達した。ちなみに、これがきっかけとなって川柳が生まれている。いずれにしろ、連歌には招かれた客たちが次々と句をつないでいくというゲーム的な面白さがあり、人々が座に集って連作を楽しむことから「座の文芸」と呼ばれた。

一方、江戸時代に盛んとなった俳諧は、室町時代に生まれた「俳諧連歌」が源流となっている。同じ連歌でも、表現に滑稽性や洒脱《しゃだつ》をもたせた歌であった。俳諧連歌は江戸時代初期に松永貞徳（一五七一〜一六五四）という人が大成させたものだが、規則が煩雑である正統な連歌に比べて気楽に詠めることから庶民に至るまで大いに盛んとなった。ちなみに、二代目市川團十郎が外郎家にお礼のために参上したとき、隠居の宇野意仙と話が弾んだ話題は俳諧であった。

江戸時代中期になると松尾芭蕉が出て、俳諧連歌の発句《ほっく》をより独立性をもたせて芸術性を高めた。しかし、俳諧が連歌であることに変わりはない。現在ではほとんど知られていないが、芭蕉の詠んだ発句に続いて弟子などが句を詠んでいる。

たとえば、芭蕉が「奥の細道」の旅において、六月上旬に山形県大石田という所で船宿を営んでいた高野平左衛門宅（俳号は一栄）の句会で詠んだ「五月雨《さみだれ》を　あつめてすずし　最上川」という有名な句がある。この句は発句であり、発句に続いて脇句が詠まれている。発句に続けて「岸にほたるを繋ぐ舟杭」と脇句を詠んだのは、座を取りもった一栄であった。

暑い最中の旅で疲れていた芭蕉は、最上川の川端にある一栄宅の涼しさを用意した亭主の心を感じて、感謝の気持ちを詠んだ。そして、この発句《ほっく》に対して一栄は、いや拙宅はホタルをつなぐ程度のささやかな舟杭のようなものですよ、と謙遜した脇句で応えたわけである。そこには、このような粗末な拙宅に俳諧世界に輝く巨匠をお迎えすることができて嬉しい、という芭蕉への尊崇の心も秘められている。連歌とは、このように主人と客人が互いの気持ちを通い合わせる機微を、短い言葉に織り込ませる高度な精神的文芸であると言える。

芭蕉のあとの俳諧師として、与謝蕪村（一七一六～一七八四）や小林一茶（一七六三～一八二八）が活躍した。そして明治になると、正岡子規は発句のみを独立させて「俳句」と名付けた。俳句は、ここで初めて連歌形式の共同作品ではなく、「五七五」だけが完全に独立した個人作品となったわけである。そして、俳句の広がりに道を譲るように、俳諧連歌の世界は廃れてしまった。江戸時代から存続してきた鴫立庵《しぎたつあん》も、現代では俳諧とは名ばかりとなり、俳句を詠む場となっている。

このような俳諧から俳句へ変化した歴史をもつ秋暮亭は、俳諧の日本三大道場の一つ(22)で、三千風《みちかぜ》入庵後七〇年を経て、一七六五年、前述した第三世の庵主である白井鳥酔《ちょうすい》が庵を再興したときに増築したと言われている。

秋暮亭室内の一〇畳の間には床の間が設えてあり、厨子に入った西行《さいぎょう》（一一一八～一一九〇）像が飾られている。その上には「俳諧道場」の扁額が掛かっている。「東流書」とあるから、江戸中期の俳人である磯部東流《いそべとうりゅう》（?～一八二九）の書であろう。

秋暮亭の室内に「場道諧俳」の額が掛かっている

鴫立庵の創設者「崇雪」――外郎家との関係

鴫立庵で入手した小冊子「鴫立庵」には、その由来として次のように書かれてある。

> 寛文初期（一六六一～一六七二）、（正保の頃一六四四～四七ともいう）に、小田原の外郎《ういろう》の子孫といわれる崇雪《そうせつ》が、石仏の五智如来《ごちにょらい》(23)をこの地に運んで草庵を結び、始めて鴫立沢の標石を立てたといわれる。その場所が、今日の鴫立庵である。（　）内は筆者。

また『大磯町史』には、さらに詳しく記載されている。

> 鴫立庵は、小田原の崇雪が西行の詠じた歌にちなんだ西行旧跡地に庵を結び、その場所に寛文四年（一六六四）十一月、五智如来の石像を造立し、鴫立沢と刻んだ標石を建てたことにはじまるとされる。崇雪は、小田原外郎の一族とされる橋本伊右衛門である。この崇雪は、寛文六年（一六六六）大磯宿検地帳に一反六歩余を名請し、当時、大磯宿に居住していたことが確認される。

(22) 鴫立庵のほか、京都の「落柿舎」、滋賀の「無名庵」が三俳諧道場となっている。
(23) 密教でいう五つの知恵（法界体性智、大円鏡智、平等性智、妙観察智、成所作智）を五体の如来に当てはめて表現したもの。金剛界五仏は、大日如来、阿閦如来、宝生如来、阿弥陀如来、不空成就如来の五如来。

他の資料を見ても似たりよったりの記述であり、「小田原の外郎家一族の崇雪」が鴫立庵《しぎたつあん》の創設者となっている。外郎武氏に確認すると、大磯の「崇雪」は、外郎家八代光治の次男にあたる人だという。「橋本伊右衛門」という名については、「恐らく橋本家へ養子に出たのでしょう」ということであった。

外郎家では、外に出た親族の記録は残さないとのことであった。縁が切れてしまうのだから当然であるが、本家との関係も意図的に希薄にして、外郎本家の継承において余計な争いを生まないようにしているという。

崇雪の建てた鴫立庵の庭に立つ標石の表側には「鴫立沢」と刻まれている。ちなみに、これはレプリカである。鴫立庵は海岸近くにあったため、標石は塩害による磨滅が激しく文字も消えかかってしまったので、現物は「大磯町郷土資料館」に移設されている。

標石の裏側には「崇雪」の名が大きく刻まれている。さらに崇雪の名の下には、磨滅してほとんど読めないが「著盡湘南清絶地」と刻まれている。「あきらかに　しょうなんは　せいぜつをつくすのち」と読む。

中国湖南省にある洞庭湖へ流入する瀟水《しょうすい》と湘江《しょうこう》が合流する地域の風景が「瀟湘八景」と言われており、古来より風光明媚な水郷地帯として知られていた。湘江の南部地域が「湘南」と呼ばれ、かつては長沙国湘南県であった。宋代の湘南の地は禅宗が盛んで、鎌倉時代には多くの渡来僧が来朝して、鎌倉など相模地方に臨済宗や曹洞宗などの禅寺を開基した。中国へ渡った日本の留学僧も瀟湘八景に憧れて、相模湾一帯を中国の湘南に擬したという。

崇雪が刻んだ標石は、「湘南」の文字が確認できる最古のものだという(24)。鴫立庵から東側の国道1号線脇に「湘南発祥の地」の石碑が立っている。また、鴫立庵の近くには「海水浴場発祥の地」という道標も立っている。初代陸軍軍医総監であった松本順（一八三二～一九〇七）が、日本で初めて大磯に海水浴場を開設したことを示している。当時の海水浴は、海に立てた棒につかまって海水につかるだけの、いわば「潮湯治」であったという。

「湘南」の地名が広く知られるようになったのは明治時代である。作家徳冨蘆花《とくとみろか》（一

(24)　崇雪以前では、渡来僧の木庵（一六一一～一六八四）が箱根町の長興山紹大寺でつくった「湘江雪浪」という詩で、相模湾一帯を指して「湘江」と呼んだ記録がある。また、禅僧鉄牛（一六八八～一七〇三）が海老名市の瑞雲山竜峯寺でつくった詩では、相模川を「湘川」、「湘浦」と呼んでいる。

鴫立沢の標石

八六八～一九二七）は、一八九八年、随筆「湘南歳余」を新聞に連載した。逗子に移り住んだ蘆花が、逗子の自然を描いた随筆である。翌年、蘆花は一年間記した日記を「湘南雑筆」と随筆に編集し、一九〇〇年に随筆集『自然と人生』を出版した。江戸時代には大磯の海岸付近のみが「湘南」と呼ばれていたのだが、蘆花の作品によって相模湾の海岸地域一帯が「湘南」の地名として全国的に広まった。

「湘南発祥之地」の碑

崇雪が鳴立沢に設置した五智如来《ごちにょらい》の石像は、鳴立庵の園内の一番奥まった場所に安置されている。左から「釈迦」「阿弥陀」「大日」「阿閦《あしゅく》」「宝生《ほうしょう》」の五体の如来像が並んでいる。如来像には「寛文四年（一六六四）十一月吉日」と刻まれているので、崇雪が鳴立沢に草庵を結んだ時期が江戸初期と知ることができる。鳴立沢に崇雪が草庵を結んでから、およそ五〇年後の一六九五年五月、俳諧師として著名であった大淀《おおよど》三《み》千風《ちかぜ》が庵を整備し、円位堂、法虎堂、秋暮亭などの堂宇を建てて「鳴立庵」としたことが記録に残っている（二一二ページ参照）。

日本文化の風景

「小田原史談」第179号の「小田原叢談（三十八）」（石井富之助記）に、「この鴫立沢について土肥経平のあらわした『風のしがらみ』に面白い話がのっている」とある。土肥経平《どひつねひら》（一七〇七～一七八二）とは、江戸時代中期の有職家である。そして、「風のしがらみ」の話とは以下のようなものである。

寛文元年（一六六一）に大納言雅章卿が関東に下ったとき、大磯に誰が名付けたのか、鴫立沢という所があった。ここで、

あわれさは　あきならねども
知られけり
鴫立沢の　むかし尋ねて

五智如来の石像が並ぶ

この沢のあたりに大変風流に住んでいる僧に話しかけて、

こころあれや　あるじかをして　住なして
鴨立沢に　結ぶかり庵

大納言は京都に帰って、この歌を天皇に御覧に入れたところ、西行法師の心なきの歌は、どこでもよい鴫のとび立っている沢であって、ここのところだとさして詠んでいる歌ではないのに、今お前がここを鴫立沢という名所にして詠んでいるのは非常なあやまちである、とおおせになって、しばらく出仕をとめられたということである。

大納言雅章卿とは飛鳥井雅章（一六一一～一六七九）のことである。飛鳥井家は、代々和歌と蹴鞠を家職として師範する公家の家柄であった。また、江戸幕府の奏請を朝廷に伝える「武家伝奏」も務めていた。それが「出仕差し止め」とは、和歌の道の厳しさを彷彿とさせる逸話である。言い渡したのは後西天皇《ごさいてんのう》（一六三八～一六八五・第一一一代天皇）で、和歌に秀でて、古典への造詣も深かったと言われている。

この逸話があった一六六一年は、外郎家一族である崇雪が五智如来像を鴫立沢に設置した三年前である。「この沢の辺りに風流に住む僧」というのが崇雪と思われる。「風のしがらみ」の記録から、崇雪は寛文元年にはすでに鴫立沢に庵を結んでいたと推察される。

今でこそ鴫立庵《しぎたつあん》は市街地に飲み込まれてしまっているが、江戸末期の浮世絵には、海岸脇の崖の上に鴫立庵が立っている。一八六三年に浮世絵師歌川周麿《ちかまろ》が描いた「東海道名所之内　鴫立澤」である。鴫立沢の脇の東海道を大名行列が西に向かって進んでいる。西国の大名が参勤交代を終えて、領国へ帰る途中なのだろう。

現在の鴫立庵のある場所は、国道1号線からそれほど高い場所ではなく、海岸脇でもない。絵の右端に描かれた階段のようなものからすると、江戸時代は東海道が現在よりずっと低い位置にあったのであろう。浮世絵は、現実の風景よりも極端に誇張する傾向があるから、見た目よりも崖が高く描かれたのかもしれない。それでも、人里離れたうら寂しい海岸際に庵があったと想像することができる。

大磯の鴫立沢は、後西天皇が指摘されたように、実際に西行が歌を詠んだ地ではないのかもしれない。僧形文人の崇雪が「湘南」の地名とともに、自らの空想に任せて

歌川周麿が描いた「鴫立澤」(1863年)(大磯町観光協会提供)

「鴫立沢」と名付けたというのが実際のところかもしれない。しかし、現代人の私たちは、鴫立沢の成り立ちを詮索するよりも、西行を慕いながら鴫立庵に集った人々が、その心をつないできた歴史のありように想いを寄せたい。

江戸時代の文人が鄙《ひな》びた地に庵を結び、気の合う仲間たちと寄り集まって俳諧連歌に興じるさまは、日本の各地にあった極めて日常的な文化の風景であったと言える。崇雪にはじまる「鴫立庵」は、そのような古《いにしえ》の日本文化の風景なのではないだろうか。

小田原の文化にまつわる話や場所を巡ってきて、改めて人間には文化が必要なのだ、と思うようになった。文化は人と人をつなぐ。人の社会は、契約的な関係だけで成り立ってはいない。そこには、人の心を結び合う関係がより必要とされているように思う。戦乱に明け暮れた室町時代や戦国時代であっても、いやそういう時代だったからこそ、人と人の心の関係を大事にしたのだろう。人々は、それを文化という形で表してきた。

外郎家が五〇〇年にわたって文化を培ってきた小田原の地にも、その心を偲ぶ場所や旧跡がたくさん残されている。そのような場所に足を運んで、古の人々の心に、そして現在の自分と結ばれている人たちの心に想いを馳せるのも、人生を心豊かなものにする機会かもしれない。

終章

座談会——これからの小田原

二〇一五年一一月三〇日、午後一時より四時まで、外郎武氏にも参加いただき、小田原市の松永記念館本館にて「これからの小田原」というテーマで座談会を開催した。ほかの参加者は、鈴木伸幸氏（ＦＭ小田原株式会社代表取締役）、坪井ひろ子氏（内閣府青年国際交流担当室政策調査員）、中根希子氏（ピアニスト）、露木清高氏（寄木細工職人）、そして筆者が司会を担当し、本書の出版元である株式会社新評論の武市一幸氏がオブザーバーとして出席した（参加者の詳しい紹介は奥付を参照）。

まずは、座談会を開催した松永記念館について、小田原市のホームページを引用する形で写真とともに紹介しておこう。

　松永記念館は、戦前・戦後と通じて「電力王」と呼ばれた実業家であり、数寄茶人としても高名であった松永安左ヱ門（耳庵）が、昭和二一年に小田原へ居住してから収集した古美術品を一般公開するために、昭和三四年に財団法人を創立して自宅の敷地内に建設した施設です。昭和五四年に財団が解散し、その敷地と建物が小田原市に寄付されました。市では、昭和五五年一〇月に小田原市郷土文化館の分館として設置し、特別展や企画展を本館・別館展示室で開催しています。また、昭和六一年に移築した野崎廣太（幻庵）の茶室「葉雨庵」や、補修保存工事後に平成一三年から公開している安左ヱ門の居宅「老欅荘」など、国登録有形文化財となっている貴重な建物も見学及び利用できます。

また、庭園は平成一九年二月「日本の歴史公園一〇〇選」に選ばれ、四季を通じ様々な花を観賞できます。

老欅荘

周囲は住宅地となってしまったが、ここだけはかつての別荘地帯という雰囲気を残している。耳庵《じあん》の本宅である老欅荘は、全室茶室となる数寄屋造りであり、季節ごとに市民による茶会も開催されている。各茶室を使用する場合は有料だが、本館は無料となっている。小田原駅からはバスに乗って、箱根登山鉄道の「箱根板橋駅」からは徒歩で一〇分と、決して遠くない所にあるので、小田原に来られたときには是非立ち寄っていただきたい。

深野　本日はお忙しいところをお集まりいただき、ありがとうございます。今日の座談会のテーマを「これからの小田原」とした意図は、明るい小田原を打ち出したいということです。人々が明るく楽しく、そして未来に希望をもって過ごしているという小田原を、みなさんの仕事を通して話していただければうれしいです。事実、みなさんは文化的な活動をしながら楽しそうに仕事をしていっらしゃる。その魅力というものはどういうものなのかについて、お話しください。まずは、箱根・小田原の名産品ともなっている寄木細工をされている露木さんから、そのかかわりについてお願いします。つい先日、この場所（老欅荘）で、五人の仲間と結成しているグループ、「雑木囃子一〇周年」という展示会もされましたね。

露木　はい、そうです。寄木細工は生まれたときからその場にあったものですが、成長する過程ではとくに気にしていませんでした。一人っ子のせいか、中学、高校で進路を考えるときに、寄木細工がなくなってしまうのは嫌だなーと考えるようになりました。

寄木細工と言えば伝統工芸、伝統工芸というとやはり京都

司会を務めた筆者

じゃないかと思い、まずは京都の専門学校に入学しました。見て覚えるというのが当たり前の世界なのに、京都の職人さんがじかに教えてくれるというのは画期的なことでした。学んだのは、指物です。茶道指物、調度指物といろいろありますが、木目のいいところを仕口《しくち》(1)で組んで、きれいに見せる箱とか引き出しのことです。寄木細工というのは模様の部分が強いので、木地物ができれば自分なりに新しいものがつくれるのではないかと思いました。

　小田原に帰ってきて、本格的に寄木細工に携わるようになりました。生まれも育ちも小田原なのですが、まったく地元には興味がなかったです。しかし、京都から帰ってきて小田原を見ると、お菓子だったり、食文化だったり、いろんな伝統がある城下町なんだと再認識しました。

露木清高氏

深野　お父さんも職人ですか？

露木　そうです。曾祖父が初代で、箱根の畑宿という所にいたんですが、十数人兄弟の末っ子のほうだったため丁稚《でっち》に出されたんです。そこが寄木細工をはじめた人のお孫さんだったらしく、仕込まれて、小田原に移り住んではじめました。

深野　じゃあ、四代目でいらっしゃるわけですね。

露木　そうですね、なれればですけれど……。

深野　ということは、お父さんはまだ現役でやっていらっしゃる。

露木　バリバリの現役です。やってもらわなければご飯が食べられません。（笑）

深野　お父さんのもとで、腕を磨くという発想はなかったのですか？

露木　一回は外に出たほうがいいと思いました。寄木は模様の部分が主なんです。そのためにも、箱に関する知識をもっていたほうが自分なりにいいものがつくれるとも思いました。それに、伝統工芸という京都のイメージが強かったです。先ほども述べたように、そこで職人さんが教えてくれるというのは画期的なことでしたから、是非行ってみたいと思いました。

深野　デザインという意味で、京都に行ってよかったなあーと思うことはあったのですか？

露木　もちろん、デザインの授業はあったのですが、すごく苦手でした。ただ、学校で茶道を習う機会があったんです。正座して何時間もなんか、絶対好きにならないだろうなと思っていたんですが、茶道において指物はすごく奥深いということで体験しました。やってみたら面白く

（1）二つの木材を直角や斜めに接合する方法のこと。

て、結構はまりました。お客様をもてなすために一つのお菓子があって、点てるための所作、そして美味しい一服。その付属としてお茶碗があり空間がある。こりゃ面白いなあ、と思いました。

寄木細工にこの感覚が生かされました。寄木細工できらびやかな銘々皿をつくると、気持ち悪いんです。お茶やお菓子が引き立たないのです。でも、ポイントであれば逆にすごく映えると思ったんです。このような面で、デザインの違いということを学びました。

深野　なるほど。ところで、現在の寄木細工を見ると模様がかなり細かいですが、これは昔からですか？

露木　細かい模様がたくさんつながっているものが伝統的イメージなんですが、もっと前は「乱《らん》寄木《よせぎ》」(2)と言って、多角形の模様をしていてもっと大柄なんです。

深野　モダンですね。すごい。

露木　そう、今見てもモダンなんです。おそらく現在は、職人さんの努力や機械の発達が理由で細かい模様のものが売れますが、かつては乱寄木のなかの一部に細かい模様が入ったものが主

乱寄木文様の文庫（露木清次作）

流でした。今でも、伝統工芸士の試験はこの乱寄木となっています。

鈴木　一つ質問です。伝統工芸と言われているものでも、結構、日用品としてつくられていますよね。一方で、美術品として扱われるものがある。その違いをどのように考えているのですか？

露木　僕のなかでは、正直なところ線引きということについては、あまり分かっていません。じゃあ、美術工芸品はなしかというと、そうではありません。値段は別にして、生活のなかに美術工芸品は必要だと思っています。たとえば、今日もってきたこのカップなんですが、二万円します。こういうものから根付のような安い五〇〇円のキーホルダーのようなものまであります。カップで二万円っていうと高いと思う人が多いと思いますが、こういう材料を使って、こういう手間をかけてつくっていると伝えていきたいです。使ってもらえればちゃんと生活に根づくと思っています。

鈴木伸幸氏

（2）寄木細工の意匠の一つで、部材をランダムに切って寄せてデザインされた寄木のこと。

だからといって、美術工芸品を否定しているわけではありません。時と場合なのかな……。

作品をつくるとき、ある程度量産をする場合は、売れているもののデザインの良さってなんだろうと考えます。その良いところを取り込むと、つくりやすかったりするんです。そうすると、値段を下げることができます。

鈴木　その違いは、やっぱり他人が判断することなんですか？

露木　もしかすると、そうかもしれません。たぶん、これは美術工芸品で、これは量産品という区別をしているんだと思います。

坪井　私も不思議に思っていたのですが、たとえば露木さんの作品には銘を入れているのですか？

露木　入れていないです。

坪井　何故ですか？

露木　もちろん入れてもいいのですが、京都の先生は、「使う商品とか作品になぜ傷をつけるのか」と言う人だったんです。この言葉をすべて肯定しているわけではありません。というのも、

坪井ひろ子氏

つくった人の銘が入っていれば責任が伴いますから。しかし、よくよく考えてみると、僕が考える寄木細工っていうのは素材美なので、あえて入れることもないんじゃないかと思っています。少なくとも今は、ですね。

坪井　作品に自分の名前を残すというのは、美術品か工芸品かという一つの線引きだと思うのです。かつて、私が美術研究の場で見ていたのは一四〜一五世紀にかけてのアフリカの彫刻品などですが、いわゆる大航海時代に入ってくると物流が発達して、西アフリカでつくられていた彫刻品などが、いわゆる「お土産品」としてヨーロッパをはじめとしたさまざまな所へ新世界物として持っていかれたのです。そのなかには、名前が入っているものもありました。そのときはそれほどの意味をもたなかったのが、時を経ていくうちに工芸品から美術品という扱いに変わり、名前が入っていたものの場合は「作者」のストーリーが考えられるようになると同時に、経済的な価値も高まったわけです。

ご存じのように、いわゆる工芸品と区別されてきたものの美術的な価値っていうのは、一九六〇年代ぐらいから西洋においてどんどん変わっていきました。そういう経緯から考えると、工芸品っていうのは日常生活に密着した特殊な美術品なのかもしれません。さまざまな定義が存在すると思うのですが、銘を入れるということは、「どのような使い方をされようが、私がつくった作品である」として作者自らが「刻印」を入れることであり、芸術家としての決意表明みたいなものではないでしょうか。その人にしかつくれないものを創り出すということは、すごいパワーだと思います。つくられる立場として、どのように考えていらっしゃいますか？

露木　正直なところ、これまであまり考えたことがなかったです。たまに、箱に「名前を書いて下さい」って依頼されることがあります。書いたことないので、「漢字でいいですか」と答えています。(笑)

中根　話はそれますが、音にも名前を書くことができません。つまり、「今のピアノは私が弾きました」と記すことができないんです。正直、それが悔しくて……。自分の弾いた曲があちらこちらで出回るんですが、「私が弾いたんだよ」って言ってもＢＧＭでしかない。それでかなり悔しい思いをしたんですが、あるとき、自分が弾いているって思ってもらえればいいじゃないかって考えるようになったんです。その音を聴いたら「中根の音だ」って、言われるようになろうと思ったんです。露木さんも、見れば「あっ、露木さんのデザインだ！」って思えるような……。

中根希子氏

露木　そうですよね。そこが理想ですね。

中根　私はそうなりたいと思っています。とにかく、音はその場で消えてしまうので、聴いてくださる人の心に残るまでその作業をしていきたいです。

深野　楽譜は残りますよね。当然、演奏される前にアレンジもされるでしょうから、楽譜にサインをしないのですか？

中根　演奏家は残らないんです。ＣＤは残るけれども、ＣＤを流したときには空気伝導でしかないですから。誰だれが弾きましたと、ＦＭ小田原さんで言ってくださることはありがたいです。それがサインになりますが、私が求めているのはそれではないんです。たとえば、ＣＭでチェロを弾いている人がいて、「あっ、これ何々君の音だ」って思ったんです。電話をしてみたら、「やっぱり分かった？」って言うんです。チェロの音は声のように聞こえるのでなおさらですが、そうやっていけばサインはいらないのかな、って思います。

深野　音で分かりますか……。

中根　分かりますよ。性格まで分かっちゃいます。あのー、つくり方とかで、ちょっと今日は荒っぽいなと思うときはありませんか？

露木　あります、あります。

中根　ありますよね。この人ちょっと雑だなとか、自分もそうしないようにしようとか、音の節々とかで、今日疲れているなーとか、そういうことまで分かるようになりたいです。四歳から音に携わっていますが、改めてそういうふうになりたいな、と思っています。

深野　日常的に、そのことについてアピールしていますか?

中根　そうですね。出会った子どもたちには、必ずそういう話はしています。ただ、今の時代は成績重視ですから、私との触れ合いよりも塾や学校での時間が長いので、消えてしまうことがあるかもしれません。でも、少しでも望みがあればいいなと思っています。それに、話すと分かる子どもが結構います。

深野　コンサートのときはどうなんですか?

中根　コンサートのときは、もういろいろとしゃべっています。とはいえ、演奏にも集中しないといけないので限界はありますが。ただ、演奏会で「どうだ立派だろう」みたいなリサイタルや、お客様の絶賛だけとか、お仲間だけのようなコンサートになるのではなく、心から分かる方たち、発信できる方たちが集って国際交流にまで発展すればいいと思っています。

そう、アフリカ系のミュージシャンとも話したことがあるんですが、「日本人の音楽はソウルがないって」よく言っていました。某劇団で一緒に打楽器の演奏をしたようなんですが、「つまらない、つまらない。アフリカに帰りたい、帰りたい」と言っていました。(全員、へぇー)自分で言うのもなんですが、アフリカの血が騒ぐというのが私にはよく分かるんです。幼いころ、本当に男の子みたいだったので、何でもかんでも叩いたり、周りにあるものを並べて歌ってみたりとかをおばあちゃんの家でやっていたんです。アフリカの方から、「君は、なんか僕と近いね」って言われました。（笑）

鈴木　レコードやCDは、つくることを目的としているのではなくて、遠くにいる人に聴いてもらうことを目的としてできたものなんです。

露木　そうなんですか。

鈴木　現在は、CDで聴くことが音楽みたいな状況に変わっているように思えて残念です。オーケストラは、ほとんどライブ録音ですよね。それに比べて、ポップスなんかはスタジオでつくり込んで、こう聴かせればいいというところがある。散々つくってきましたから、言える立場ではないですが。（笑）今はダウンロードの時代になって、そのCDも売れなくなった。それだけにライブって大事ですよね。一時期、ライブもできないミュージシャンが結構増えました。

深野　CDは、ライブと違う音になっているんだ……。

鈴木　歌とかはパソコンで編集してますね。もちろん、大きな声で言えませんが。

深野　アイドルグループのCDなんかはどうなっているのですか？

鈴木　もちろん、全部直してますよ。音程とかリズムも、全部です。

武市　すみません。オブザーバーの私が口を挟むのもどうかと思うのですが、ちょっと言わしてください。中根さんのように、日常的にコンサート活動でさまざまなことをお話しになっているのはすごいことだと思います。過去に、オペラやコンサートに携わっている裏方さんのことを本にしたのですが、彼らの努力といったら本当にすごい。それを知るだけでお金が払えるぐらいです。私としては、なぜそのことを伝えないのか、と思っています。

中根　そうですね。

武市　人間であるかぎり、三六五日間、毎日のようにコンサートやって、全部同じできだったとしたら、逆に気持ち悪いですよね。ありえないでしょう。（ありえない！）にもかかわらず、コンサートを聴くと多くの人が必ず「素晴らしい！」と言う。ひょっとしたら、聴いているほうに教養がなさすぎるのかもしれません。素晴らしいステージをつくるために行っている裏方の努力を、センターで演奏している人が観客に伝えてほしいなー、と思うわけです。

中根　確かに、いいところしか見せていませんね。辛かったこと、悩んでいることも隠して、その場だけピリッとした感じで演奏してしまう。とくに、クラッシックはそうですね。それが嫌なんです。実は、普通高校に通っていたときに仲間とバンドを組んだことがありまして、音楽会社のオーディションを受けたら三万組のなかでベスト3に入ってしまい、少しだけレコーディングもしました。このような話、今まで話したことがありません。

深野　普通科の高校だったんですか!?

中根　そうです。高校二年まで芸大に行く気はなかったんです（嘘ー）。父が医療関係の仕事をしていたので、そちらの勉強もしたいなっていう気持ちがありまして……。

深野　高二で決めて、東京芸大に入れるというのがすごいですねえ。

中根　与えられたものはまじめにやろうっていうか、親に怒られたとかということではなく、一生懸命やったことでその評価が成績として出る勉強も楽しかったですが、一方でそれだけじゃ嫌だという自分もいたので、音楽も学んでいたんです。

深野　中根さんの話を聞いていると、本質的なものを求めたいという思いが強いように感じます。コンサートを聴きに行く人っていうのは、ある意味、いい気持になりたいという人ですよね。だから、裏の話をされてしまうと生々しすぎて、そのためにお金を払っているんじゃない、あまり本質的な部分には触れてくれるな、と言う人もいるのではないでしょうか。

武市　それだと、日本の文化的な教養は発展しないでしょうね。

深野　確かに、時代の流れのなかで、中根さんのようなことを考えている人がどんどん増えてきています。形だけでなく、もっと本質的な部分をきちんとやっていったほうがいいんじゃないかという人が。

武市　かつて『ノダメカンタービレ』が映画になったとき、クラッシックのCDがやたら売れました。この映画というのは、若い女性にすごい教養を提供したと思います。つまり、クラシックの裏側を見せたわけです。学校で行われている音楽の授業では聞かれなかったようなことが映画のなかに全部入っている。それを知って、みんなクラッシックを聴きはじめたわけです。つまり、ステータスとして聴いたわけではないということです。

深野　旅行も、同じ傾向があるかもしれませんね。昔は、添乗員に言われたとおり旗の下をぞろぞろとついて行きましたが、今ではほとんどの人が自らプランをつくって海外旅行や国内旅行を行っています。あるテーマに特化して、そこの場所を巡るというような旅行の仕方に変わってきています。そういう時代なのかな、という気もしますね。

そう考えると、町づくりにしても、イベントをやって参加者を募るというワンパターンなものは終わっていて、もっと特徴を出し、町が本来もっているものに目を向けるといった本質的な部分に回帰しようとしているのかもしれません。

外郎　確かに、深野さんが仰ったように変わりつつあると思います。その例がメイキング映像でしょう。昔は本編だけだったのが、裏方が行っている特殊映像の撮り方などを発表しています。各俳優がこういうことで苦労した、というのもそうでしょう。昔は、せいぜいNG集だったのが、今は裏側に対して興味をもちつつあるように思います。

人は、心と心を通わせることができると思っています。だから、さっき話が出たように、コンサートをやるっていうよりもトークショーをやるっていうことは、すごく心を通わせる場になると思うので是非やって欲しいです。

このようなことを最近感じたのは、「小田原映画祭」(3)で上映された『太秦ライムライト』(落合賢監督、二〇一四年)を観たときです。主役の福本清三(五万回切られたという役者)さんが、映画がはじまる前に野外ステージの所でトークをしてくれたんです。この方、人柄が謙虚でまじめで、あまりしゃべり慣れていませんでした。それで、一一月一四日に亡くなった阿藤快さんが実行委員長として大きな声で場を盛り上げてくれたんです。でも、福本さんの人柄のよさや映画への思いを聴衆が感じ取ったから、そのあとに観た映画にすごい感動を受けました。たぶん、映画を観ただけではそういう感動はなかったと思います。その人に対しての思いをもって映画を観たことによって、すごく感じ入るものがあったのでしょう。

(3) 二〇〇四年より小田原市で毎年開催される映画祭。NPO法人「小田原シネマトピア(蓑宮武夫理事長)」が中心で、「小田原映画祭実行委員会」が主催。小田原城銅門での上映会、ショートフィルムコンテストを実施している。二〇一六年は第一〇回となる。実行委員長は、小田原ふるさと大使である俳優の合田雅吏氏。

外郎武氏

全員　なるほど！

外郎　前でも後でも、トークショーは是非やっていただきたいです。できれば、前のほうがよいと思います。このコンサートは、どういう形で、どういうふうにして準備されたのかとか、この前はどうだったかなどを知ってから聴いたら、絶対に変わると思います。

中根　もう文化ですかね。

外郎　日本人というのは本来農耕民族だから、心と心を通わせる、みんなで共同して何かをやるということが好きだと思います。そういうところにフォーカスを当ててやればいいと思います。何といっても、その人のトークは一生に一度だけですから。

中根　トークに侘び寂びみたいなものを入れるんですね。

外郎　そのときのお客さんを見てしゃべるでしょう。そのときのお客さんの雰囲気で、自分のしゃべることが変わるじゃないですか。

中根　台本なんか全然関係なく、自分の経験とかを話すんですね。

深野　外郎さんに、ういろう博物館を三回案内してもらいました。毎回違うんですよ。（笑）

外郎　その人に合わせるというか、その人の求めている心を見てしゃべっているんです。同じことは言えないんですよ。以心伝心の一つですかね、そういう文化があると思うんです。だから、オーダーをされてつくるとき、その人を知ろうと思います。

露木　そう、そうなんです。

外郎　この六人がオーダーを露木さんにしたときに、同じコップでもたぶん違うものがつくられてくると思うんですよ。オーダーメイド、カスタマイズであれば。

坪井　今のお話をうかがっていたら、妙に納得しました。何が欲しいかと言いますと、情報が欲しいわけじゃなくて新たなる視点が欲しいということじゃないかなと思います。情報というものは、その量と質などが満足度につながるかもしれませんが、それでどうかという問題ではないですよね。新たにそこから何を考えられるかという、そのための踏み台のようなものがあるだけでその後の考え方や行動が違ってくると思うんです。そう考えると、情報の内容だとか、発信の仕方だとか、いかにして新しい視点を与えられるかというところが重要になります。

——小田原における情報発信の拠点は、二〇一五年一一月二八日に開設された「おだわら市民交流センター UMECO《ウメコ》」である。小田原駅東口を出て、歩いて二分という場所にあるこの施設では、市民交流だけではなく国際交流の場も提供している。これから小田原を考える際、必要となってくるであろう国際交流について専門家の坪井さんに尋ねてみた。

深野　坪井さんは、国際交流の場をセッティングする際、どういう工夫をされているのですか？

坪井　私自身は、国際交流とは「人と人とをつなぎ、グローバルな人の往来をつくること」と捉えています。内閣府青年国際交流事業がはじまったのは一九五九年です。まだ日本の青年が個人で海外に行く機会がかぎられていたとき、もっと世界を知り、諸外国の青年との相互理解を深め、友好を促進するため、国の事業としてはじまりました。開始されてから半世紀以上が経ち、「なぜ今、この時代に国際交流が必要か？」という議論もあるなか、事業も変化しています。

深野　そういえば、不思議なタイトルの募集を見たんですよ。ホームページに、確か「飛行機で行く海外交流」って書いていました。なんで、わざわざ飛行機で行くって付いているのかなーと思いました。

坪井　おっしゃるとおりですね。現在、船を使う事業と、航空機を使う事業の二種類があります。

深野　昔は「青年の船」とか言っていたものがありましたよね。

坪井　その流れが今も継承されています。船による多国間交流は二つあります。「東南アジア青年の船」というアセアン（ASEAN）一〇か国との事業と、深野さんがおっしゃった「青年の船」から引き継がれて「世界青年の船」となり、現在は次世代グローバルリーダー事業「シップ・フォー・ワールド・ユース・リーダーズ」という名称で実施している事業があります。

これらとは別に、航空機による事業があります。平和友好条約締結や共同声明などに基づいた「日本・中国青年親善交流事業」および「日本・韓国青年親善事業」、それから世界三か国に日本の青年を派遣し、世界六か国から外国の青年を招へいする「国際青年育成交流事業」、また高齢者・障がい者・青少年関連分野における社会活動に従事する青年のための「青年社会活動コアリーダー育成プログラム」という事業もあります。これらの場合は、船ではなくて航空機を使っているので、先ほどのような名称になります。

深野　そういうことかー。飛行機だと一か所だけだけれど、船だと寄港していくことができる。なるほど、やっぱり時代が少しずつ変わっているんですね。

坪井　確かに、変化していますね。今は、お金と時間さえあれば、誰もがパスポートを持って海外に行ける時代です。だから、「この事業参加のためにパスポートを初めて取りました」とか「海外に行くのは初めてです」という方は少なくなっています。

鈴木　カリキュラムはどんな感じなんですか？

坪井　まず選考に関しては、日本青年の場合は第一選考を都道府県および全国規模の青少年団体で行い、第二次選考を内閣府で実施したのち、最終選考を兼ねた事前研修というものをしています。日本の代表として行っていただくので、日本のこととともに派遣・交流国のこと、プロトコル（国際儀礼）などを学びます。渡航前後には、出発前・帰国後研修も行っています。

一方、招へいのほうは、国によってさまざまです。参加することが一つのステータスであり、今後のステップアップの基盤になるような内閣府青年国際交流事業の社会的認知度の高い国では、選考倍率が非常に高いケースもあります。

鈴木　外国に行って何をするんですか？

坪井　現地青年との交流、さまざまな施設・企業および政府機関などの訪問、ディスカッションです。ホームステイやホームビジットもあり、家庭を通じて現地の人・文化・社会をより知ることができます。研修や事業参加により自分を知って世界を知るという形のみならず、世界を知って自分を知るという声も多いですね。いかに自分が何も知らなかったかということを、帰国後に言う方が多いです。

それから、国が実施する国際交流事業の特色として、表敬訪問が挙げられます。派遣も招へいも、国家から地方行政レベル、つまり総理大臣や大統領から知事など、さまざまな表敬訪問があります。

深野　そういうレベルの表敬訪問なんですか！

坪井　そうです。留学や民間団体による国際交流事業との違いの一つですね。

深野　行って来て帰ってきた結果が、日本のことを知らなかった、になるわけですね。

坪井　そうなんですね。今は、そういう言葉を耳にすることが多いですね。

深野　そうなると、日本の学校というのは、日本について何も教えていなかったっていうことになりますね。（笑）もっとミニマムに、小田原市でもいいですが、小学校で小田原のことをどれだけ教えたのかな、と考えてしまいます。たぶん、上から目線という教え方が理由じゃないでしょうか。教えてあげるという雰囲気があるから、聞いているほうは学ばない。そのような人が、外に出た途端フラットなコミュニケーションの場に身を置き、素朴に尋ねられるもんだから「あれっ⁉」という驚きになったんじゃないですか。

坪井　それはありますね。

深野　行く人が想定していたのは、向こうからの、上から目線での説明だったと思うんです。説明されることを想定していたのに、行ってみたら逆に日本のことばかりを聞かれたけれど、何一つ答えられなかった、となる。

坪井　本当ですね。でも、まさにそこなんですよね。立場ありきではなく、まずは己ですね。日本の代表として派遣されるのですから、訪問国の方たちは参加青年を通じて日本を知ります。招へいもしかりです。伝え、聞き、考え、感じ、それまでの自分を総動員する経験ですね。教えてもらうだけではない、自身、そしてそれぞれの観点から日本を語り、議論し、知り、相手にも知っていただく。未知なる発見との出会いは成長のきっかけになりますね。世界を相手にするときに、受け身のみではいられませんから。

深野　たぶん、いろんな所に見学に行く前に、全部説明を聞くということが決まっているんですよ。だから、ピアノのコンサートでもそうでしょうが、みなさん静かにしてピアノを聴きなさい、ってなる。このようなことが大前提になっているから、ピアノを聴いていないんです。

中根　このあと御飯、何を食べようかなって。(笑)

坪井　日本人は、与えられることに非常に馴れているんだなというのは、私たちもよく感じます。教育からきているのでしょう。

深野　だから、大人になってもそういうなことが条件反射のように出てくるのでしょう。

坪井　それはありますね。やはり、教育が重要だと思います。

武市　すみません。また口を挟みます。ヨーロッパの人々は、幼いときから日本でいうクラッシクというものを普通に聴いています。だから、音で話をすることができるんです。また、歴史が目の前に存在しているので、歴史で話をすることもできる。それも、延々とつながってしまう。

言うまでもなく、奈良や京都だけでなく小田原にも歴史があります。しかし、歴史で話ができる人はどれくらいいるのでしょうか。その教養の違いということを反省していかざるを得ないでしょう。もちろん、自分も含めてですが。

そのための刺激というものが、外郎さんがおっしゃったような裏側からのコメントだと思います。たとえば、プロ野球選手でもそうですよね。練習のこととか野球に対するこだわりを機会のあるごとに話しはじめている。それによって、視聴者が引き付けられ、彼らもより努力していくようになる。このような形になればいいのではないでしょうか。たとえば、露木さんが個展をされるときに、この創作の意図は何なのかとかということも含めて、全部伝えていくことによってお客さんの見方や教養が変わると思います。

深野　そういえば、雑木囃子の六人のうち、四人は外から来た人でしたね。この点について、彼らは何と言っていますか？

露木　そのとおりです。彼らの話を聞くと面白いんです。一人は、大学生のときに箱根へ行って、「あっ、寄木細工っていうのがあるんだ」と感動して、「やらせてください！」「だめです！」「やらせてください！」と二〜三年続けたと言っていました。（拍手）もう一人は、たまたまハローワークに行ったら寄木細工があったので、じゃあ行ってみっか、という感じです。

若手が入ってくることで親方たちも珍しがって、研修会のときには若手を対象にして鉋《かんな》の仕込みなどを教えてます。また、理事長も「何かやったら」と言うので、「じゃあ飲み会からやりましょう」ってことになったんですが、僕も含めてみんな究極の人見知り集団で、誰一人何もしゃべりませんでした。（笑）

深野　すでに職人らしい！

露木　でも、話を聞いていくと、それぞれが面白いんです。やっぱり、モノづくりが好きだったり、寄木が好きだったりするんで、僕らで作品展をやろうというのがきっかけで二〇〇五年から「雑木囃子」の活動をはじめています。その背景には、デザインも含めてですが、やったことのない技術に挑戦できるということもあります。

鈴木　二代目とか三代目とか、継いでいる人もいるわけでしょう。全体として、後継者不足っていうのはないいんですか?

露木　いや、後継者不足だと思います。伝統工芸は、すべて後継者不足です。もちろん、修行が合わないという人もいますが、それよりも人を育てるだけの経済的な環境がないんです。

深野　今、小田原や箱根で何人ぐらいいらっしゃるんですか?

露木　寄木に携わっている伝統工芸士の方は四人くらいです。それに、補助の方とかを含めると、全体で一〇〇人前後じゃないでしょうか。だから、大きいところで八人とか九人です。もちろん、一人でやっている人もいます。

外郎　今の日本っていうのは、残念ながら、芸術だとか伝統に対する一般的な評価が十分にされていないということですね。それから、それを支える行政の補助といったものも少なくて、個人任せになっているように思えます。実際、どうなんでしょう?

露木　そのとおりだと思います。

外郎　商家を継ぐ人も、親を見ているといい生活ができないとか、休みなく働いているなどで、その家に伝わるものに対して誇りがもてなくなっているんじゃないかと思うんです。つい最近も話をしたのですが、まず自分の家に誇りをもっているか、自分を育ててくれた学校に誇りをもっているか、そして育てられた地域に誇りをもっているのかということが重要だと思います。多くの場合、「あの学校の先生はさあ……」と悪口は言っても、「あの学校でこういうことを教わってきて、それが人生のベースになっている」と誇りをもって言える人は少ないと思います。

私も子育てで意識したことがありますが、絶対にやったらいけないと思ったのは、家の中で些細なことでももめ事を起こさないこと、家嫌いになったら終わりだと思ったんです。家や身内のなかで争い事をはじめたら、たぶん子どもたちは絶対にこの家を継いでくれないな、と思ったんです。

深野　学校と言えば、三の丸小学校はすごいですね。

外郎　みんな、三の丸小学校はいいと言っていますね。かっこいい、って。子どももこの小学校に通って思い出をたく

かっこいい三の丸小学校

さんつくりました。でも、歴史ある小田原の街ですが、小中学校の卒業生に、小田原の歴史とか話を聞いても、小田原のことを自慢に思っている人、語る人って意外と少ないように思います。京都に行くと感じるんですが、京都の人はプライドがすごく、かつては日本の中心であったことに誇りをもって語ります。これを見習うべきだと思います。

深野 確かに、そうですね。

外郎 タクシーに乗ったとき、こっちが関東から来たと言うと、ほぼまちながいく京都の文化を主張してきます。小田原の人たちが小田原の文化を主張することは多くないと思いませんか？

露木 そもそも、知らないっていうのもありますよね。

外郎 教えが十分ではない？ でも、教える前に、三の丸小学校に通っている小学生が、ここってすごいねって思って、勉強しようという意識が高くなればいいと思います。そういうことがきっかけとなって、一人ひとりが自分たちの住んでいる所にプライドや誇りをもつようになれば、家庭や学校での教育も変わるし、子どもたちの思想も変わって、自ら文化をもっと調べて自慢すると思うんです。そうしたら、大学が東京であっても、勤め先が海外であっても、「どこから来たの」って聞かれても、東京とは言わないと思うんです。「俺は小田原っていう所から来たんだ」と。もし、小田原のことを知らない人がいたら、小田原をＰＲするわけです。

海外の人って、「どこから来たの？」と聞くと、必ず国名だけじゃなく出身地も言いますよね。

それも、かなり具体的に。相手が知っているかどうかは問題にしない。これって、重要ですよね。

坪井 今の話で思い出したのですが、昔「パルパライソ（Valparaíso）」（人口二七万人ほどの港湾都市）というチリの町に行ったときの話です。丘陵に家々が建ち並ぶ風光明媚な所なんですが、私の出身地である神戸のような街並みなんです。「素敵な町ですね」という話になり、私が「神戸にとても似ています」って言ったら、真面目な顔をして「違う！　パルパライソは世界に一つしかない！」と言って怒るんです。（笑）そして、パルパライソのいいところがどんどん出てくるんです。だから、こっちも負けずに「神戸はこうなんです！」とほぼ口論にまでなりました。それぐらい反応が強い。やっぱり、自信というか誇りをもっていました。国際交流の場においても、外国の青年が自身の国に対する感情や誇りを堂々と表現される様子が目立ちます。もちろん、「国」に対していろいろと複雑な思いがあっても、強い愛情のあることがストレートに伝わってきます。

外郎さんがおっしゃったとおりですね。子どものときから自分が存在する場所に対して何かしっかりとした感覚があるかないかで、三〇代から六〇代、七〇代になったときの「豊かさ」というものの感じ方が違うのかも、と今のお話を聞いていて思いました。

外郎 一言で言えば、「ジリツ」だと思います。「ジリツ」していれば、誇りも含めて自分で普通にできると思います。
鈴木 すごい、それは一番感じますよね。
外郎 「ジリツ」していれば、他人のせいにしないと思うんです。海外からなんか言われても、「そんなことはない！」って、はっきりと言えると思うんです。（そうですねえ）
深野 「りつ」の字は、「立つ」じゃなくて「律する」のほうですね。中国に最初に行ったとき、彼らがどこでも道路を渡ってしまう姿を見て、この人たちはすごい自律しているなーと思いました。自分の責任で渡るんだから、轢かれようが何しようが関係ない。日本人みたいに、赤信号がゆえに車が来なくても待っている姿を見ると、彼らはバカじゃないのって思うんです。
鈴木 ニューヨークもそうですね。
中根 大阪の交差点もすごいですね。
坪井 でも、言い換えたら、それはそれで、すごく強いっていうか、素敵なことなんだなと思います。（そうそう）それこそ、私がニューヨークに住んでいたときによく感じたのですが、ニューヨークで非常に目立つのが大阪の方なんです。（笑）
武市 念のために聞くんですが、褒め言葉ですよね。（笑）
坪井 もちろん、褒め言葉ですよ！（笑）
鈴木 大阪に行ったとき、「東京なんかにファッションを買いに行きまへん。ニューヨークに行

きますよって」と、いきなり言われたことがあります。（笑）

――大阪出身の武市氏の冗談が出たところで、外郎武氏が「集中しなくっちゃいけないから……」と言って、休憩を提案した。持参いただいた「ういろう」とお茶をいただく。この気配りがすごい。それにしても、国際交流の話がきっかけで、日本のほかの都市と同じく地元への意識の弱さが表出した感じがする。それを変えていくのも、本書の役目かもしれない。さて、このあとはどうなるのか、楽しみにしていただきたい。

鈴木　音楽の世界に話を戻しますが、教育ということで言えば一番遅れている感じがしますよね。専門学校がいっぱいできて、ちゃんとしたことを教えてないっていうか。何のためにやるのかっていうよりは、技術一辺倒になっている。

「ういろう」をいただいての休憩

中根　お金だけかけて卒業しました、だけですね。「今楽しいの？」と聞くと、笑顔がなかったりします。結局、違う仕事やバイトをしていたりで、すごくもったいないと思います。肌で感じているものがないから、ただ時間だけが過ぎてしまったという感じです。

鈴木　先ほど中根さんの音楽に対する姿勢を聞いて結構びっくりしたんですが、やっぱりクラシックの方は今までの型にはめてやる人が多いですね。

中根　それがすごく嫌で、理想とのギャップのある世界に入ってしまったという後悔も実はあったりします。こういう世界は家族で私が初めてなので、親はただ夢をもって、きらびやかな世界に行けたらいいなぐらいに思っていたんですが、実際、私がこの道に進むことで親は結構悩んだりしました。「ハレ」と「ケ」で言えば、ハレは一瞬でケのほうが長いです。それこそ、痩せてしまいます。

苦しがっている演奏者とかアーティストさんは、いっぱいいると思います。だから私が、普段と一緒でいいんじゃないのって、フラットな感覚を発信したいと思うようになりました。音楽は生ものだから、強がって美味しいよって言ったって腐っちゃうかもしれないし……。楽しい気持ちとか、次またあの人と会って話したいとか、そう言ってもらえるいう人間になりたいって思ったのも理由の一つです。だから、どこどこに留学してきましたと、ステータスだけになるのは絶対に嫌です。（笑）

鈴木 やる側も型にはめられているし、聴く側もはめられている。
中根 そう、何年通ってましたとか、何年滞在とか、受賞歴がどうのとかばかりで、それがどうした、と思います。
露木 最後に評価されたいのは作品ですよね。
中根 ただ、自分は日本人として生きているから、一応形としても示さなければならないという自分がいて、ちゃんとつくりあげたうえで主張しようと思っています。このように欲張っているのも、ある意味自分のためですが。だから、そういう方を増やしたいなって思っています。
鈴木 オーケストラを聴きに行くと、いつも最後に何回も拍手をするんじゃないですか。あれが、すごい。もう一回、もう一回と指揮者が出てこなきゃいけない。お決まりなんでしょうが、なんかあのシーンを見ているといつも滑稽で、本当にこれで拍手をしているの、と感じます。
中根 拍手で演奏の質も分かるという感じですね。パチパチ、はいはいはい、パチパチ、まだあ、まだあ、みたいな感じで……。数人でもいいから、本当の、心からの拍手を感じたいです。
露木 なるほど。
中根 聴いてないのに、「すごかったよ」とか言うんです。よく花束に、「演奏、素晴らしかった」と先に書いている人もいます。まだ、聴いてないのに。(笑)「何だ、この国は!」って思いますね。(笑)

露木　そのような状況だと、ファンって増えないですよね。本当に好きな人が。それって、結構致命的だと思うんです。だから僕は、ファンを増やしていこうと思って活動しています。小田原に拠点を置いていますが、東京でやってもいいと思っています。今回、雑木囃子一〇周年展を老欅荘でやったのも、ファンになってもらうためには老欅荘しかないと思ったからです。

そこでやりたかったことの一つが、たまたま僕が茶道をやっていたことから、寄木の抹茶椀でお茶を飲んでもらい、実際に寄木細工を使っていただくという企画でした。ほかのメンバーからは銘々皿を一つずつ提供してもらいました。学芸員さんから、この地域のお菓子屋さんに耳庵《じあん》饅頭があると教えていただき、それをお茶菓子にしようということになりました。

深野　結果はどうでしたか?

露木　おかげさまで大好評でした。メンバーみんなも楽しいと言っていました。これが工芸品の醍醐味の一つだと思うんです。お客様が気に入って、「欲しいね……」って言ってくれただけでも価値があるのかなと思っています。そして、「これ売ってるの?」と言われると、結構感動を覚えますよ。地道な活動ですが、それをやり続けないとダメだと思っています。

寄木細工は、つくり手の哲学的なものは変えちゃいけないと思いますが、自然の素材を使ってより良いものをつくっていくことさえ守れば、デザインは自由だと思います。ファンが増えていけば、モチベーションをさらに上げることもできます。

中根 子どものうちに、そういう感覚をいっぱい吸収させてあげる。そして、そのような子どもたちがどんどん増えていけば……。もともと小田原には、そういうことができる方が多いと思うんですが、どういうわけか、みんなくすぶっていますね。

露木 なかなか売れないから、もういいやって、という感じですかね。

中根 あきらめも早い町ですね。（笑）どうせやったってとか、なんかちょっと低いトーンで「あー」という感じの空気が流れている。自分は小田原人なんですが、何か、それを代表して自慢して言っているような感じです。逆自慢なんですが……。

坪井 逆に、私は生粋の非小田原人です。こちらに来てから一週間目だったと思いますが、たまたま入ったレストランのオーナーと、「初めてなんだ、そうなんだ」、「いい所ですね」と言って話しはじめました。そしたら、オーナーの方がとうとうと小田原の文句をおっしゃるんです。

こんなに自然も豊かで、食べ物も美味しくて、東京には新幹線で三〇分で行けるという地の利も素晴らしいと言ったら、「ここの人たちは、それをなんとかしようとは思わないみたい。こんなにも可能性があるのに！」と話されて……。その方もいろいろなさっているようで、「だから、市長にも何回も言っているんです」という話をされたあと、最後に出てきたのが、「だって、小田原は負け武士の精神が強すぎる」という言葉でした。その「負け武士の精神」っていう表現に、なるほどなあーって思いました。一週間目で受けた洗礼がこれでした。（笑）

中根 しかし、プライドはどこよりも高いと思います。
深野 逆にそうなんだ。
中根 下手に出ることができない街のような気がします。
坪井 そうなんですよね。うーん。
深野 自治会総連合の会長さんが言ってたんですが、小田原って本当に広い、文化っていうか、培ってきたものが全然違う、地区によってまったく違う、という言い方をされたんです。だから、小田原という一つの市としての統一感がない。たとえば、私が住んでいるのは桜井なんですが、桜井地区という認識はあっても小田原市という認識があまりないというイメージです。
鈴木 それはそれで、ある意味、その地域のことに誇りをもっているのではないですか。
深野 そうですね。
鈴木 だから、いいんじゃないかと思います。小田原の悪口を言う人もいるかもしれないけど、それぞれがなにがしかのことをやっている状態です。むしろ、みんなで徒党組んでやっているほうが気持ち悪いと思います。各地区が、がんばったうえで認め合うというのが大事だと思います。日本全国、どこへ行っても同じような街が多いのではないでしょうか。
深野 確かに、行政の見方からすると、小田原市というくくりのなかで均一にしないといけないという面がありますね。地区ごとに別々のことをされると困るみたいなところがあるかもしれません。北条五代祭も、地元の祭りを統合して一つの祭りにしてしまったという話もありますね。その結果、地元の祭りが消えてしまった。なんか、誰かが脚光を浴びると、俺はそれに加担しないっていう人が出てきちゃうってところが、ちょっとあるみたいですね。

鈴木　だから、さっき言っていた「自律」が必要だと思うんですよ。自律していれば、別に問題はないんだけど、ずうっーといる人たちって、そこで違う方向に行っちゃうんだな。なんか、若い子たちもかわいそうだなって思いますね。みんな一生懸命やっているから、それでいいという感じです。

　小学校のときの記憶があまりなくて忘れましたが、「小田原」っていう教科書があったかな。それで学んだかどうかも忘れましたが、一〇年前に戻ってきて、ラジオという仕事の関係で小田原城をはじめとした歴史のことも扱うことになり、初めて小田原城が北条早雲の城じ

天守閣の前で開催される北条五代祭

ゃなかったということを知ったんです。その時点から、ああ面白いなっていうふうに思うようになりました。このようなことは、小学校から教えなきゃだめだよね。

坪井　それ、すごく思います。我が家の場合、子どもが「行きたい」という学校が箱根の強羅にあったため小田原に引っ越してきました。まずは小田原のことを知ろうと思って、お城の中にある図書館に行ったんです。いいですよね。お城の中に図書館ですよ！　日本広しといえど、そんな所がいくつあるのか。早速、子どものコーナーの所で、「小田原市に関する資料はどこにありますか？」と聞いたら、部屋の片隅にとても小さな棚がポツンとあるだけ。子ども向けの小田原の歴史やマンガが置いてありましたが、貸し出しは禁止でした。（へーっ）そこでしか読めない。子どもが六歳のときでしたから、家に持って帰って、読み聞かせをしたくてもできなかったのです。それで、「この本は買えますか？」と聞くと、「もう売っていないと思いますよ」とさらっと司書の方が言われ、非常にもったいないなあと思いました。

もう一つ、私の夫は外国人で日本語が読めない。市役所に行ったときに小田原に関する英語の資料を探したのですが、ほとんど揃わなかったんです。仕方がないのでインターネットで検索したんですが、「ODAWARA」で見つかる情報が少なかったのです。私たちの場合、ここに来て直感的に「いい所だねえ、じゃあここにしようか」という感じで決めたのですが、ここまで情報が少ないことに愕然としました。（なるほど）

深野　なぜ、貸し出し禁止なんですか？
外郎　返してくれない人が多いからでしょう。
坪井　とても、もったいないと思います。
鈴木　なるほど。音楽もそうかもしれないな。たとえば、イベントとか、すごい人数が参加して「ワーッ」やるじゃないですか。でも、その情報をどこにも発信していない。（そうそう）
深野　小田原市の関係で、年間に二三〇近いイベントをやっています。そこには、小田原市が絡んでいないから「外郎売の口上大会」は入っていないんです。このようなものを含めると、もっとすごい数をやっているんですよね。
外郎　一・五日に一回は、何らかのイベントを小田原市はやっているということですよね。
鈴木　つい先日、ヒルトン小田原というホテルで、東京の営業の人たちが大勢来て、プロモーションみたいなのが開かれたんですが、東京の人が、「小田原って、おでんが有名ですよね。おでんに関連するイベントやったほうがいいですよ」って言うんです。（笑）
外郎　小田原おでん祭りをやっていることが、外部では知られていないんですね。
鈴木　彼らが話す話は、全部やっている話ばっかりでしたね。
深野　広がりがないんですよ。文化ビジョン（市主催の会合）のときもそのことをよく言ったんですが、小田原市だけでやっているという意識が強いですね。もうちょっと、足柄平野とか、秦野、平塚ぐらいまで、そして箱根を越えて静岡まで延ばしてもいいんじゃないかと思うんですが、そのような広がりに関しては発想をしないんです。

鈴木　何のためにやっているのかというとこが抜けていて、イベントをやることだけに重きを置いている。誘客が目的だったらもっと外に対して発信しないといけないんだが、そこが抜けている。ある意味、なかの人間だけで楽しんでいるようにも思います。

深野　そういう感じはしますよね。

外郎　私も今年観光協会の役員になりましたので、いろいろと改善を図っていますが、その一つとして「風魔まつり」があります。風魔小太郎を由来にして、今年で三回目を迎えましたが、イベント時に小田原の忍者の歴史をしっかりと周知しなければならないと考えています。「風魔小太郎は、はっきりした歴史がないから……」と言う傍ら、忍者ショーは集客効果が高いということでイベントだけが先行しかねない。

「小田原おでん祭り」のチラシ

大事なことは、歴史とか文化を主張しながら、それを軸に街の活性化につなげることだと思います。また、忍者だけの街にしないように注意を喚起しています。北条五代っていうのが、我々にとってみたら本当のヒーローでしょ。これをもっとアピールすることが大事です。でも、まだまだ「忍者のほうが人気がある」からとなるわけです。

鈴木　ブームですからね。

外郎　そう、市長も県知事も賛同していますから。それは分かるんですが、原点はやはり北条五代で、そこに仕えていたのが忍者ですよね。肝心な北条五代をもっともっとアピールできないか、市民の誇りとして定着できないか、と考えています。高知の坂本龍馬ぐらい、小田原におけるヒーローといえば北条五代と言えるようにしなきゃいといけないと思いますね。

深野　いわゆる地域の祭りとイベントの決定的な違いは何

2015年の「風魔まつり」のポスター

かと考えると、やはりバックに何があるかだと思います。背景に何を背負っているのか、ということです。イベントの場合、「ハレ」の舞台しかない。つまり、日常活動としての「ケ」がないんです。「風魔まつり」などは、まさしくその典型だと思いますね。日常、忍者に関係することを何かやっているのかというと、何もやっていない。

本来だったら、各地域の神社だとかお寺さんに日常的にお参りをしたうえで、一年に一度のお祭りというのがあるんですが、それが感じられないですね。同じことを一番感じたのは、箱根の大名行列でした。あれ？ もう終わりなの？ って思いました。

イベントというのは、人を呼ぶためだけのもんですよ。同じレベルで、自分が楽しむためのものなんです。本来イベントであるものも「祭り」と呼んでしまっていますね。区別さえしておけば、「ケ」の部分というのは自ずと育っていくと思います。同居しているというか、混在してしまっているもんだから、またか、またかの連続になって、歴史のあるなしが分からなくなってしまう。

やはり、「ハレ」を一生懸命やろうって考えるんじゃなくって、「ケ」の部分をどのようにつくっていけばいいのかと考えるべきだと思います。そのきっかけとして「ハレ」があってもいいと思うんです。祭りがあって、そのための準備に一年をかけて練習しようよとか。

鈴木　それだけに、本来の祭りはちゃんとやってるという感じがします。昔から伝わっているものって、逆に祭りなのかなって思います。木遣りにせよ、小田原囃子にせよ、それが本当に滔々と流れる文化という気がします。

露木　文化ビジョンの懇話会に参加させていただいて勉強したんですが、小田原っていろんな文化があるじゃないですか。僕がやっている寄木細工もそうですが、「蒲鉾」とか「ういろう」とか、すごくありますよね。それを統括しようなんていうことは、そもそも無理だと思います。先ほど言っていたイベントにしても、ただ人を呼ぶためにやるんだったら、一過性がゆえにあまり意味がないと思います。じゃあ、それができるのかって言うと、やはり各ジャンルにかかわっているプロの人がやるべきなのではないでしょうか。ただ集めてやるだけじゃなくて、日々の積み重ねが文化になっていくと思います。

深野　箱根の「やまぼうし」(4)で、世界の寄木というのを見たんです。あのときに、「世界寄木サミットが小田原でできるといいなあ」って思ったんです。

露木　それも面白いですね。実は、寄木ってまだ若いんですよ。二〇〇年弱ぐらいの歴史で、元をたどると小田原・箱根の木工の歴史は轆轤《ろくろ》挽《び》き、つまり木を回転させて刃物を当て、味噌汁

(4)　やまぼうし・元箱根の箱根関所跡の近くから椿ラインを上っていく途中にある浜美枝（女優）さんの自宅で、ギャラリーなどに利用されている。古民家一二軒分の古材で建てられた。

椀みたいな形をつくることからはじまっているんです。その歴史自体が一二〇〇年弱ぐらいあるんです。実際、僕の住む早川という港のほうには「木地挽《きじひき》」という地名があるくらいで、昔は轆轤師《ろくろし》さんがたくさんいたという話も聞きます。その後、漆加工とともに小田原漆器が生まれたわけです。つまり、木工屋さんの育つ環境が小田原にあって、箱根にある豊富な樹木と相まって箱根の寄木細工が生まれたと考えられています。

ここに生まれた僕らは、それをどのように変えていくのかということをテーマにして活動していますが、楽しいし、面白いです。それだけに、情報発信の必要性を重視しています。とくに、ストーリー性の高い情報ですね。たとえば、小田原の蒲鉾をはじめとしたさまざまなジャンルの方とコラボレーションを行い、小田原をイメージした展示会などを開くことです。そうすることによって小田原独自の文化を多角的に見てもらい、ファンを増やしていきたいです。

深野　蒲鉾板を寄木にして、食べたあとにコースターに使うとか。

露木　アッハハ。現実には、蒸すためにダメですね。でも、そういう発想ですね。ただ、ちょっと非現実的な面もあります。各ジャンルのまとまりが強いので……。

鈴木　一方で、「市民文化祭」のようにさまざまなジャンルが一堂に会するようなものもありますよね。本来まとめなくていいようなものを、文化祭ということでまとめてしまっている。出し物によっては、市民会館でありながら、前から三、四列くらいしかお客さんがいない状況となっています。ただすごいのは、六二回も続いているということです。つまり、六〇年です。

中根　若い人は観に行かないのですか？

鈴木　いないですよ。というより、知らないでしょう。

坪井　そこが難しいところですね。「文化」の定義って、本当に人それぞれだから。

鈴木　おっしゃるとおりです。僕も、かつて「小田原の文化」と言われたときに、文化の定義についてウイキペディアで調べたぐらいです。

露木　曖昧ですよね。市の文化ビジョンのときも、それが議論になっています。

深野　僕は「小田原通信」というものをネットで配信しているのですが、それを書こうと思ったきっかけは杵屋響泉さんでした。長唄三味線をしている人です。そのとき九九歳でしたから、白寿で三味線弾くってどういう人なんだろう、という興味が湧いて行ってみたんです。鈴木さんが言うように、前列の三、四列ぐらいしかいないだろうと思ってたんですが、とんでもなく、あとから椅子を出すくらい小ホールがいっぱいになりました。それに、若いカップルなんかも来ていたんですよ。

鈴木　分かっている人は分かっているということでしょう。

深野　そうなんですねえ。それだけに、へたなまとまり方をすると話が変になってしまう。

鈴木　そうですね。これとこれが一緒なのー、みたいに。

坪井　まさにそこですよね。何を、どう、いかに見せるか、どこに何を伝えたいか、ということを考えて企画して、展示を考えていかなければなりませんね。
鈴木　それに、露木さんが言うようにストーリーがなければならい。
坪井　そうですね。そのようなストーリーをみんなで生み出していきたいですね。どうしても集客数などで評価されるところがありますが、それだけでは測れないですよね。やはり、何をどういうふうに見せるかという手法を見いだすことによって、小田原の輝くものをアピールしていくというのがいいかもしれませんね。
深野　僕はね、小田原に来て、家内に初めてプレゼントしたものが寄木の秘密箱でした。日常品じゃなく、土産品ですよね。そこに、決定的な違いがあると思うんです。これまでの寄木は、お土産品として飾られるものが多かった。でも、本来は使われるものだったはずです。それが、いつの間にかお土産のほうがメインとなってしまった。今、一生懸命、雑木囃子の人たちが本来の姿に戻そうとしているんじゃないかと思います。「使ってよ、これを！」っていう感じ。それだけに、もっと突っ込んで欲しいなあ。まさしく抹茶茶椀って、普通の場合、寄木じゃあ考えないものね。
露木　実は一回、京都のお茶の先生が、その抹茶茶椀を使ってくれたんです。僕が手伝いをしたときなんですが、お客様の評価は賛否両論でした。ただ、これがきっかけで、もっとやっていこうと思いました。

先日、ある勉強会に参加したときに聞いた女性デザイナーの言葉が印象深いものでした。彼女は、「自分のもっている文化以上のものは越えられない」と言ったあと、「だから、いろんなことをやりなさい、見なさい、そうしないともう新しいものは生まれませんよ」って言うんです。僕にとっては、結構励みになった言葉です。ひょっとしたら、何年後か、何百年後に、みんな寄木の抹茶椀を使っているかもしれない。そうなれば嬉しいですね。

深野　なんか、いつのまにか、生活やものの考え方が型にはまって、それで安定していくという傾向がありますよね。それだと、創造的なものがどんどん失われていってしまう。

露木　そんな感じがします。城下町だから本当にいろんな業種が存在しているわけですから、コラボレーションをすれば、創造的なものすごく面白い街になるんじゃないかと思っています。

坪井　露木さんがやっていらっしゃることというのは、生活の質そのものが向上するようなことで、すごいツールをもっていると思います。日常に、寄木細工を使えるようなところに落し込めていく。まさに、工芸心の真骨頂ですね。それに、創造的な要素がないと人って潤わない感じがします。

ところで、小田原に移住されて一〇年というアーティストに会ったのですが、その方が、「ここに来たときには、丸井とかデパートがあったのよ。素敵な珈琲屋さんもあったのに、それがなくなったの！」と話されていました。そして、「こっちに越してきたのは、海が見えてお城もあって、水もいいし食材も豊富で、そして適当に自然もあって都会にも近い、そのうえ文化度が高いと思ったから。それなのに、この街の廃れ方は何！」と。（笑）

深野　ギャップが大きかったのかな……。

坪井　そうなんですよ。小田原って非常にたくさん魅力につながる要素があるのに、まとめ方が悪いのか、残念な小田原像になっている。「もったいない！」と、その方も話されていました。（笑）

鈴木　おっしゃるとおりで……。

深野　誰も、それを否定できないところが……。

鈴木　変なところにお金かけるから、変なものが街の中にたくさんある。

坪井　これまでいろんな所に住みましたが、ニューヨークで面白いなと思うのは人の力ですね。人がやっていることや考えていること、それぞれいろんなベクトルを向いているんですが、何か面白いものがあるという期待感があって外からも人が来る。それが理由で、なかも活性化される。あれは、一体どういう仕組みなのだろうと、さっきの話から思い出しました。

外郎　僕が思うのは、小田原ってこれだけ歴史があるのに、続いている文化と考えると出てこない。たとえば、伝統芸能やお祭りとかのように小規模にあるかもしれませんが、室町時代から続いている誰もが知っているようなメジャーなものがないようです。やはり、「これぞ」っていう誇りになるものを育てていないのかもしれません。正確に言えば、育ち切れていないのでしょう。

　でも、発掘すれば、今からでも育てられると思います。今受けするものだけに力を注ぐのではなく、田代道彌[5]さんのような歴史研究家がたくさんいるわけですから、もっとみんながその人たちの声に耳を傾けて、自分たちが誇りにできるものを見つけて再興したいですね。もちろん、行政をはじめとしてイニシアチブをとる人物が必要になりますが、まずはその動きを起こすことでしょう。

鈴木　たとえば、昔から続いている「多古囃子[6]」や「寿獅子舞[7]」があるんですが、発表会を市民会館でやっても誰も観に行かない、っていう話ですよね。

（5）一九三四年小田原生れの小田原育ち。元箱根強羅公園園長。茶人であり、小田原の郷土史、動植物に詳しく、著書多数。「小田原の城と緑を考える会」の会長。

（6）小田原市扇町多古地区の白山神社に伝わる祭囃子。江戸時代中期にこの地区にあった歌舞伎小屋「桐座」の囃子方が、前座で聴かせた葛西囃子を地元の若衆が習い覚えたことからはじまったとされる。囃子には、笛、大太鼓、小太鼓、すりかねを用いている。

（7）小田原市曽我別所の宗我神社に奉納される一人立ち獅子舞。無病息災、法然祈願をする舞として、代々村の長によって伝承された。戦中に中断したが、一九四七（昭和二二）年に復活された。

外郎　知らないのかな？

鈴木　寿獅子舞なんかも、見てるとすごく面白いんです。あと、根府川の鹿島踊りなんかにしても、子どもたちも一生懸命練習したりしているんだから、もっと出していけばいいなって思いますね。それらを、まずは街全体にアピールしていく。そのためにも、プロデュースとかが大事になってきますね。伝統ものって、結構いいんですよ。室町時代から続いてはいないと思いますが……。

外郎　江戸時代からでもいいと思いますよ。江戸時代、小田原は東海道五十三次で最大級の宿場町、つまり最大のホテルがあったわけですよ。それが今は……。環境が変わったわけだからしょうがないんだけど、江戸、京都に次ぐような町だったということを、ＰＲできるものが欲しいですね。

深野　小田原の二〇一三年の観光客数はというと、約四六五万人。そのうち、宿泊客数は一二五万八〇〇〇人。つまり、五・五パーセントで、この数字は最近(8)ほとんど変わっていないんです。要するに、ほとんどが日帰り客ということです。「小田原おでん」の社長が言っていましたが、

寿獅子舞（写真提供：小田原観光協会）

「箱根に行くときに寄ります」とか「帰りに寄ります」というお客さんが多いようです。だから、大涌谷の騒ぎのとき、ガクンとお客さんが減っちゃう。箱根に観光客が行かなければ小田原に来るはずがない、ということになります。

外郎　宿泊客が少ない点はしょうがないと思いますよ。それよりも、コンベンションホールのようなものがあって、文化を楽しみながら会議をするっていうビジネス空間が

（8）小田原の料理店で提供される小田原の食材を用いたおでん料理。地元水産業者が中心となって、小田原の名産品である蒲鉾と同じ白身魚の練り物を使った料理として創作された。地元の生産者、料理店、顧客の三者がそれぞれに特徴あるおでん種を発想して、町おこしにつなげている。

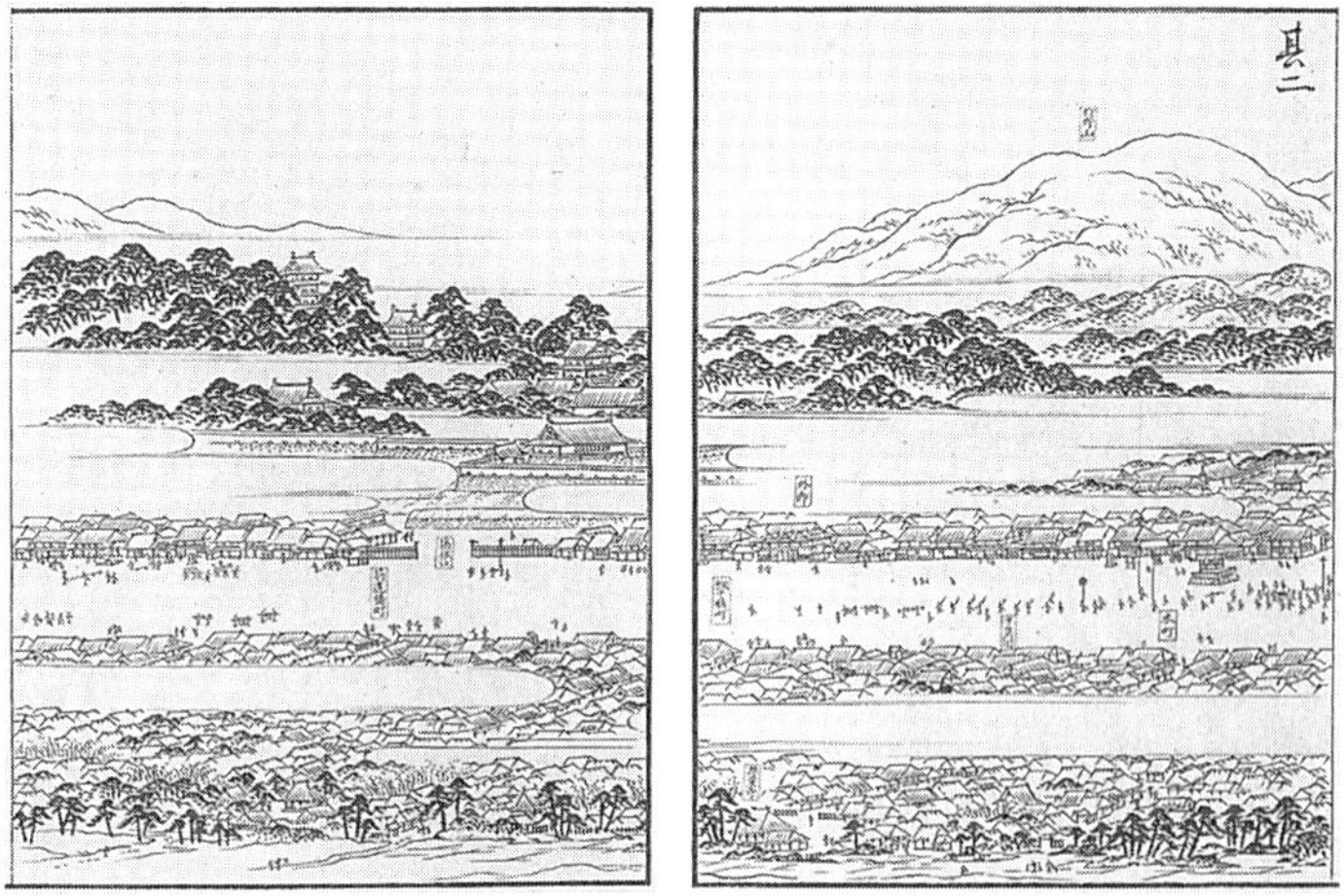

『相中留恩記略』に描かれた小田原宿。中央に「外郎」の文字が見える（国立公文書内閣文庫蔵）

つくればいいと思いますね。報徳会館(9)がその一部機能を果たしていますが、そのような形でビジネスを呼び込むような街づくりの仕方はあると思いますね。箱根が近いので、無理に宿泊客はね……。

深野 そう、「通過する」でいいと思いますね。それ徹しないと。さすがに、箱根や熱海には勝てない。勝負したってしょうがないでしょう。温泉も出ないいんだから。(笑)

外郎 だけど、独自の文化圏であることはもっと主張したい。ここに来れば、日本の文化が凝縮されているわけですよ。お城があり、室町時代から戦国時代にかけてのいろいろなものがあり、忍者があり、東海道の宿場がある。近世でいえば、詩人がたくさん集まり、明治維新の立役者、伊藤博文や山縣有朋もいたんですよ。この五〇〇年間の間に、ここまである街はほかにそうありません。

深野 茶人もいた。

外郎 そう、茶人もいました。だから、ものすごく凝縮されている街なんです。

報徳二宮神社の本殿

報徳会館の中庭

深野　知らない人にいたっては、イベントだけを見て帰っていく。

露木　そうですね。お祭りも、そこに歴史的なシーンがなければ来て終わりで、翌日になるともう来ないですよね。

深野　おでんを食べて帰っていっちゃった、という人も多いかも。イベントをやっても残らない。その瞬間だけの記憶に終わってしまい、継続するっていう要素がないんだよね。

外郎　ちなみに、城郭都市を再整備できるのは小田原だけなんですよ。日本全国で、町全体を城壁で囲った城郭都市を最初に造ったのは小田原なんです。豊臣秀吉が大坂城を造ったとき、小田原を参考にしたと言われています。その城郭の一部が点在し、残っているんです。それを整備したら、世界遺産にも登録できるんじゃないかと思います。

日本で最初の城郭都市としての遺構、もちろん住宅が並んでいる所もありますが、ちゃんと土塁が残っている所もあるんで、外周をしっかりと整備して観光周遊ルートを造ればいいんじゃないでしょうか。お城だけに頼るんじゃなくて、城郭都市を整備することによって少なくともその周辺まで人は絶対回りますから。

全員　なるほど！

（9）小田原市の二宮神社境内にある会館。大小の会場があり、結婚式、各種パーティーに利用されている。

Column 小田原早川上水と総構《そうがまえ》

早川の水を小田原市板橋から取水して小田原市内へ送る飲料用の上水道で、「小田原用水」とも呼ぶ。創設時期は不明であるが、3代北条氏康の時代の16世紀初頃に造られたと推定され、日本最古の水道とされている。1545年2月、連歌師の宗牧が小田原を訪れた。そこで、氏康の館の庭園に流れる水が芦ノ湖を水源とする早川の水である、と聞いて驚いたと紀行文『東国紀行』に記している。

豊臣秀吉の小田原攻めで諸国の大名が小田原城を取り囲んだが、小田原城の総構など、小田原の城下町づくりの先進性を目の当たりにした。徳川家康は江戸の町づくりに小田原早川上水の考え方を取り入れ、「神田上水」や「玉川上水」を建造したという。

江戸時代になると、小田原藩藩主稲葉正則は、1659年に小田原早川上水の大改造を行い、城下町の住民の飲用水とした。これによって、小田原城下では干ばつのときも飲料水が不足することはなかったと伝わっている。

早川口遺構の総構

深野　「総構」と言われている所ですね。先日も、ＮＨＫや民放のテレビ番組で紹介されていました。徳川家康も、江戸の町を造るときにはこの総構を真似たと言っていました。

外郎　そのとおりです。そうすると回遊性も増えます。もし、世界遺産に近いような形になってくれれば、海外メディアも反応するでしょうから海外の人も来てくれるようになる。このように、広域をもっと考えて、戦国時代からあった町という評価が下されれば文化も再注目を集めるし、やっている側も誇りをもって復興することができる。今すぐは無理でも、一〇年ぐらいの時間をかけてやっていくというビジョンを掲げていきたいです。

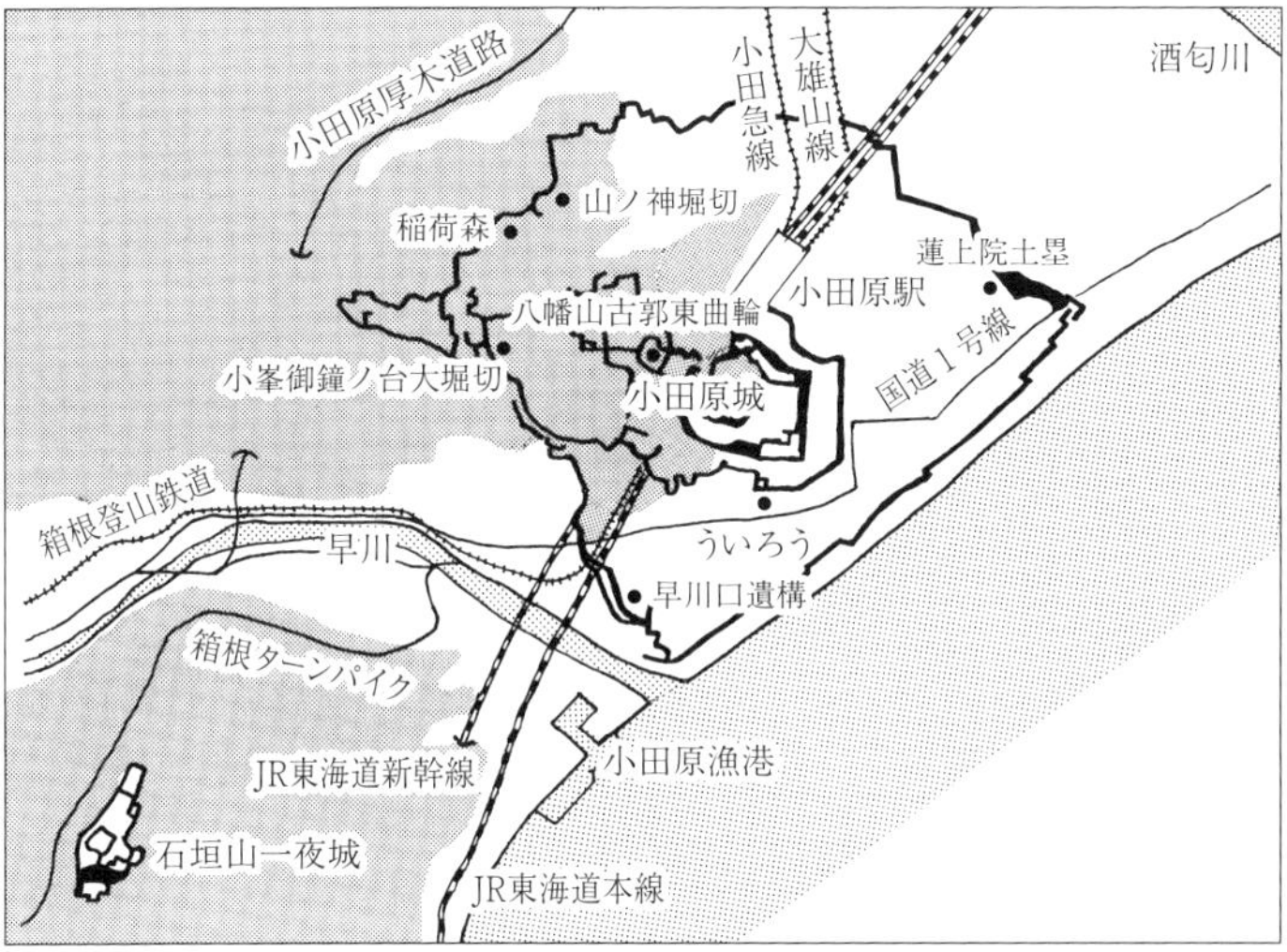

小田原城の総構と石垣山一夜城

鈴木　関係する資料は全部ありますからね。巨大外郭の資料からパンフレットまでありますよ。

外郎　そう、使えるものがいっぱいあるんです。一部は市も買い取っているんですが、結局、そこに行き着けない状態です。どうせお金を投資するんだったら、今残せるものを残して欲しいですね。都心からこんな近くに戦国時代を再現できるのは小田原だけ、これは神奈川県にとってもすごい財産です。それを踏まえて、インフラは県や市などの行政が、ソフトは我々商人や市民がみんなでおもてなしの場所をつくっていく。そうすれば、室町時代から続いている文化を連続してアピールすることができる。一夜城もちゃんと整備して、合戦をやってもいいかもしれません。

そう言えば、昨日、ＴＢＳアナウンサーの安住紳一郎さんが「日曜天国」というラジオの公開放送を三の丸小学校（二五三ページの写真参照）でやったときに言っていたんですが、同じ市内に敵と味方の城跡が残っているっているのは小田原だけなんですって。普通、もっと離れるようです。こんな間近で、それも両方が見れるなんてね、日本で唯一だって安住さんが言っていました。だから、「日本で唯一」が結構たくさんあるんですよ。

インバウンド向けに、そのとき小田原で何が起きたか、世界の歴史とリンクして紹介するのも一案です。戦国時代の幕を開け、幕を閉じたのも小田原です。小田原で起きたそのとき、世界で何が起きていたのか、外国人も興味が深まると思います。

深野　この本を書くにあたっていろいろと外郎家のことを調べて気が付いたのは、京都、駿府（静岡）、小田原という文化ラインです。京文化に憧れていた北条早雲が外郎家を呼んだことをはじめとして、多くの職人さんたちが小田原の地に来た。そして、ここに留まるだけではなく、江戸にまで進出している。そういう流れで見ていくと、小田原は極めて重要な位置となります。そこを意識したいですね。

外郎　深野さんと話していて、この本のタイトルを「五〇〇年前、遷都を考えた男がいた」にしては、と思いました。北条早雲は、帝を小田原に連れてくるために小田原の町を造ったんではないかという仮説を立てたんです。（笑）

深野　小田原遷都！

外郎　京の町は応仁の乱のあとは荒れていましたから、そういうときに、帝をお連れするいい町をつくれないかって、小田原に理想の町づくりをはじめたんではないかという仮説を立てたら、読者が興味をもって読むんじゃないかって。（笑）

武市　フィクションならいいいですが……。（笑）ところで、先ほど年間の観光客数が四五一万人と言いましたようね。確か、宿泊客数は二五万人でしたか……。

深野　二五万八〇〇〇人です。

武市　宿泊客に関しては、カウントは簡単ですよね。観光客の四五一万人のカウントはどのようにしているんですか？　もし、乗降客だとしたら、小田急からＪＲに乗り換えただけの人もカウントされていることになるんですが……。
鈴木　箱根が二一一九万人（二〇一四年）。ハワイより来ているみたい。（笑）事実、ホノルルより多いですよ。（へーえ）
外郎　小田原城の約五〇万人来客っていうのは、チケット販売なのでまちがいないですね。
鈴木　小田原城だけは、一番データがはっきりしている。
深野　五〇万人は来ているので、その九倍であれば、おかしくない数字かとも思います。とはいえ、年間四六五万人の観光客が来て、街を歩いているというのは……あり得ないでしょう。
鈴木　三六五日で割ると約一万三〇〇〇人か……。乗降客はいるよね。
外郎　ちなみに、先ほど話した安住さんのラジオの公開放送には二〇〇〇人が来たんですって。そうしたら、二時間でうちの店の品物が全部売り切れたんですよ。放送が終わってから、たった二時間で。予定していなかったんで、お菓子をつくった量は普通の日曜日分だったですけど。それから考えても、やはり一万二〇〇〇人は来てないような気がする。（笑）
武市　すばらしい算術になっていますね。
鈴木　いや、本当に、データからもう少し考えなきゃいけないんですけど、そのデータすらないっていうのが一番問題でしょう。

深野　じゃあ、これからの小田原を考えるためには、まず、きちんとしたデータをつくる必要がある。そうしないと、何も語れないと！

鈴木　もちろん、そうです。

外郎　どこに予算を配分するんだと考えた場合、一〇年後を考えたときには、少子化が進むことで購買力が落ちてくるはずです。だから、普通の地方都市の街じゃなくて、観光の街として大きくつくり変えていく必要がある。その岐路に立っていると思います。箱根の二五〇〇万人にぶら下がっているという考え方を払拭《ふっしょく》して、独自に、本当に五〇〇万人という人を招き入れるだけの魅力ある街づくりという観点でやっていかなくてはなりません。

深野　なるほど。

外郎　泊まり二五万人、その延長線上でしかないんだっていうくらいの危機感が必要でしょう。

――観光の話が一区切りついたところで、武市氏が「小田原市民で北条五代の名前を言える人の確率ってどのくらいいると思いますか？」という質問を出してきた。一瞬、出席者の動きが止まった。

深野　三パーセントもいないんじゃないですか。

外郎　仮に言えても、順番が怪しい。（そうそう）

鈴木　そう考えると、三パーセントいるかなあ？　それ以下かもしれない。

深野　正しくは、早雲、氏綱、氏康、氏政、氏直なんですが、僕も本書を書いていなければ言えなかったです。

外郎　北条五代を大河ドラマにしようと小田原市（役所）は大々的に言っているわけですから、市民も同調していきたい。公立の小学校で自由学習のときなどに北条五代をもっと研究して、みんなでディスカッションするような空間がつくれればいいかなと思うんです。

深野　そうそう。

外郎　行政もいろいろ施策は実施されていると思いますが、学校教育、教育委員会、そういったところが、子どもたちが二〇歳になったときに、自慢できるように文化とか歴史をも

北条五代の系図

早雲（1432／1456？-1519）

氏綱（1487-1541）　氏時　氏広　宗哲（幻庵）（1493？-1589？）

氏康（1515-1571）　為昌　氏堯

氏政（1538-1590）　氏照（1540？-1590）　氏邦（1541？-1597）

氏直（1562-1591）

三つ盛鱗

っと教えていくことが必要だと思います。

深野　この本の続編として、児童編もつくりますか。

外郎　そう、子どものものもいいですね。今、神奈川新聞が「戦国北条新聞」（北条五代観光推進協議会編）っていうのを毎月一回出しているんですよ。一二回シリーズです。その前は「鎌倉新聞」でした。北条五代をきちっと新聞という形にして、市内の公立中学校に配っているんです。それに、市の文化部文化政策課も協力しているんです。同じように、小学校教育においても簡単にできると僕は思います。

それから、市内の小学校だけでなく、神奈川県内の小学校に「小田原に勉強しに来て」とも言いいたいですね。事実、小田原の生業を調べに相模原のほうから「ういろう」を調べに来るんですよ。その学習の発表会を相模原の小学校まで見に行きました。ちゃんと、小田原に対して、歴史がある街だからって見に来てくれている他地域の小学校があることがすごくうれしかったです。市内の小学校も一〇年後を想定して、いろんなプログラムをつくって欲しいと思います。

鈴木　ここにいらっしゃるみなさんもそうですが、一〇年前に比べると、自律している人がすごく増えてきたなーという印象がありますよね。だから、未来に対して、僕はあまり暗いイメージはもっていません。そのような人たちがさらに頑張れば、変わっていくんじゃないかって。

戦国北条新聞

創刊号

この企画特集は、戦国時代の幕開けから終焉《しゅうえん》まで約100年にわたり関東の覇者として善政を敷いた北条五代を紹介します。

企画・制作＝神奈川新聞社県西総局
執筆＝小田原市学芸員・山口博

早雲、東国に現る

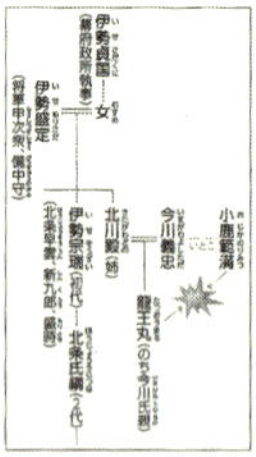

1493（明応2）年、駿河《するが》の守護《しゅご》今川氏親《うじちか》の叔父北条早雲（正しくは伊勢宗瑞。今川義忠の妻で同氏親の生母北川殿の弟。実名《じつみょう》は盛時で出家後に早雲庵宗瑞と称した）が伊豆に侵攻して堀越公方足利茶々丸を攻め、韮山城に入った。茶々丸は奥伊豆の深根城等を拠点に抵抗を続けたが、98（明応7）年、力尽きて自害した。

北条早雲（伊勢宗瑞）画像（箱根町・早雲寺蔵、部分）

伊豆侵攻、韮山に拠点

早雲は、のちに関東一円を支配する戦国大名となる北条家の祖。代々室町幕府の政所執事を世襲した名門伊勢氏の一族で、もとは9代将軍義尚の申次衆等を務めた幕臣だ。87（長享元）年、将軍家の一門今川家の後継問題に介入して先代義忠のいとこ小鹿範満を討ち、北川殿の子氏親を家督に据えたのを機に京都から駿河に移住、今川家の重臣となっていた。

一方の堀越公方は、1457（長禄元）年、8代将軍義政（義尚の父）が、幕府に反抗する足利成氏に代わる新たな関東公方として弟の政知を関東に送り込んだのに始まる。82（文明14）年に幕府と成氏とが和睦すると、伊豆一国を支配するにすぎない存在となったものの、将軍家の一族として、なお抜きがたい権威を保っていた。

茶々丸はこの政知の子。91（延徳3）年父が死去したのち、後継と定められていた異母弟潤童子《じゅんどうじ》とその母円満院を殺害し、強引に2代堀越公方の座に就いていた。

[redacted]

新将軍擁立に呼応

早雲が茶々丸を攻めたのは、同じ年の4月、幕府管領細川政元が10代将軍義材を廃して新将軍に擁立した義澄の意向を汲んでのことであったらしい。1489（延徳元）年、将軍義尚が死去すると、義視（義政の弟）の子義材と堀越公方政知の子義澄との後継争いが本格化した。翌年、応仁の乱以来義視と不仲だった義政が死去、幕政を義視が掌握し義材を10代将軍の座に据えるが、義澄を推す管領政元はかねて政知と連絡し義澄を将軍、潤童子を堀越公方に擁立する計画を練っていた。義澄と潤童子は円満院を母とする実の兄弟、政元は応仁の乱で義視と抗争した細川勝元の子である。

91年政知が死去、潤童子も茶々丸に討たれたが、義澄の将軍擁立計画は93年4月、義材の河内出陣の間隙をついて実行に移された。早雲が茶々丸を攻めたのはその直後のこと、新将軍のためその実母円満院と実弟潤童子の仇を討ったというのが真相のようだ。ただ、この時、義澄・政元と早雲との間に連絡があったかどうかは定かでない。

※改元があった年の年号は新年号で表記した。

主な出来事

1456（康正2）年？	北条早雲、京都または備中国荏原荘（岡山県井原市）で出生
1467（応仁元）年	応仁の乱勃発
1483（文明15）年	将軍足利義尚の申次衆となる
1487（長享元）年	早雲、駿河に下向。龍王丸を駿河国主に。早雲は興国寺城主？
1491（延徳3）年～95（明応4）年ごろ	出家して早雲庵宗瑞と称する
1493（明応2）年	早雲、茶々丸攻め、韮山城に拠点

菩提所早雲寺 2代目が創建
大徳寺から以天招く

1519（永正16）年8月15日、早雲は本拠地の伊豆韮山城内で没した。死因は病死。享年は88歳と伝えられるが、近年64歳とする説も有力だ。

菩提所である箱根湯本の早雲寺の創建は1521（大永元）年嫡男の氏綱によるといい、かつて早雲も修行に励んだ大徳寺から以天宗清（大徳寺83世）が開山として招かれた。

箱根町にある早雲寺
（町立郷土資料館提供）

ただ以天は、すでに16年ごろには早雲の招きに応じ韮山城にほど近い香山寺に入っていた。ともに春浦宗熙の法系を汲む早雲と以天とは、いわば同志とも言える間柄、その招聘《しょうへい》の目的の一つには、関東における大徳寺禅の普及拠点、のちの早雲寺の建立もあったに違いない。実際、早雲の在世中、湯本の地に早雲寺の前身となる堂宇が築かれていたと伝える記録もある。2代氏綱は、父の遺志を継ぎ、これを一大伽藍として整備したというのが事実に近いようだ。

第2号は5月14日発行予定

戦国北条新聞（神奈川新聞社県西総局企画・制作、2015年4月9日付）

中根 一人が発信すると、それを刺激する人が必ずいますよね。

鈴木 事実、まとまらなきゃいけないという感覚がどんどん変わってきている。もちろん、取り組む意識も変わってきている。今まであるものを崩すというのではなく、新しい感覚の人たちが小田原にも出てきているんですよ。そういう人たちも、昔からあるものを崩すつもりはない。崩すと大変なことになっちゃうから。

中根 昔からのものを大事にしつつ、こちらも活き活きと発信する、っていう感じですね。

露木 僕らもそうです。結局、先人たちがやってきたものがないと僕らは出ていけない。

鈴木 そうだよね。いずれにしろ、人が重要だと思うんです。自律した人がたくさん出てきたら変わっていくような気がするねえ。その例として、僕も発起人の一人なんですが「小田原柑橘倶楽部」（次ページのコラム参照）というのがあって、そこでレモンサイダーなんかを販売しているんです。ストーリー性のあるジャケットがすごく好評で、デザイナーを教えてくれって言われるんですよ。

しかし実際は、デザイナーがつくったわけじゃなくて、メンバーで「こういうジャケットがいいよね」と相談してデザイナーに発注しているんです。だから、小田原のストーリーが表現できている、と思うわけです。自律したメンバーがいるからこその事業だと思っています。

坪井 お話を聞いていて思ったのは、歴史を尊重しなければいけないんだけど、のさばってもい

Column 小田原柑橘倶楽部

2010年10月、「片浦みかんプロジェクト」として小田原市片浦地区の農家支援を目的として活動を開始し、報徳二宮神社が推譲（出資）した報徳仕法株式会社を母体として発足した。2015年4月、趣旨に賛同する地元の14社の出資により、新たに「農業生産法人・小田原柑橘倶楽部」が設立された。

倶楽部では耕作放棄地の開墾も開始し、現在、「地域振興サイダー」をはじめとして、片浦レモンやみかんを使った加工品の企画販売を中心に、地元の農家と商工業者をつなげながら農商工連携による地域活性化を推進している。また、2015年11月、報徳二宮神社境内の「杜のひろば」内に「cafe 小田原柑橘倶楽部」もオープンした。

報徳二宮神社が母体になっていることから、事業は報徳思想と報徳仕法に則り、ヒト（ひとびと）・モノ（物産など）・カネ（お金）が、できる限り地域に循環する仕組みの再構築を目指している。

カフェの奥は物産の販売所

けないんだな、と感じました。先人たちがつくってきたものを私たちや次の世代が受け継ぐだけではなく、自分自身が「歴史」の一部になるのだという自覚がやはり必要なんだろうなって思いますね。そういうところが、誇りや自身のあり方につながるんでしょう。それがゆえに、その土地の過去について学ぶことが必要なのでしょうね。

小田原で言えば、外郎さんが先ほどおっしゃっていたように、ここに来たら日本のすべてが体験できる、一つのテーマパークになり得るという可能性をすごくはらんでいるように思います。ここに来たら何かある、と直感に訴えるような仕掛けが必要になってくるとも思います。

深野　そう言えば、小田原駅には外国の観光客がいっぱいいるんですが、街の中では見ることがないですね。

坪井　みなさんおっしゃいますが、どこへ行けばいいのか分からないようです。外国語による小田原情報がないからです。ほとんどの場合、ガイドさんに連れていかれるままとなって

「小田原ちょうちん祭」に来た外国人。童謡『おさるのかごや』に歌われている小田原ちょうちんは、江戸時代の中頃に職人・甚左衛門という人が箱根越えの旅人のために考案された。円筒状の提灯で、蛇腹状の本体を折りたたむと上下の蓋の中に収納できた。小さくなって懐中に入るので、旅人には携帯性がよかった。

います。箱根に行くための中継地点でしかなく、本当にもったいないです。

深野 そうか、ガイドさんの知っている範囲でしか小田原は紹介されていないんだ。

坪井 それだけに、もっと広報する余地があるんだろうと思うのです。豊かな歴史・自然・文化、「面白い人々」など、小田原の「まち力」って本当に強い。外から見るとうらやましく思えることが、住む人にとってはごく普通の当たり前のことなのだと日々感じています。その豊かな魅力をいかに国内外へ発信していくのかが、今後の課題ではないでしょうか。

深野 そうですね。ところで、そろそろ時間となりました。今日は「これからの小田原」というテーマでみなさんの活動領域を中心にお話しいただいたわけですが、やるべきことがたくさんあるということがはっきりしたと思います。最後に、読者へのメッセージとして、観光協会の役員でもある外郎さんから一言お願いしたいです。

外郎 座談会を通して感じたことは、露木さんや中根さんのような三十代の人が、自分の考えをしっかりともって、自分のフィールドで頑張っているなあ、ということです。こういう若い人たちが活躍していくことで小田原が一層発展していくと思います。今回の対談で、私も元気をいただきました。このご縁に感謝します。

今日、行政に対する意見もいくつか出ましたが、小田原の街づくりにおいては必要不可欠なことであり、行政に対して大きな期待をしているからだと思います。その一方で、行政に頼ることなく、市民が主体となって取り組んでいる文化活動も小田原では活発です。ただ、それらの活動は、世代交代や活動の広がりなどが課題となっているところもあるようです。

「これからの小田原」を考えるときにヒントとなるような意見が、座談会のなかに多々ありました。露木さんの雑木囃子活動、箱根ラリック美術館での寄木コラボ展、世界の寄木展、また中根さんの演奏会でのストーリーある語り、坪井さんの世界から来日する若者たちの視点、そして鈴木さんの小田原柑橘倶楽部の取り組みなど、それぞれ自分のもち味を生かしながら、それぞれの活動に「人と人とのつながり」という広がりがあります。

また、私のお話した「日本初の城郭都市」ということについては、小田原城という「点」にスポットライトを当てるのではなく、城郭という「面」に魅力があると思います。城郭という空間的広がりのなかで小田原の特徴を打ち出していけば、より回遊性が高まります。

座談会で共有したことは「広がり」です。東京や神奈川県東部だけでなく、箱根を越えた三島や沼津などの西からも「小田原はおもしろい」、「県西地域は魅力ある」と思って人が来てもらえるくらいの広がりを求めていく発想が必要です。海外からも、もっと来てもらいたいですね。そのためには、異質なものをもち寄り、新しい組み合わせをすることで小田原らしさを創造し、観光客に新しい小田原を感じていただく必要があります。

先人たち、諸先輩方が築き上げてきた小田原の素晴らしい文化や街を踏襲し、さらなる魅力を創造していきたい。そのための素材は、小田原に充分あると思います。寄木と鋳物、若手の音楽家とアーティストのコラボ、城郭都市整備など、世界各国の若者が小田原を目指して来るように、それらをいかに組み合わせて特徴を出し、どのようにプロデュースしていくのか、それが課題です。

人をつなげる場、創造を培う場、それを世界に披露する場、これらの場づくりを市民自身が行っていくことこそ、今後の「小田原づくり」となるでしょう。このような人づくりに、一〇年ぐらいの時間をかけて取り組む必要があると思います。今日お集まりのみなさんも、一つのご縁です。これからも、このご縁を大切にして、これからの「小田原づくり」を進めていきましょう。

本書を通して小田原に興味をもっていただいた読者のみなさん、是非、小田原にお越しください。そして、街中などで我々の顔を見かけたら、遠慮なく声を掛けてください。本書では語り切れなかった小田原のことをお話しできるかもしれません。お待ち申し上げております。

おわりに

「ういろう」の歴史を縦糸に、戦国時代から江戸時代までの小田原文化にかかわる人びとを横糸にして、これまでとは違ったアングルで小田原の姿を描き出した本書、いかがであっただろうか。室町時代にまで遡る外郎家の歴史を辿ることによって、小田原にも流れる日本の伝統文化の源流も描けたのではないかと自負している。と同時に、現在の「小田原文化」と呼ばれる活動を考えるうえで、重要な観点を与えてくれたようにも思っている。

小田原というと、小田原城や北条五代祭に象徴されるような武将のイメージがある。また、長年にわたる小田原市による発掘調査の成果もあって、小田原城が巨大な外郭（総構）をもつ、日本で最初の最大級の城郭都市であったという認識が広まっている。すなわち小田原は、日本で初めての「城壁で囲まれた都市」だったのだ。

北条氏は、武道を奨励しただけでなく文化の庇護者でもあり、京都から文物を移入しただけでなく、都の文化人を小田原へ呼び寄せていた。そのため城下では、領主から庶民までが、連歌、一節切《ひとよぎり》、茶道といった文化を楽しんでいたという。実に小田原は、本格的に城下町が形成されたときから文化都市として発展してきたことが明らかになった。北条氏＝武将というイメージに偏る小田原だが、本書によって彩りの豊かなものになったのではないだろうか。

終章の座談会では、「これからの小田原」をテーマにしてみなさんに語ってもらったが、ほとんどの方が初顔合わせであったにもかかわらず、綺麗事だけで終わらず、ざっくばらんに語り合えたのも「小田原らしさ」と言えるだろう。

小田原では、驚くほど市民の手による文化活動が盛んである。それらは、一見バラバラでまとまりがなく見えるし、メンバーの高齢化や資金不足という問題を抱えているが、多様性という点に関して言えば胸を張ることができる。それこそが、小田原の魅力であるとも言える。

文化は人のつながりで広がっていき、伝承されていく。人がいなくなれば、伝統的な文化でさえ消滅していくことになる。文化の継続でもっとも大事なことは、新しい人たちが新しい文化を創造し続けることであろう。「**文化の新陳代謝**」と言ってもいいのかもしれない。

長年にわたって継続している文化は、それを担う組織や団体のなかに、人の新陳代謝が組み込まれている場合が多い。本書でも取り上げた、森町の天王祭舞楽の舞い手や京都祇園祭の舁《か》き手を見れば分かるだろう。それぞれ、子どもや若者が担い手となっており、年ごとに次世代を育てる仕組みとなっている。

社会において人と人をつなげてくれるものが文化であろう。その活動によって、社会参画と自己実現が可能となる。金銭的な成功だけでは得られない心の豊かさが得られ、文化を豊かにすることによって、人と人との関係が豊かになる。小田原にかぎらずすべての街に言えることだが、歴史を辿ることによって、それぞれの時代に生きた人々の創造への努力を知ることができる。本書ではその一部を紹介したわけだが、まだまだ小田原には知られていない歴史や文化が残っている。ぜひ、小田原の街を回遊されて、「城下町のかをり」を楽しんでいただきたい。

新しく名所となる施設を紹介しておこう。小田原には「小田原文化財団」(二〇〇九年一二月設立)というものがある。この財団を設立したのは、世界的なアーティストで「小田原ふるさと大使」でもある杉本博司氏である。現在、杉本氏は、相模湾に面した江之浦に「江之浦測候所」を建設中である。測候所という名前から、「気象観測所か?」と思われる方がいるかもしれないが違う。

江之浦測候所　©Hiroshi Sugimoto+New Material Research Laboratory

相模湾を見晴らすみかん畑のなかに、海へ突き出すギャラリー棟や能舞台、茶室などの施設が建設され、空と海の「杉本アート」の世界となり、杉本氏のアート活動の拠点ともなる。常時、一般公開される美術館ではないが、開館の暁には申込制で公開される機会が提供されるだろう。たとえ江之浦測候所の見学が叶わないとしても、小田原にさえ来れば、相模湾の海と空の風景を堪能することができる。どこにでもある海と空だと思っていた風景が、みかんの花が薫る丘に立って眺めれば、世界でも稀な、貴重な風景であることを杉本氏が教えてくれた。アートの世界は身近な所にあるのだよ、と。このことこそ、杉本氏から「これからの小田原」へ贈られた、もっとも心のこもったプレゼントであると筆者は思っている。

本書の執筆にあたっては、多くの方々からご協力をいただきました。本書にご登場いただいたみなさまに、改めて御礼を申し上げます。とくに、株式会社ういろうの外郎武代表取締役には、企画の段階からインタビュー対応および全面的な取材協力をいただきました。本書が完成の運びとなったのも、ひとえに外郎武氏のおかげです。また、外郎武氏をご紹介いただいた石塚義孝さんにもあわせて御礼を申し上げます。

京都の「蟷螂山保存會」村林利高会長、本井元康常任幹事他みなさま、森町の「山名神社天王祭舞楽保存会」村松康彦会長他、教育委員会北島恵介課長補佐他のみなさまには大変お世話になりました。また、地元小田原では、小田原市役所市民部諸星部長（前文化部長）、文化財課大島慎一課長他、株式会社「みのや吉兵衛商店」實方直行課長補佐、小田原観光協会のみなさまから資料や写真のご提供をいただきました。

本書では紙面の都合により「コラム」での紹介となりましたが、連歌師宗祇については箱根宗祇研究会元会長の上村愛さんと裾野連句会会長の宮原うた子さん、そして早雲寺に関してはご住職の千代田紹禎さん、箱根芦之湯の東光庵については松坂屋主人の松坂宣彦さんにお世話になりました。快く取材や見学に応じていただき、見聞を深めることができましたことうれしく思っております。

カバーの裏側に掲載した「一夜城から見た小田原城総構の俯瞰図」は、本書の製作中に偶然小田原市の大島課長から教えていただいたものです。驚いたことにその作者は、筆者の義兄である城郭研究家の藤井尚夫さんでした。本書のために修正を加えていただいたうえでご提供いただきましたこと深く感謝申し上げます。最後になりましたが、本書の企画から取材、編集まで精力的にご指導をいただきました株式会社新評論の武市一幸さんに心より感謝申し上げます。

二〇一六年　五月

深野　彰

ういろう関連年表

年	外郎家の出来事	関連する出来事
一三六八年（応安元）	陳延祐が博多に入国する。「陳外郎延祐」と称する。	足利義満、三代将軍に就任。中国の元王朝滅び、明王朝興る。
一三七三年（応安六）頃	二代陳外郎大年宗奇、京都へ上る。	
一三七六年（永和二）	京都祇園祭において山鉾「蟷螂山」を創設。	
一三九四年（応永元）	二代大年宗奇の子・三代月海常祐生まれる。	
一三九五年（応永二）	初祖陳外郎延祐没（七三歳）。	
一四〇四年（応永一一）頃	大年宗奇が明へ渡り、「霊宝丹」の処方を持ち帰る。	
一四二〇年（応永二七）	大年宗奇と平方吉久が朝鮮回礼使を接待する。	

一四二四年（応永三一）	大年宗奇の子、月海常祐が「人格高邁、診脈占相、その験、神の如し」と評される。	
一四二六年（応永三三）	二代大年宗奇没（五四歳）。	
一四四三年（嘉吉三）	将軍足利義政が、四代祖田の人格高邁を賞する。	
一四四六年（文安三）	三代月海常祐没（五二歳）。	
一四五六年（康正二）		伊勢新九郎盛時（北条早雲）誕生。
一四六七年（応仁元）		応仁の乱勃発（一四七七年まで）。
一四七〇年（文明二）	祖田の子・五代定治生まれる。	
一四八一年（文明一三）	祖田が硫黄使節で薩摩に下る。	
一四八三年（文明一五）		盛時が足利義尚の申次衆となる。

一四八七年（長享元）		盛時が駿河で小鹿範満討伐し、興国寺城城主となる。
一四八八年（長享二）	祖田が遣明使に内定するが、中止となる。	
一四九三年（明応二）		盛時が茶々丸討伐で伊豆に侵攻。
一四九五年（明応四）		盛時が小田原城の大森藤頼を攻略。
一四九八年（明応七）		明応大地震。
一五〇四年（永正元）	伊勢宗瑞が藤右衛門定治を小田原へ招く。	
一五一四年（永正一一）	四代祖田没。	
一五一八年（永正一五）		盛時が隠居。早雲庵宗端と号し、氏綱が二代目となる。
一五一九年（永正一六）		宗瑞没。
一五二一年（大永元）		早雲寺創建される。

一五二二年（大永二）	定治が光浄山玉傳寺を早川口に創建する。	
一五二三年（大永三）	朝廷より右京亮に任ぜられる。外郎家が八棟造りの店舗家屋を建設。	
一五三一年（享禄四）	定治が三条西実隆へ「酒伝童子絵巻」奥書を依頼。	
一五三九年（天文八）	定治が河越三十三郷之内今成郷代官に任命される。	
一五四一年（天文一〇）		氏綱没し、氏康が三代目となる。
一五五六年（弘治二）	五代定治没（八六歳）。	
一五五八年（永禄元）	七代吉治の子・八代光治生まれる。	
一五五九年（永禄二）	家治が、河越領今成二〇〇貫四六五文の所領を有す。	氏康が隠居し、氏政が四代目となる。
一五六七年（永禄一〇）	六代家治没。	

一五七六年（天正四）	吉治宛に「透頂香」の独占販売許可状が発給される。	
一五八〇年（天正八）		氏政が隠居し、氏直が五代目となる。
一五九〇年（天正一八）	光治、小田原城籠城へ参加。 八代光治の子・九代英治生まれる。	秀吉の小田原攻めで北条氏滅びる。
一五九一年（天正一九）		五代北条氏直が大阪にて疱瘡で死去。
一五九四年（文禄三）		督姫が池田家へ再婚し、「酒伝童子絵巻」を持参。
一六〇三年（慶長八）		徳川家康、江戸に幕府を開く。
一六一三年（慶長一八）	七代吉治没。	
一六一五年（元和元）		督姫が京都二条城にて疱瘡で死去。

一六一六年（元和二）	九代英治の長男・一〇代好治生まれる。
一六一八年（元和四）	九代英治の次男・一一代因治生まれる。
一六三六年（寛永一三）	九代英治の三男・一二代信明生まれる。
一六三七年（寛永一四）	光治が玉傳寺を現在地へ移転。
一六三九年（寛永一六）	八代光治没（八二歳）。
一六四二年（寛永一九）	「ういろう」の招牌（看板）を掲げる。
一六五二年（承応元）	一〇代好治没（三六歳）。
一六六四年（寛文四）	外郎家一族の出身である崇雪が、大磯庵（のちの鴫立庵）に五智如来石像を設置する。
一六七〇年（寛文一〇）	九代英治没（八〇歳）。
一六七四年（延宝二）	一二代治兵衛信明没（三八歳）。
一六七七年（延宝五）	一一代勘太郎因治没（五九歳）。

一六九五年（元禄八）		大淀三千風が大磯に鳴立庵を建てる。
一六九八年（元禄一一）	相治の依頼で、早雲寺二三世住持・栢州宗貞が外郎家家譜を制作する。	
一七〇三年（元禄一六）	一四代矩治没。	
一七一八年（享保三）	二代目市川團十郎が『外郎売』を江戸で初演。	
一七三六年（元文元）	一三代相治没。	
一七四八年（延享五）	一五代蘊庵廣治没。	
一七七二年（安永元）	一六代以春定禮没。	
一七七七年（安永六）	一七代春甫定省没。	
一八一四年（文化一一）	一八代以春治光没。	
一八二三年（文政六）	二〇代定次の子・二一代定政生まれる。	

一八三二年（天保三）	七代目市川團十郎が「歌舞伎十八番」を創設し、『外郎売』を入れる。	
一八四一年（天保一二）	一九代以珊治吉没。	
一八四五年（弘化二）	二〇代源十郎定次没。	
一八四七年（弘化四）	二一代定政の子・二二代定徳生まれる。	
一八六四年（元治元）		京都の大火で山鉾「蟷螂山」が焼失。
一八六八年（明治元）		明治維新。
一八八六年（明治一九）	二二代精一郎定徳没（三九歳）。	
一九〇五年（明治三八）	二一代藤三郎定政没（八二歳）。	
一九一二年（大正元）		大正時代はじまる。
一九二三年（大正一二）	関東大震災で建屋が倒壊。	
一九二六年（昭和元）		昭和時代はじまる。
一九四一年（昭和一六）		太平洋戦争はじまる。

一九五〇年（昭和二五）	二三代定康没（七一歳）。	
一九八一年（昭和五六）		山鉾「蟷螂山」が再建される。
一九八九年（平成元）		平成時代はじまる。
一九九七年（平成九）	八棟造りの店舗家屋を再建する。	
二〇〇七年（平成一九）	外郎家と祇園祭の山鉾「蟷螂山」の縁が復活。	
二〇一一年（平成二三）	二五代外郎武が祇園祭「蟷螂山」巡行に初参加（以後、毎年参加）。	東日本大震災。
二〇一四年（平成二六）	二四代康祐没（九九歳）。先代の初盆で、静岡県森町の「山名神社天王祭舞楽」をういろう本店で特別公演。	

＊「陳外郎関係史料集・解題」、「小田原衆所領役帳」、「小田原市文化財調査報告書」、「実隆公記」、「後法成寺関白記」、「蟷螂山保存会津田会長作成資料」、「ういろう物語」、「市川團十郎曽我狂言上演年表」、「蔭涼軒日録」、「陳外郎家譜」、「大磯町史」、「鴫立庵」、「月舟録」、「小田原市史」、「壬生周長書状」、「老松堂日本行録」などを参照して作成。

参考文献一覧

第2章

・小田原市編『小田原市史 通史編 原始 古代 中世』小田原市、一九九八年。
・江西逸志子／岸正尚現代語訳『小田原北条記』ニュートンプレス社、一九八〇年。
・立木望隆『北条早雲 素性考』郷土文化研究所、一九七一年。
・杉山博『北条早雲』(小田原文庫4) 名著出版、一九七六年。
・小山龍太郎『北条五代に学ぶ』六興出版、一九八八年。
・小和田哲男『北条早雲とその子孫』聖文社、一九九〇年。
・早雲寺歴史研究会『早雲寺』(かなしんブックス32) 神奈川新聞社、一九九〇年。
・下山治久『北条早雲と家臣団』有隣堂、一九九九年。
・NPO法人城郭遺産による街づくり協議会編『戦国時代の静岡の山城』サンライズ出版、二〇一一年。
・黒田基樹『戦国北条氏五代』戎光祥出版、二〇一二年。
・黒田基樹『北条氏年表』高志書房、二〇一三年。
・小林保一『伊勢新九郎』歴研、二〇一三年。
・則竹雄一『古河公方と伊勢宗瑞』吉川弘文館、二〇一三年。
・伊豆の国市編『韮山城跡「百年の計」』伊豆の国市、二〇一四年。
・藤原重雄「陳外郎関係史料集(稿)・解題」『東京大学日本史学研究室紀要』第2号(東京大学大学院人文社会系研究科・文学部日本史学研究室)一九九八年。

・藤原重雄「陳外郎関係史料集（稿）・解題」（補遺・訂正）東京大学大学院人文社会系研究科・文学部日本史学研究室、一九九九年。
・山名美和子『ういろう物語』新人物往来社、二〇一〇年。
・式正英「ういろう考」『御茶ノ水地理』第39号、御茶ノ水大学、一九九八年。
・二十四代外郎藤右衛門編「ういろう」ういろう、刊行年不明。

第3章

・芳賀幸四郎『三条西実隆』（人物叢書）吉川弘文館、一九六〇年。
・原勝郎『東山時代に於ける一縉紳の生活』（学術文庫）講談社、一九七八年。
・豊田恵子『三条西実隆』笠間書院、二〇一二年。
・石上秀美「三条西実隆筆古今集聞書について」『三田國文』NO.1、一九八三年。
・白井忠功「三条西実隆覚え書」『立正大学文学部論叢』079号、一九八四年。
・永島福太郎『一条兼良』（人物叢書）吉川弘文館、一九五九年。
・逸翁美術館編「絵巻 大江山酒呑童子・芦引の世界」（財）逸翁美術館、二〇一一年。
・佐竹昭広『酒呑童子異聞』（平凡社選書）平凡社、一九七七年。
・市古貞次・校注『御伽草子（下）』岩波文庫、一九八五年。
・長谷川端「酒呑童子絵巻 翻刻・略解題」『中京大学図書館紀要26』二〇〇五年。
・小澤弘「大英博物館所蔵「伊吹童子」絵巻について」『調布日本文化』第8号、一九九八年。

第4章

・宋希璟著／村井章介校注『老松堂日本行録――朝鮮使節が見た中世日本』岩波文庫、一九八七年。
・「三井寺」パンフレット。

第5章

・小田原市教育委員会編「小田原城下　欄干橋町遺跡第Ⅳ地点」『小田原市文化財調査報告書第67集』一九八九年。
・榎本渉『僧侶と海商たちの東シナ海』講談社、二〇一〇年。
・村井章介『中世日本の内と外』ちくま学芸文庫、二〇一三年。
・「聖地　寧波」日本仏教一三〇〇年の源流、奈良国立博物館、二〇〇九年。

第6章

・熊倉功夫・校注『山上宗二記』岩波文庫、二〇〇六年。
・桑田忠親『山上宗二記の研究』河原書店、一九五七年。
・竹内順一、神津朝夫「特集　山上宗二記に見る茶の湯のすがた――四百年生きた名物茶道具」『なごみ』1月号、淡交社、二〇一四年。
・内田清「山上宗二と小田原北条氏の茶の湯」小田原市郷土文化館研究報告No27、小田原市、一九九一年。
・渡辺誠一「『山上宗二記』から見た千利休」『人文科学論集』(46・47巻)一九九九年。

・香川政治「後北条氏秘話を会報掲載するに当り」『小田原史談』第103号、小田原史談会、一九八一年。
・中野敬次郎「後北条氏秘話――石垣山一夜城の悲劇」『小田原史談』第104号、小田原史談会、一九八一年。
・中野敬次郎「後北条氏秘話――石垣山一夜城の悲劇」『小田原史談』第105号、小田原史談会、一九八一年。
・岩崎宗純「山上宗二と千利休――小田原北条四百年遠忌記念講話（一）」『小田原史談』第143号、小田原史談会、一九九一年。
・岩崎宗純「山上宗二と千利休――小田原北条四百年遠忌記念講話（二）」『小田原史談』第144号、小田原史談会、一九九一年。

第7章

・津田菊太朗（蟷螂山保存会長）「蟷螂山『蟷螂の斧』の寓意の史実による技巧品の概要並沿革」一九八八年。
・「祇園祭パンフレット」京都市観光協会、二〇一五年九月五日。
・山名神社天王祭舞楽保存会編「遠州飯田山名神社祇園祭舞もの」森町教育委員会、二〇一四年。
・北島惠介「遠州地方における『森町の歴史と文化』について」森町教育委員会社会教育課文化振興係、二〇一二年。
・「遠州の小京都森町」森町教育委員会、二〇一二年。
・小山龍太郎『北条五代に学ぶ』六興出版、一九八八年。
・小和田哲男『北条早雲とその子孫』聖文社、一九九〇年。
・黒田基樹『戦国北条氏五代』戎光祥出版、二〇一二年。
・外郎売の口上研究会編「『外郎賣』の口上」、二〇一〇年。

・谷口浩司「京都六角町の町内と町内組織」『佛教大学総合研究所紀要』（第3号別冊）成熟都市の条件、一九九六年。
・望月規史・磯部直希「京滋地域における曳山の装飾美術的研究」『アート・リサーチ』Vol.4、二〇〇四年。
・「鴫立庵」（改訂版）社団法人大磯町観光協会、二〇〇七年。
・「鴫立庵」鴫立庵編集発行所、二〇一四年。
・『大磯町史・通史編（古代・中世・近世）』大磯町、二〇〇四年。
・編集委員会「鴫立庵開庵三百年　大磯俳句読本」大磯町、一九九五年。
・内田巌仁「神奈川の古俳人」『神奈川県立図書館紀要』第10号、二〇一三年。
・石井富之助「小田原叢談」『小田原史談』第179号、小田原史談会、一九九九年。

座談会出席者の紹介（あいうえお順）

外郎　武（ういろう・たけし）

株式会社ういろう代表取締役。25代目外郎家当主。小田原市在住。

1962年生まれ。成蹊大学経済学部卒業後、三菱信託銀行株式会社に入社。

2004年に外郎本家より後継者指名を受け銀行を退社、本家に入る。

2007年に横浜薬科大学に入学。2013年に同大学を首席で卒業し、６年制薬剤師国家試験合格。

また、卒業時に学園栄誉賞を受賞。

横浜薬科大学客員教授。一般社団法人小田原市観光協会副会長、祇園祭蟷螂山保存會特別会員、遠州森町山名神社特別崇敬者、宗教法人玉傳寺代表役員。

鈴木伸幸（すずき・のぶゆき）

1961年生まれ。小田原市在住。

神奈川県立小田原高等学校卒業。ミュージシャン、音楽プロデューサーを経て、2006年 FM 小田原株式会社設立に参画。

現在、FM 小田原株式会社代表取締役。小田原柑橘倶楽部の発起人、小田原藩龍馬会幹事長。

坪井ひろ子（つぼい・ひろこ）

内閣府青年国際交流担当室政策調査員。小田原市在住。

神戸市生まれ。米国 Smith College 卒（美術史、社会学）。一橋大学大学院社会学研究科地球社会研究専攻修士課程修了。

通訳・翻訳者を経て、美術館・投資銀行などに勤務。

小田原市文化政策課「アートマネジメント」講座に参加。小田原市「ときめき国際学校」ボランティア、芸術文化創造センター市民ワーキングメンバー。

露木清高（つゆき・きよたか）

箱根寄木細工職人。小田原市在住。

1979年、小田原市生まれ。2002年、京都伝統工芸専門学校卒業。

1926年創業の露木木工所４代目。箱根寄木細工の伝統・匠の技を受け継ぎながら、シンプルでモダンなデザインで新時代の寄木細工を追究。

2008年、第５回全国「木のクラフトコンペ」大賞、2012年第52回「日本クラフト展」招待審査員賞などを受賞。箱根細工技能師（寄木細工）。

中根希子（なかね・あきこ）

ピアニスト。小田原市在住。

小田原市生まれ。東京芸術大学音楽学部器楽ピアノ科卒業。植田克己、佐藤俊、ノエル・フローレスの各氏に師事。「小田原楽友協会」に所属。

国内外のコンサートに出演するほか、小田原開催のコンサートやピアニスト養成に積極的に取り組んでいる。

2000年、ミューゼシードより「ピアノ名曲集」の CD 発売。

小田原市文化振興ビジョン推進委員会委員。

編著者紹介

深野　彰（ふかの・あきら）

エッセイスト。小田原市在住。

1949年東京都生まれ。早稲田大学大学院理工学研究科修士課程修了。

2003年～2006年、中国江蘇省蘇州市駐在。

小田原市文化振興ビジョン推進委員会委員。小田原市社会教育委員会委員。おだわら文化事業実行委員会委員。小田原市文化レポーター。

著書に『蘇州通信』（新評論、2010年）がある。

「ういろう」にみる小田原
――早雲公とともに城下町をつくった老舗――
（検印廃止）

2016年6月20日　初版第1刷発行

編著者　深野　彰
発行者　武市一幸

発行所　株式会社　新評論

〒169-0051
東京都新宿区西早稲田3-16-28
http://www.shinhyoron.co.jp

電話　03(3202)7391
FAX　03(3202)5832
振替・00160-1-113487

落丁・乱丁はお取り替えします。

定価はカバーに表示してあります。

印刷　フォレスト
製本　中永製本
装丁　山田英春

Ⓒ深野彰 他　2016年　Printed in Japan

ISBN978-4-7948-1041-0

JCOPY <（社）出版者著作権管理機構 委託出版物>
本書の無断複写は著作権法上での例外を除き禁じられています。複写される場合は、そのつど事前に、（社）出版者著作権管理機構（電話 03-3513-6969、FAX 03-3513-6979、e-mail: info@jcopy.or.jp）の許諾を得てください。

新評論　　好評既刊

深野　彰

蘇州通信

暮らして知ったディープな中国

現場にいたからこそ見えた！日本の企業人が 2500 年の歴史ある街に暮らし、出会った人びとと文化を友好の心を込めて綴る。

[四六上製 260 頁+カラー口絵 8 頁 2200 円 ISBN978-4-7948-0837-0]

写真文化首都「写真の町」東川町　編
清水敏一・西原義弘　（執筆）

大雪山　神々の遊ぶ庭《カムイミンタラ》を読む

北海道の屋根「大雪山」と人々とのかかわりの物語。忘れられた逸話、知られざる面を拾い上げながら、「写真の町」東川町の歴史と今を紹介。

[四六上製　376 頁+カラー口絵 8 頁　2800 円　ISBN978-4-7948-0996-4]

細谷昌子

詩国へんろ記

八十八か所ひとり歩き　七十三日の全記録

1400 キロの徒歩の旅。四国八十八か所霊場巡りが人の心の奥底に眠る水脈を蘇らせる。著者自らによる写真・イラスト 130 点を収録。

[A5 並製　416 頁　3200 円　ISBN 978-4-7948-0467-9]

細谷昌子

熊野古道 みちくさひとりある記

ガイドはテイカ（定家）、出会ったのは……

限りない魅力に満ちた日本の原壕・熊野への道を京都から辿り、人々との出逢いを通して美しい自然に包まれた熊野三山の信仰の源を探る旅。

[A5 並製　368 頁　3200 円　ISBN978-4-7948-0610-9]

尾上恵治

世界遺産マスターが語る 高野山

自分の中の仏に出逢う山

開創 1200 年記念出版。金剛峯寺前管長・松長有慶氏へのインタビュー掲載。観光ガイドブックでは絶対に知ることのできない高野山！

[四六並製　266 頁　2200 円　ISBN978-4-7948-1004-5]

＊表示価格は本体価格（税抜）です。

《シリーズ近江文庫》好評既刊

筒井正夫

近江骨董紀行

城下町彦根から中山道・琵琶湖へ

街場の骨董店など隠れた“名所”に珠玉の宝を探りあて，近江文化の真髄を味わい尽くす旅。

［四六並製　324 頁+口絵 4 頁　2500 円　ISBN978-4-7948-0740-3］

山田のこ　　★第 1 回「たねや近江文庫ふるさと賞」最優秀賞受賞作品

琵琶湖をめぐるスニーカー

お気楽ウォーカーのひとりごと

総距離 220キロ，琵琶湖周辺の豊かな自然と文化を満喫する旅を軽妙に綴る清冽なエッセイ。

［四六並製　230 頁+口絵 4 頁　1800 円　ISBN978-4-7948-0797-7］

滋賀の名木を訪ねる会 編著

滋賀の巨木めぐり

歴史の生き証人を訪ねて

近江の地で長い歴史を生き抜いてきた巨木・名木の生態，歴史，保護方法を詳説。
写真多数掲載。［四六並製　272 頁　2200 円　ISBN978-4-7948-0816-5］

スケッチ：國松巖太郎／文：北脇八千代

足のむくまま

近江再発見

精緻で味わい深いスケッチと軽妙な紀行文で，近江文化の香りと民衆の息吹を伝える魅惑の画文集。［四六並製　296 頁　2200 円　ISBN978-4-7948-0869-1］

児玉征志　　★第 3 回「たねや近江文庫ふるさと賞」最優秀賞受賞作品

「びわ湖検定」でよみがえる

滋賀県っておもしろい

渡岸寺の十一面観音像（国宝）に魅せられ，「びわ湖検定」の旅で活力をとりもどした男の物語。

［四六並製　278 頁　2000 円　ISBN978-4-7948-0905-6］

＊表示価格は本体価格（税抜）です。

新 評 論　　好 評 既 刊

カレンダーは「見る」もの、暦は「読む」もの！

千年余の歴史をもつ「三嶋暦」の魅力をまちづくりと絡めてわかりやすく解説。

１０００年の歴史を継承するのは、あなた！

三嶋暦とせせらぎのまち

旧暦は生きている

三嶋暦の会 編

三嶋暦は、京から離れた伊豆国（流刑地であった）に本拠地をもったこともあり、権力（京・天皇）とは距離を置いた暦だったようです。織田信長、北条氏政、徳川家康らは関東圏で三嶋暦を採用しました。江戸幕府が三嶋暦を使用することになった基盤を彼らがつくったわけですが、それは三嶋暦の歴史の古さと優れた点が認められたからです。この三嶋暦をつくったのが、伊豆国一宮である三嶋大社の下社家として仕えた、三嶋暦師の「河合家」（現在、第五三代）です。河合家は平安時代から明治一六年までの千余年の間、暦をつくり続けてきました。

四六並製　268 頁　１８００円　ISBN978-4-7948-1017-5

＊表示価格は本体価格（税抜）です。